U0668545

中国社会科学院国情调研黑龙江基地项目

重塑黑龙江产业发展新优势

——黑龙江省区域协调发展调研报告（2022）

史　丹◎主编

RESHAPING HEILONGJIANG'S NEW ADVANTAGES IN
INDUSTRIAL DEVELOPMENT

— A RESEARCH REPORT ON REGIONAL COORDINATED DEVELOPMENT IN
HEILONGJIANG PROVINCE（2022）

经济管理出版社
ECONOMY & MANAGEMENT PUBLISHING HOUSE

图书在版编目（CIP）数据

重塑黑龙江产业发展新优势：黑龙江省区域协调发展调研报告.2022/史丹主编.—北京：经济管理出版社，2022.12

ISBN 978-7-5096-8828-1

Ⅰ.①重… Ⅱ.①史… Ⅲ.①区域经济发展—协调发展—研究报告—黑龙江—2022 Ⅳ.①F127.35

中国版本图书馆 CIP 数据核字（2022）第 236110 号

责任编辑：许　艳

责任印制：许　艳

责任校对：王淑卿

出版发行：经济管理出版社

　　　　　（北京市海淀区北蜂窝 8 号中雅大厦 A 座 11 层　100038）

网　　址：www. E-mp. com. cn

电　　话：（010）51915602

印　　刷：唐山玺诚印务有限公司

经　　销：新华书店

开　　本：720mm×1000mm/16

印　　张：13

字　　数：231 千字

版　　次：2023 年 3 月第 1 版　　2023 年 3 月第 1 次印刷

书　　号：ISBN 978-7-5096-8828-1

定　　价：98.00 元

课题主持人：史　丹

课题组成员

中国社会科学院工业经济研究所参研人员：

李晓华　叶振宇　刘佳骏　李　鹏　周　麟

崔志新　刘京星　明　星

黑龙江社会科学院参研人员：

王爱丽　孙浩进　陈秀萍　王力力　朱大鹏　杨佳钰

前　言

　　党的十八大以来，习近平总书记一直关注黑龙江，两次赴黑龙江考察调研，参加十二届全国人大四次会议黑龙江代表团审议，多次就东北、黑龙江振兴发展发表重要讲话、作出重要指示，为新时代黑龙江振兴发展指明了前进方向、提供了根本遵循。近十年来，黑龙江省深入贯彻落实习近平总书记关于东北振兴及考察黑龙江省时的重要讲话和重要指示批示精神，立足新发展阶段，完整、准确、全面贯彻新发展理念，主动服务和融入新发展格局，黑龙江经济社会发展呈现恢复性增长态势，全省工业综合实力、创新能力、核心竞争力明显提升，正在走出一条质量更高、效益更好、结构更优、优势充分释放的振兴发展之路，取得了来之不易的发展成就。

　　一是产业结构日渐优化，工业实力稳步增强。围绕做大做强工业经济，坚持稳字当头、稳中求进，黑龙江全省工业规模、质量、效益明显增强，综合实力显著提升。作为国家重要的重大装备制造基地和原材料基地，十年间，全省规模以上工业增加值、产值、营收年均增长分别为4.1%、5%、2.6%，工业固定资产投资年均增速6.2%，有效积攒了发展后劲。二是创新驱动成效显著，创新能力大幅提升。围绕实现技术自立自强，黑龙江省不断激发企业创新活力，以创新塑造工业核心竞争力的效果逐步显现，科技创新"关键变量"成为振兴发展的"最大增量"。十年来，黑龙江省规模以上工业企业研发经费支出累计超过800亿元，新产品销售收入为6736亿元，占营业收入的比重由2012年的4.5%提升到2021年的11.1%。黑龙江省重点领域创新研发首台（套）产品380项，一批"国之重器"都有黑龙江工业的贡献。三是探索实现发展动能转换，数字经济取得突破进展。黑龙江省坚持把发展数字经济作为自身"换道超车"的战略选择和"一号工程"，出台"十四五"数字经济发展规划和支持政策，在新一轮竞争中赢得战略主动。中国信息通信研究院数据显示，2021 年，全省数字经济规模达 4295 亿元，同比增长 12.1%；数字经济占 GDP 的比重由 2018 年的 27% 提升至 2021 年的 28.9%。集成电路、传感器、高清晰新型显示、可穿戴设备、虚拟现实、计算机、信息通信、卫星等产业链加速形成，大数据、云计算、区块链、人工智能、元宇宙等新兴业态快速发展，数字经济头部企业陆续落户黑龙江，产业集群初具规模，与实体经济融合发展势头强劲。四是新增长极培育成效凸显，新兴产业发展加速。十年来，黑龙江省紧跟新一轮科技革命和产业变革潮流，坚持无中生有、有中生新，大力培育战略性新兴产业。十年间，黑龙江省高新技术企业阵容规模倍增，全省高新技术企业达 2738 家，比 2012 年增长 3.9 倍，2021 年黑龙江省高技术制造业增加值增长 9.5%。依托骨干企业优势，加快打造国内一流的航空产业和小型卫星制造基地，商业卫星覆盖国内 20% 的市场份额。雷达、半导体材料、激光通信、传感器等达到国内一流水平。铝镁合金、碳纤维复合材料等一批新材料在国家重大工程中发挥了关键作用。五是传统产业改造升级取得瞩目成绩，传统产业重新焕发活力。雄厚的高端装备产业基础，扛起了维护国家产业安全的历史使命，叫响了高端装备制造领域的龙江品牌。十年来，黑龙江省坚持实施传统产业数字化、网络化、智能化、绿色化、服务化技术改造升级，让老工业基地重新焕发活力。十年间，全省工业技术改造投资年均增长 8% 左右，培育数字化车间 175 个，绿色制造体系不断完善，拥有国家级绿色工厂 48 个、绿色供应链企业 3 个、绿色设计产品 14 个，绿色化发展正逐步成为传统产业新特色。

但也要清醒地看到，黑龙江工业发展中存在的问题、压力及面临的不确定性仍然较大。作为全国典型的老工业基地，黑龙江省产业结构长期存在"重型化"特征，即三次产业中第二产业占比过高、第二产业中重化工业等传统产业占比过高，这一产业结构的形成有其历史渊源。产业类型方面，黑龙江传统产业多、新兴产业少，低端产业多、高端产业少，资源型产业多、高附加值产业少的局面依然存在，长期以来制约着黑龙江产业发展水平提升；产业结构方面，黑龙江三产比重仍低于全国平均水平，高技术制造业、战略性新兴产业和高端服务业发展相对较慢，整体处于工业化中后期阶段。因此，如何依托黑龙江资源与传统产业优势，统筹推进产业结构高级化和产业链现代化，促进产业链、供应链、创新链、要素链、制度链深度耦合，深层次提升产业发展的质量效益，重塑黑龙江产业发展优势，从而实现新发展格局下在东北地区换道领跑，成为黑龙江发展亟待解决的问题。

2022年6月，黑龙江省政府印发了《黑龙江省产业振兴行动计划（2022—2026年）》（以下简称《行动计划》）。《行动计划》提出，高质量构建起"4567"现代产业体系，打造100条以上重点产业链。未来，黑龙江省将着力打造数字经济、生物经济、冰雪经济、创意设计四个经济发展新引擎，实现"换道超车"跨越发展；培育壮大航空航天、电子信息、新材料、高端装备、农机装备五个战略性新兴产业，推进新旧动能转换；加快推进能源、化工、食品、医药、汽车、轻工六个传统优势产业向中高端迈进，实现提质增效；着力推动服务业结构优化，加快推进信息服务、现代金融、现代物流、服务型制造、旅游康养、养老托育、文化娱乐七个现代服务业发展。力争到2026年，全省地区生产总值迈上2万亿新台阶，三次产业结构实现优化升级，其中第二产业占GDP比重达到1/3以上，形成质量引领、多点支撑、多业并举、多元发展的产业发展新格局。未来，黑龙江产业优势将加速重塑，为东北振兴贡献龙江动力。

目　录

第一章　黑龙江省产业发展
总体现状分析

  党的十八大以来，习近平总书记高度重视东北振兴，黑龙江省经济社会发展呈现恢复性增长态势，取得了来之不易的发展成就。但也要清醒地看到，黑龙江工业发展中存在的问题、压力及面临的不确定性仍然较大：产业类型方面，黑龙江传统产业多、新兴产业少，低端产业多、高端产业少，资源型产业多、高附加值产业少的局面依然存在，长期以来制约着黑龙江产业发展水平提升；产业结构方面，黑龙江服务业占比仍低于全国平均水平，高技术制造业、战略性新兴产业和高端服务业发展相对较慢，本章总体论述黑龙江省产业发展的概况，从要素禀赋、产业基础、产业布局、产业结构、产业开放与技术水平六个方面分析黑龙江省产业发展的优势与劣势，并针对这些优势与劣势，结合面临的机遇与挑战，提出重塑黑龙江省产业发展优势的政策建议。

  党的二十大报告指出，要"促进区域协调发展，深入实施区域协调发展战略、区域重大战略、主体功能区战略、新型城镇化战略，优化重大生产力布局，构建优势互补、高质量发展的区域经济布局和国土空间体系"。这是今后一个时期促进区域协调发展的总体战略。东北地区作为我国四大区域之一，自2003年振兴东北老工业基地战略提出以来，一直受到党中央、国务院的高度重视。在东北地区经济发展遇到新的困难之际，从2014年《关于近期支持东北振兴若干重大政策举措的意见》，到2016年的《关于全面振兴东北地区等老工业基地的若干意见》，再到2021年的《东北全面振兴"十四五"实施方案》，党中央、国务院出台了一系列政策措施，全面振兴东北的棋局正在得到破解。黑龙江省作为中国重要的老工业基地，拥有中国一重、哈电集团、大庆油田、哈飞等一大批"国宝级"企业，同时，作为中国粮食安全的"压舱石"，黑龙江省过去十年粮食年产量均居全国第一。然而，随着黑龙江省经济下行压力不断加剧，产业发展陷入结构锁定与路径依赖。黑龙江省在产业结构转型过程中依然存在产业投资不均衡、供需结构不匹配、科技创新能力较低等问题，从而制约了经济发展。因此，如何依托黑龙江省资源与传统产业优势，统筹推进产业基础高级化和产业链现代化，促进产业链、供应链、创新链、要素链、制度链深度耦合，深层次提升产业发展的质量和效益，重塑黑龙江省产业发展优势，从而实现新发展格局下在东北地区换道领跑，成为黑龙江省发展亟待解决的问题。

一、黑龙江省产业发展概况

黑龙江产业发展的资源型特征明显，随着东北振兴战略的提出，其产业结构日趋改善。近年来，黑龙江农业现代化水平显著提升，工业发展态势整体向好，新兴业态与现代服务业加速成长，对外开放合作领域不断拓展。

（一）粮食生产基础良好，农业发展前景广阔

农业是黑龙江省最具优势的产业，广袤的黑土地、肥沃的土壤、特殊的气候，使黑龙江成为著名的产粮大省，名副其实的"中华大粮仓"。"十三五"期间，黑龙江省扛稳国家粮食安全"压舱石"的重任，以争当农业现代化建设排头兵为目标，落实省委、省政府"六个强省"战略部署和农业强省战略的实施，深入推进"农头工尾""粮头食尾"，深入推进农业供给侧结构性改革，大力实施乡村振兴战略，农业农村经济稳中有进，持续向好。

一是耕地面积全国第一。我国东北地区是世界四大黑土区之一，因为稀有珍贵，黑土地也被誉为"耕地中的大熊猫"，而黑龙江省地处东北黑土地核心区，典型黑土耕地面积为1.56亿亩。黑龙江省总面积为47.3万平方千米，居全国第6位，其中耕地面积为2.579亿亩。2021年黑龙江省粮食作物种植面积为2.169亿亩，占黑龙江省耕地面积的90%以上，占全国的比重为12.37%，是全国各省份中面积最大的。此外，2021年黑龙江省粮食作物种植面积较上年增加169.35万亩，占全国增量的13.07%。粮食种植结构呈现水稻稳、玉米和小麦增、大豆减的态势。

二是粮食总产量全国第一。"十三五"期间，黑龙江省粮食总产量保持连续增长，从2015年的1264.8亿斤增长到2020年的1508亿斤，年均增长3.6%

（见图 1-1）。此外，自 2018 年黑龙江省粮食产量登上 1501.4 亿斤台阶以后，到 2021 年已实现连续四年粮食产量超过 1500 亿斤。2021 年黑龙江省粮食产量达到 1573.54 亿斤，占全国总量的 11.5%，较上年增加 65.34 亿斤，占全国增量的 24.47%，实现"十八连丰"，粮食总产量连续 11 年位居全国第一，为保障国家粮食安全做出了突出贡献。此外，据黑龙江省相关部门统计，黑龙江省主要种植玉米、水稻、大豆作物，其中大豆产量约占全国总产量的 45%、玉米产量占全国总产量的 20%、粳米产量占全国总产量的 40%，均位居全国第一。

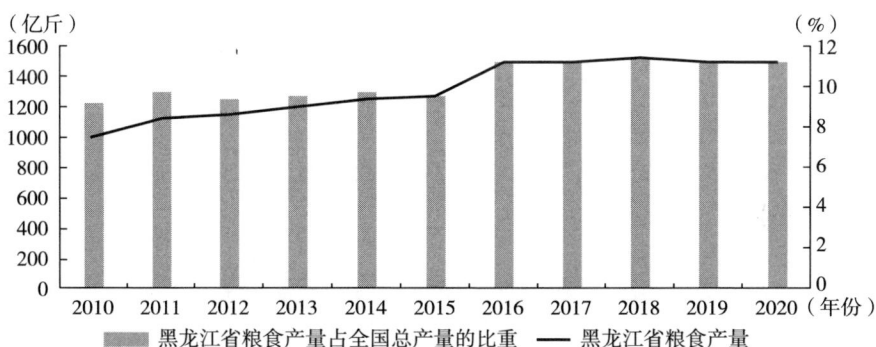

图 1-1　2010~2020 年黑龙江省粮食总产量及其占全国总产量的比重

资料来源：国家统计局。

三是农业机械化率位居全国第一。"十三五"期间，黑龙江省农村综合农业机械化水平达到 96.8%，高出全国平均水平 30 个百分点。农机装备拥有量全国第一，农机利用率全国第一。此外，全省农业机械总动力达到 6775 万千瓦，其中，100 马力以上拖拉机达到 7.5 万台，耕种收综合机械化水平达到 98%，超过全国平均水平 27.9 个百分点，居全国第一，农机物联网应用也居全国领先水平。得益于农业机械化率的提升，黑龙江省农业规模经营水平较高，2020 年，全省 200 亩以上土地规模经营面积为 1.35 亿亩，占比达到 54%。全省主要农作物良种基本实现全覆盖，良种对粮食增产、畜牧业发展的贡献率分别为 45% 和 40%。水稻、玉米、大豆、马铃薯育种水平处于全国领先位置。

四是绿色农业发展势头良好。"十三五"期间，黑龙江省绿色（有机）食品认证面积从 2015 年的 7305 万亩增加到 2020 年的 8513.7 万亩，年均增长 3.1%，占全省耕地面积的 35.6%，约占全国的 1/5，其中绿色食品认证面积为 7661.5 万亩，有机食品认证面积为 852.2 万亩，位居全国第一。此外，黑龙江省绿色食品抽检合格率连续多年保持在 99% 以上，"龙江米""龙江奶""龙江肉""龙江油"成为黑龙江现代农业的金字招牌。

五是农业生态环境建设成效显著。在农业生态保护方面，2016~2019 年黑龙江省全省耕地轮作休耕面积合计达到 3455 万亩。到 2020 年，已落实黑土耕地保护利用示范区建设面积 1000 万亩，全省共有 20 个县（市、区、农场）进入黑土地保护利用试点，落实保护性耕作免耕播种面积 1236 万亩。目前，全省已划定粮食生产功能区和重要农产品生产保护区 1.68 亿亩，占所有耕地面积的 80%，并已建成高标准农田 8548 万亩，其中高效节水灌溉农田 1958 万亩。在农业绿色发展方面，黑龙江省落实农业"三减"高标准示范基地面积 5000 万亩，秸秆综合利用率达到 90% 以上，还田利用率达到 65% 以上，测土配方施肥面积达到 2.16 亿亩，建立病虫监测点 2200 个，补贴更换节药喷头 10 万套，开展绿色防控技术试验 56 项，农业绿色发展成效显著。

（二）工业发展态势整体向好，产业结构调整进展显著

黑龙江省作为国家重要的老工业基地，工业在全省经济中始终占有重要地位。经过 70 多年发展，全省已能生产 40 个大类、150 个中类、292 个小类共上千种工业产品。"十三五"时期，全省规模以上工业增加值年均增长 2.8%，高于规划目标 0.8 个百分点；制造业增加值年均增长 5.1%，高于规划目标 2.1 个百分点；工业固定资产投资年均增长 5.4%，连续 5 年高于全国平均水平，高新技术企业数量比"十二五"末增加 1.8 倍，黑龙江省工业发展态势整体向好[①]。

一是工业发展整体呈现稳中有进的发展态势。首先是工业经济运行平稳，2020年黑龙江省规模以上工业增加值比上年增长 3.3%，增幅高于全国 0.5 个百分点（见图 1-2）。其中装备和石化工业增长较快，增加值分别增长 13.5% 和 10.5%。其次是固定资产投资持续向好。2020 年，黑龙江全省固定资产投资比上年增长 3.6%，增幅高于全国 0.7 个百分点。此外，投资方向以补齐民生短板等重点领域为主，全年基础设施投资增长 4.4%，社会领域投资增长 23.4%。再次是科技企业培育成效显著。2020 年黑龙江省高新技术企业总数达到 1932 家，同比增长 54%。新成立科技型企业 12000 家左右。全省高技术产业投资比上年增长 11.7%。最后是工业发展

---

① 课题组根据黑龙江省工业和信息化厅调研材料整理得到。

后劲明显增强。随着沃尔沃汽车、大庆石化炼油等一批重大项目相继投产，九三、飞鹤、完达山、五常大米、葵花、珍宝岛等一批知名品牌叫响全国，"龙江制造"影响力进一步提升。哈电、一重、哈工大、哈工程等攻克了一批关键核心技术，解决了一批"卡脖子"难题，有力维护了国防安全和产业安全。

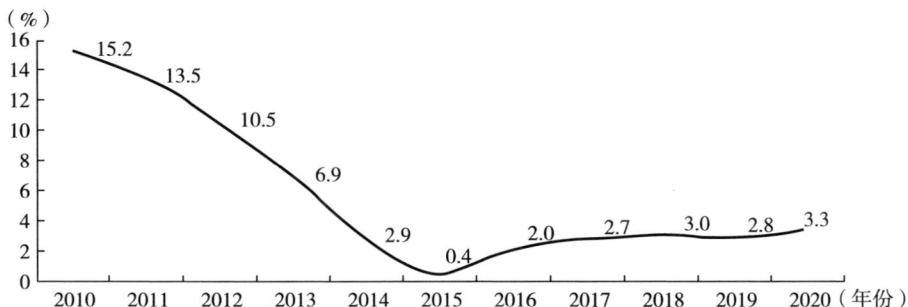

图 1-2　2010~2020 年黑龙江省规模以上工业增加值增长速度

资料来源：黑龙江省统计局。

　　二是工业生产增长提速明显。《2020 年黑龙江省国民经济和社会发展统计公报》显示，2020 年，全省规模以上工业企业 3583 个，比上年增长 9.6%。全省规模以上工业增加值增长 3.3%。从重点行业看，装备工业增长 13.5%，石化工业增长 10.5%，能源工业持平，食品工业增长 2.0%。其中，通用设备制造业增长 38.7%，汽车制造业增长 35.5%，石油、煤炭及其他燃料加工业增长 14.9%，农副食品加工业增长 4.7%。从产品产量看，在重点监测的工业产品中，增长较快的有：锂离子电池 14332.1 万只，增长 49.9 倍；化学药品原药 12955.2 万吨，增长 79.5%；发电机组 1806.8 万千瓦，增长 63.0%；发动机 3680.7 万千瓦，增长 54.5%；汽车用发动机 2930.0 万千瓦，增长 50.4%；生物乙醇 50.0 万吨，增长 43.5%；汽车 71691 辆，增长 38.5%；兽用疫苗 2092.5 万瓶，增长 37.7%；铜金属含量 20.0 万吨，增长 36.2%[①]。

　　三是工业产业结构调整进展显著。从工业产业结构情况来看，轻重工业比例由 2010 年的 17:83 调整为 2020 年的 22:78，制造业与采矿业比例由 2010 年的 48:52 调整为 2020 年的 59:41；公有经济和非公经济增加值总体各占"半壁江

---

① 《2020 年黑龙江省国民经济和社会发展统计公报》。

山"。从工业区位分布来看，2020 年哈尔滨、大庆、齐齐哈尔三个重点地区占比合计达到 70.7%。从行业分布来看，能源、食品、石化、装备四大主导行业占比合计达到 82.1%。整体来看，全省工业经济转方式、调结构效果不断显现，工业结构、所有制结构、产品结构总体向调优、调轻、调新方向迈进。战略性新兴产业占规模以上工业比重由 2018 年的 10.5% 提高至 2020 年的 13.3%；高技术制造业增加值增速由 2016 年的 9.3% 提高到 2019 年的 10.2%。

四是以创新塑造工业核心竞争力的效果逐步显现。黑龙江省按照创新驱动发展的内在要求，依靠创新打造发展新引擎，培育新经济增长点。这主要表现在：第一，创新体系不断完善。以国家技术创新示范企业为龙头、省级企业技术中心为主体、产学研联合为基础的全省企业技术创新平台体系基本形成。全省拥有国家技术创新示范企业 7 家、省级企业技术中心 260 家、产业技术创新战略联盟 63 个，以及哈兽研、中船重工 703 所、哈尔滨焊接研究所等一批国内知名的科研机构。第二，科技成果转化步伐加快。黑龙江省实施新一轮科技型企业三年行动计划，累计注册成立科技型企业超过 4 万家，高新技术企业总数是"十二五"期末的 2.79 倍。实施 27 项重大科技成果转化项目，登记技术合同数量、技术合同成交金额分别比"十二五"期间增长 31.35% 和 53%。第三，重点领域创新成果不断涌现。包括神舟航天器、嫦娥探月工程、C919 大飞机、国产首艘航母等在内的一批"国之重器"都有黑龙江工业的贡献。此外，核电装备和燃气轮机、百万千瓦水轮发电机组、超（超）临界燃煤发电机组、高速重载铁路货车等一批创新产品已达到或接近世界先进水平。

五是"三篇大文章"扎实推进。这主要表现在：第一，改造升级"老字号"，激发内生动力。黑龙江省"老字号"上市企业在全省占比为 1/4，改造升级一批"老字号"，使其重新焕发生机与活力，其中一重集团通过"三项制度"改革实现一年扭亏、两年翻番、三年跨越；北满特钢成功引进建龙集团，通过破产重组实现钢产量三连增；中车齐车成为国家级制造业单项冠军。第二，深度开发"原字号"，转换发展动能。随着海国龙油 550、大庆石化千万吨炼油项目建成投产，黑龙江省正式迈上"千万吨炼油、百万吨乙烯"生产规模。此外，主要农产品、粮食加工转化率分别达到 57%、65%，"原字号"加快由"头"向"尾"延伸。第三，培育壮大"新字号"，打造新增长领域。黑龙江省启动工业互联网标识解析二级节点建设，建成 5G 基站 1.98 万个，5G+工业互联网场景应用探索破题。此外，"龙江智造"国产化长城计算机大批量上市填补了黑龙江省自主创新整机生产空白，"新字号"形成的新动能加速释放。

六是集聚发展态势逐步呈现。首先是园区载体功能和集聚效应不断增强。开发区现已成为黑龙江省现代制造业集聚、外商投资密集、投资环境优化、高新技术发展的新兴产业基地，成为促进所在城市产业结构和区域经济协调发展的重要载体。其次是特色产业集群和比较优势逐步显现。目前已形成哈尔滨—大庆—牡丹江的生物医药、鸡西—鹤岗的石墨新材料、哈尔滨—齐齐哈尔的能源装备、哈尔滨的机器人和绿色食品、大庆的精细化工等在全国和区域内有一定影响力和竞争力的产业集群，成为全省工业发展的重要支撑。最后是区域增长极和产业支撑带加速形成。"哈大齐"城市群成为全省工业核心发展带，引领的高端装备、绿色食品、生物医药、新一代信息技术等产业，集聚了全省84%的技术创新服务平台、86%的高新技术企业、95%以上的高精尖人才，创造了84%的高新技术产业增加值。

七是绿色低碳发展实现新突破。黑龙江省积极践行"绿水青山就是金山银山"的发展理念，工业节能降耗、清洁生产、资源综合利用取得显著成效。"十三五"期间，黑龙江省发布了5批工业节能技术装备推荐目录，3项节能技术和28个型号节能机电产品列入国家推荐和"能效之星"目录，支持了77个节能技术改造项目，实现节能量45.5万吨标准煤。此外，通过对616户（次）企业开展节能监察，淘汰了1863台（套）落后机电设备，企业违规用能行为得到纠正。通过对388户重点耗能企业实施公益性节能诊断服务，发掘了115.6万吨标准煤的节能潜力，为实现技术节能创造了条件。在工业锅炉、电机、配电变压器、余热余压利用等领域，一批技术先进适用、节能效果明显、市场应用前景广阔的先进工业节能技术和产品广泛应用。与此同时，黑龙江省积极鼓励引导企业创建、申报绿色工厂，并协调省节能监测中心免费为企业提供第三方评价服务。免费第三方评价不仅能调动企业积极性，减轻企业负担，而且可以保证第三方评价的公正性。

（三）服务业发展水平显著提升，新兴业态与现代服务业成长加速

"十三五"期间，黑龙江省服务业增加值占地区生产总值的比重一直稳步上升，至"十三五"末期已达50%左右（见图1-3），对经济增长的贡献度也超过65%。根据第四次全国经济普查数据，黑龙江省服务业共有产业活动单位31.30万个，个体经营户90.30万户，其中服务业法人单位从业人员338.3万人，占第

二、第三产业法人单位从业人员数的比重高达 70.7%。当前，黑龙江省服务业发展进入全面提升的新阶段，产业规模、就业能力、发展质量都有比较明显的提高。随着技术创新、业态创新和商业模式创新的不断加快，黑龙江省服务业将迎来新的发展机遇。

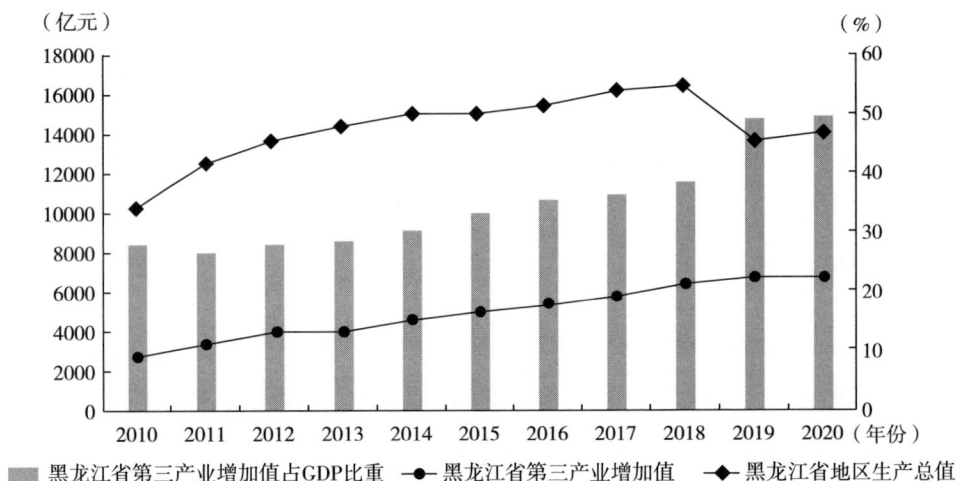

图 1-3　2010~2020 年黑龙江省第三产业增加值、地区生产总值及第三产业增加值占比

资料来源：黑龙江省统计局。

一是新兴业态与现代服务业发展加快。现代服务业的发展状况是衡量一个地区经济综合竞争力的重要标志。黑龙江省先后出台了一系列大力发展服务业的政策和措施，对现代服务业的发展起到了积极的引导和促进作用。黑龙江省现代服务业总量不断扩大、结构持续优化、支柱地位更加凸显，新兴服务业快速发展，服务业整体发展水平显著提升，对国民经济的带动作用进一步增强。第四次经济普查结果显示，2018 年末，全省现代服务业企业法人单位 54447 个，资产总计6549.1 亿元，实现营业收入 873.0 亿元，年末从业人员 36.2 万人，分别占全省服务业企业的 67.0%、34.2%、24.4% 和 37.7%，分别比 2013 年末（第三次全国经济普查年份）增长 164.8%、61.3%、41.4% 和 11.2%。近年来，新冠肺炎疫情的持续加速推进了基于移动互联网、大数据、云计算、物联网的服务应用和创新的日益活跃，促进了包括快递业、"直播带货"在内的各类新兴服务业逆势发力。据统计，2021 年前八个月全省快递服务企业业务量累计完成 35299.1 万件，同比增长 40.2%。其中，同城业务量累计完成 5074.1 万件，同比增长 5.9%；异地业务量累计完成 30007.3 万件，同比增长 51.5%。2020 年黑龙江省全年实物商品网上零售额比上年增长 13.4%，占全省社会消费品零售总额的比重为 8.2%，比上年提高 1.6 个百分点①。

二是养老服务体系建设成效明显。面对人口老龄化程度不断加深、多元化养老服务需求迅速增长的挑战，黑龙江省积极响应国家号召统筹推进养老事业和养老产业发展，形成了相互衔接、互为支撑的养老服务法规政策体系，完善了各类养老服务建设标准和服务规范，积极落实养老服务业支持政策。具体措施包括：搭建完成区域性中心敬老院骨干网络，社区居家养老和农村互助养老服务设施扩大覆盖，80% 的城市社区开展了居家养老服务，农村养老服务设施覆盖率达到52%；建立全省统一的高龄老年人津贴和贫困家庭老年人失能护理补贴制度，惠及 23 万名高龄老年人和 11.6 万名贫困失能半失能老年人；公布全省养老服务扶持政策清单，推进养老产业体制改革，全省小微型社区和居家养老服务实体达到7200 家，养老服务领域吸纳从业人员 11.3 万人。2021 年黑龙江省民政厅印发的《黑龙江省养老服务业"十四五"发展规划》更进一步明确了"十四五"时期养老服务业发展要从扩大养老服务供给、促进养老服务消费两个维度，统筹城乡养老公共服务设施建设，持续完善居家为基础、社区为依托、机构为补充、医养相结合的养老服务体系②。

三是旅游产业成长加速。《2019-2020 年度黑龙江省旅游产业发展报告》的数据显示，2019 年，黑龙江省共接待国内外游客 2.16 亿人次，实现旅游收入 2683.8亿元；现有 A 级旅游景区 407 家，S 级旅游滑雪场 27 家，旅游度假区 16 家，星级宾馆 186 家，旅行社 828 家。在旅游投资方面，2019 年，黑龙江省旅游投资集团成立，当年超额完成投资任务指标，营收增长 9.1%，利润指标增幅达 28.66%；2020年，全省推出文旅重点招商项目 61 个，总投资 442.4 亿元，全省开复工文旅产业重点项目 97 个，完成投资 236 亿元，21 个项目建成投用。此外，随着《"数字龙江"发展规划（2019-2025 年）》正式印发和黑龙江智慧旅游平台"趣龙江"正式上线，全省景区智慧升级工程已经启动，线上旅游产品供给更加丰富。在旅游营销推广方面，持续塑造"北国好风光，尽在黑龙江"旅游总品牌，黑

---

① 吴海宝，等. 黑龙江经济发展报告（2021）[M]. 北京：社会科学文献出版社，2021.
② 《黑龙江省养老服务业"十四五"发展规划》。

龙江省文化和旅游厅举办多场旅游推介会覆盖国内外重点客源城市，依托"三微一抖"平台、"直播龙江"系列活动等实时向广大网友推送旅游动态①。

（四）产业现代化进程加速，两化融合成效明显

新冠肺炎疫情的暴发和蔓延对全球产业发展造成了很大的冲击和影响，进一步催生了数字经济，强化了农业和工业的数字化、智能化转型，黑龙江省在农产品生产、工业品制造、产品运输销售等环节的现代化发展正进入加速期。

一是农业现代化建设迈上新台阶。在农业建设现代化方面，黑龙江省将"藏粮于地""藏粮于技"作为粮食产业发展的战略，高度重视和运用水利化、良种化、农机化、科技化、标准化等现代农业生产手段，农作物综合机械化率达到98%，良种覆盖率达到100%，先进技术推广面积达到2亿亩以上。数据显示，2020年全省建设高标准农田843万亩，全省累计建设高标准农田达到9391万亩，占比接近全国高标准农田建设面积的25%。例如，现代农业的领头雁——黑龙江北大荒农垦集团，不仅综合机械化率达到99.9%，而且智慧农业、数字农业的发展已经走在全国前列，"广泛采用无人机械耕作、管理和收获，确保无人化作业率达到50%以上，108个农场有限公司全部采用数字信息管理系统，数字农场建设迈出更大步伐"。全省农业科技进步贡献率达到67.7%。

二是农业数字化应用广泛。黑龙江省依托数字农业发展，基于农产品电商、农业遥感的大数据服务产品不断丰富，不断涌现出定制农业、认养农业、创意农业、云农场等新业态、新模式。2020年，黑龙江省推行网上备耕、网上培训、网上贷款，不仅及时完成了生产资料的备耕，而且使约60%的农户以低于上年同期价格订购到农资，实现了节本。此外，智慧农业、数字农业的发展进入加速期，线上农产品销售数量大幅度增长，2021年前三季度黑龙江省农村网络零售额为117.6亿元，同比增长13.6%；农产品网络零售额为45.3亿元。

三是两化深度融合成效显著。随着信息技术在工业领域的应用范围和深度不断增加，黑龙江省制造业发展模式变革取得新成效。目前，黑龙江省开展两化融合管理体系贯标企业61户，推进企业上云2387户。《中国两化融合发展数据地图（2020）》数据显示，黑龙江省两化融合发展水平指数为46.9，处于全国第三梯队，然而从增速来看则位居全国前列，生产设备数字化率、数字化研发设计工具普

---

① 《2019—2020年度黑龙江省旅游产业发展报告》。

及率、关键工序数控化率分别达到 39.3%、43.7% 和 37.7%，57.8% 的企业已处于两化融合单项覆盖、集成提升和创新突破阶段，正加快向中高级发展阶段迈进。

四是智能制造稳健发展。黑龙江省在智能制造发展领域具有一定的基础和优势，在科研领域，拥有哈工大、哈工程、哈焊所、703 所、49 所等大学院所，在生产制造领域，拥有哈飞集团、哈电集团、中国一重、中车齐车等国家级企业技术中心。此外，全省目前正积极推进智能制造的发展。经过多方共同努力，黑龙江省工业互联网标识解析二级节点于 2020 年 10 月 19 日正式上线，工业互联网标识解析二级节点综合服务平台建设正在积极筹建，这为工业行业和企业数字化、网络化、智能化转型升级奠定了基础。此外，2017 年黑龙江省出台了《黑龙江省数字化（智能）示范车间认定管理办法（试行）》，开展了省内数字化（智能）示范车间认定工作，通过以智能制造为主攻方向和突破口，在省内制造业领域推进智能化升级。截至目前已认定省级数字化（智能）示范车间 128 个。

五是工业转型迈向高质量发展。黑龙江省目前已全面完成国家淘汰落后产能和化解过剩产能任务，通过实施一批重大技术改造项目，建成了 128 个数字化示范车间，北满特钢、东安等一批重点企业通过实施技术改造，产品向产业链、价值链高端跃升，企业技术装备数字化、智能化步伐加快，市场占有率和竞争力进一步增强。此外，全省开发了近 200 项重大技术创新产品和 330 个首台（套）装备（产品），拥有了一批核心技术专利，形成了一批高水平的技术标准和管理规范。包括核电装备和燃气轮机、百万千瓦水轮发电机组、超（超）临界燃煤发电机组、高速重载铁路货车等在内的一批创新产品已达到或接近世界先进水平。

（五）对外开放合作领域不断拓展，营商环境大幅提升

"十三五"时期，黑龙江省对外开放迈出坚实步伐，基本完成了规划确定的主要目标任务。中俄原油管道二线工程、中俄东线天然气管道项目竣工投产，同江中俄铁路大桥、中俄黑河—布拉戈维申斯克界河公路大桥顺利建成，中国（黑龙江）自由贸易试验区获批并加快建设，对俄开放合作第一大省地位更加巩固，黑龙江省对外开放合作迈上新台阶。

一是对外合作领域不断拓展，与重点国家和地区的合作日益深入。这主要表现在：第一，优势产品产能"走出去"步伐加快。大量优势装备和产能沿中蒙俄经济走廊向西输出到中亚地区，以开放促工业发展的成效逐步显现。此外，哈电集团的产品和服务已覆盖 40 多个国家和地区及"一带一路"六大经济走廊。

以哈药集团、哈量集团为代表的一批企业在收购国际知名品牌、吸收先进技术、拓展国际市场方面已取得巨大进步。第二，"引进来"项目水平不断提高。依托本地产业基础，黑龙江省吸引了沃尔沃等一批国内外知名企业前来投资，为全省工业发展注入了新动力。第三，区域对口合作、央地合作取得明显成效。龙广合作深入推进，一批合作项目签约；民企与央企合作进一步深化，一批重大项目通过"央企合作""民企龙江行"等平台相继落地。

二是黑龙江自贸试验区开放理念增强，营商环境大幅提升。黑龙江自贸试验区全面落实省委、省政府决策部署，主动融入国家双循环新发展格局，在制度创新、营商环境、投资贸易便利化、沿边开放等领域大胆实践。主要举措包括：第一，通过对外开放合作更好融入"一带一路"。依托黑龙江省区位和政策优势，进一步扩大对俄罗斯合作。黑龙江省正积极探索自贸试验区形成内联国内腹地，外接俄罗斯，辐射东北亚乃至欧盟、北美洲的大通道。第二，通过打造一流营商环境吸引产业聚集。依托自贸试验区建设，突破体制机制瓶颈，通过引入第三方评估机构，形成倒逼创新机制，进一步提高通关效率、创新监管模式、降低物流成本，加快营造法治化、国际化、便利化营商环境。第三，开展"最北自贸试验区，开放合作新高地"系列宣传推介活动，做好政策的深度解读，面向海内外投资者开展推介对接活动，将自贸试验区打造成投资热土[①]。

三是对俄开放合作第一大省地位持续巩固。黑龙江地处东北亚中心区域，是我国沿边开放大省，全省有 27 个国家一类对外开放口岸，其中 17 个是边境口岸，与俄罗斯有 2981 千米边境线，是中蒙俄经济走廊的重要节点和国家向北开放的重要窗口，在对俄及东北亚开放合作中具有重要战略地位。黑龙江省充分运用与俄罗斯经贸技术合作的基础和优势，共同拓展和加强与欧洲各国广泛深入的经贸往来合作。哈绥俄亚陆海联运线路连同哈欧班列构建贯穿欧亚两大洲的国际物流大通道，黑河黑龙江大桥开通中俄经贸新通道，自贸试验区搭乘互联互通新路径，进入崭新的"大陆桥时代"。此外，黑河片区主动研究优化对俄罗斯物流时效、降低物流成本，培育形成了跨境电商"多仓联动"集成集运新模式，规划布局了海外仓、边境仓、中继仓和前置仓，打通了跨境数据与跨境产业间的连接。绥芬河片区"借港出海"，创新跨境货物运输模式，与俄方海关达成了监管

---

① 黑龙江自贸区：通过对外开放合作更好融入"一带一路"，https：//baijiahao.baidu.com/s?id=1677533737960334077&wfr=spider&for=pc.

互认共识，实现了"单证一致、关封完好、重量一致"即可放行的海关入境验放新模式，形成了"内外联动、多式联运、南北联通"的国际运输大通道。

二、黑龙江省产业结构的历史演进

作为全国典型的老工业基地，黑龙江省产业结构长期存在"重型化"特征，即三次产业中第二产业占比过高、第二产业中重化工业等传统产业占比过高，这一产业结构的形成有其历史渊源。早在中华人民共和国成立初期，黑龙江省就被确定为全国工业建设重点省份，第一个"五年计划"的 156 项国家重点建设项目中有 22 项设立在黑龙江省，国家在黑龙江省的基本建设投资总额达到 25.6 亿元，占当时全国工业投资的 10.3%，黑龙江省以国企为主体、重工业为重点的产业结构也是在这一时期形成的。[①] 从经济发展史的角度来看，区域产业结构的演进是提升产业素质和经济总量的经济过程，黑龙江省产业发展和产业结构调整基本遵循这一历史规律。

（一）黑龙江省产业发展的阶段

从发展周期来看，黑龙江省产业发展主要可以分为三个阶段：

1. 黑龙江省工业化进程的初始期（1953~1980 年）

从中华人民共和国成立后的第一个五年计划首年到改革开放伊始（1953~1980 年）是黑龙江省产业结构演进的第一阶段，同时也是黑龙江省工业化进程的初始时期。在这一时期，黑龙江省响应国家战略优先发展重工业。从三次产业的结构比例来看，第二产业在黑龙江省的产业结构中占主导地位且增速最快，而第二产业又以重工业为主。数据显示，1953~1979 年，黑龙江省第二产业产值年均增长 10.8%，远超年均 GDP 6.3% 的增长率。此外，由于国家的大量投资和项目支持，黑龙江省工业企业数由中华人民共和国成立初期的 5227 个增加到 1960 年的 17790 个，其中大中型企业 392 个，包括木材、原油、货车、联合收割机、

---

① 陈东林. 156-43-78：中国改革开放前的三次对外经济引进高潮［C］. 第一届当代中国史国际高级论坛论文集. 当代中国研究所，2004：275-290.

发电设备等在内的几十余项工业生产品产量居全国第一位。

与之相比，黑龙江省第一产业增长速度总体较缓慢。1953~1980 年，第一产业的年均增长率仅为 3.6%，在这一时期，虽然黑龙江省第一产业在绝对值发展上有较大进步，但结构上并未向好，资源开发型与低附加值产品依然是主要生产品。这是因为黑龙江省自 1949 年以来，就承担了国家粮食生产基地的重要历史任务和保障责任。全省农业在半个多世纪的发展中不断扩大耕地面积，同时进行大规模的农田基本建设。到改革开放之初的 1980 年，黑龙江省共建立排灌站5471 座，修建水库 427 座，打机电井 55000 眼，防涝面积达到 236 万公顷，农田有效灌溉面积已扩大到 76.6 万公顷，拥有农业机械总动力 110.5 亿瓦特，平均每一农村劳动力 2030 瓦特，高于全国平均水平，机播、机耕、机收面积的占比均居全国首位。黑龙江省国有农场在商品粮基地建设中发挥了重要作用，国营农场耕地面积达 202 万公顷，占全国农耕系统的 50%[①]。

此外，1953~1980 年，黑龙江省第三产业的年均增长率也仅为 5%，在近 30年的时间里，黑龙江省第三产业的增幅总体偏低，在经济中的占比呈现先增后减的趋势。数据显示，1952 年黑龙江省第三产业仅占地区经济总量的 23.9%，到1961 年这一数字达到了 32.8%。此后，黑龙江省第三产业占比再次出现下滑，到 1980 年黑龙江省第三产业占比仅为 15.7%，发展明显不足。

2. 黑龙江省产业结构的改善期（1981 年至 2012 年 10 月）

改革开放初期到党的十八大召开前（1981 年至 2012 年 10 月）是黑龙江省产业发展的第二阶段，而这一阶段又可以细分为两个时期。1981~1990 年，是黑龙江省产业调整的关键时期，在这一时期，重工业仍占主导地位。在此发展基础上，黑龙江省又以市场为导向迅速发展轻工业和第三产业。数据显示，这一时期，黑龙江省第三产业产值在国民经济中的占比由 1980 年的 15.7% 上升至 1990年的 26.9%。1991~2012 年，黑龙江省进入产业结构高级化的发展阶段，无论是在产业结构还是经济总量上都取得了长足的进步。这一时期，受我国市场经济快速发展和开放型经济逐步形成的影响，黑龙江省产业结构在一定程度上初步实现高级化，在 1980~2010 年这三十年间，黑龙江省第三产业以 12% 的平均增速超过 7.2% 的平均工业增速成为区域经济发展的重要动力。

与此同时，黑龙江省第二产业在经过工业化前期和中期的充分发展后，占比

---

① 谢宝禄. 黑龙江省产业结构调整问题研究［D］. 中国社会科学院研究生院，2017.

依旧高于全国平均水平。作为我国的老工业基地和工业大省，2000 年黑龙江省第二产业所占比重为 57%，高于全国平均水平 8 个百分点，从利税看，2000 年黑龙江省工业产业的利税为 835 亿元，位居全国第一。然而，黑龙江省的工业发展以区域丰富的资源储备为基础，在发展资源型产业的过程中，对资源缺少深加工，主要以生产"原字号"资源型产品为主，在黑龙江省工业总产值中，"原字号"资源型产品占比超过 1/3。此外，覆盖面广、数量多、比重大的传统产业在黑龙江工业中仍居主导地位，初级资源开采企业、重工企业、军工企业在产业中占比很高。由于发展路径过分依赖传统产业，产业结构调整步伐缓慢，这限制了黑龙江省企业经营活力的形成，因而黑龙江省传统产业虽然经过多轮改造调整，但占比仍然居高不下。此外，黑龙江省产业结构中，所有制结构较不合理，国有企业占比过大是一突出问题。传统产业的衰弱导致产业结构低度化，从而对经济产生了逆拉动作用。

值得注意的是，在这一阶段，黑龙江省第一产业所占比重出现持续下降，最低达 12.2%（2000 年）。黑龙江省第一产业产值占比整体呈下降趋势的原因包括：我国改革开放以及加入 WTO 以后，粮食价格容易受到国际市场的影响，同时黑龙江省自身存在农业现代化程度不高、产业结构不合理等问题。综上来看，改革开放以后，尽管黑龙江省三大产业内部还存在一定问题，但产业结构趋于合理，在质与量上都有较大的进步和提升。黑龙江省产业结构在改善以传统重工业为主的工业结构的基础上有效放缓了重工业发展速度，降低了重工业产值占比，同时快速发展轻工业和第三产业，尤其以战略性新兴产业为主。

3. 黑龙江省产业发展的加速期（2012 年 11 月至今）

自 2012 年党的十八大召开至今是黑龙江省产业结构调整的第三阶段。党的十八大以来，黑龙江省产业结构保持了逐渐高级化的特征，传统能源工业的衰退导致第二产业所占比重进一步下降，现代农业的发展使得第一产业所占比重有所上升，而第三产业仍保持较快的发展趋势，成为拉动区域经济的重要动力。从三次产业结构的变化趋势来看，黑龙江省产业结构变化遵循产业结构演变的一般特征，即第一、第二产业占比逐渐下降，第三产业占比逐渐上升。2013 年，黑龙江省实现了第三产业占比对第二产业占比的超越，产业结构首次由从前的"二、一、三"转变为"三、二、一"，它也是东北三省中首个取得这一成绩的省份。2015 年黑龙江省第三产业占地区总产值的 50.7%，首次突破 50%。

此外，在这一阶段，黑龙江省第一产业也基于经济发展程度和区域特色发生了较大变化。农业经济结构呈现种植业居多而畜牧业发展不足的状况，外向型农业、绿色食品、劳务产业、渔业、休闲农业、特色手工业等得到了迅速发展。其中，黑龙江省种植业发展迅速，并且在农业经济结构中的占比较大。作为全国拥有大草原的重要省份之一，黑龙江省草原面积占全省土地总面积的11.2%，随着中国人均肉类消费量增长加速和城镇化过程中农业人口迁徙新创的消费需求增加，黑龙江省畜牧业发展过程中，畜产品中的肉类、禽蛋、奶类等都存在较大的发展空间，黑龙江省老工业基地产业结构调整还有较大潜力。

综上所述，在这一阶段，虽然黑龙江省第二产业绝对值发展较快，但其产业内部结构自中华人民共和国成立至今未曾发生重大变化，石油化工、石油机械制造等资源开发型与低附加值型产品仍然占据工业生产的主导地位。此外，黑龙江省第三产业仍保持较快发展趋势，现代服务业所占比重不断提高，近年来，依托边境资源和冰雪资源，黑龙江省大力发展旅游业，成效显著；金融业和物流业也正向着高质量发展迈进。服务业已成为黑龙江省拉动区域经济的重要动力。

（二）黑龙江省产业结构演进的影响因素

黑龙江省产业结构调整经历了三个重要阶段，在这期间产业发展总是处在不断转换和自我调节中，而这种变化受到各种因素的影响和制约。黑龙江省产业结构演进的影响因素，既具有普遍的结构演进特征，也具有区域的异质性特征。本节主要对地理区位、资源禀赋、技术进步、宏观调控这些因素的影响进行分析。

1. 地理区位因素

黑龙江省位于我国的东北部，与俄罗斯接壤，与日本隔海相望。既有铁路和公路与俄罗斯、蒙古国相通，也可通过水路通航到韩国和日本，在地理位置上具有独特的优势。一方面，黑龙江省拥有沿海港口和内陆口岸，这为黑龙江省与各国展开贸易活动提供了便利条件。20世纪90年代，我国积极推进东北亚地区内国家或次区域间的深度开发合作，黑龙江省在国际贸易上取得了一定进展。近年来，随着中蒙俄经济走廊建设以及"一带一路"倡议的深入推进，黑龙江省在东北亚的作用日益凸显。另一方面，黑龙江省具有发展农业、工业、对外贸易的良好区位优势，由于域内水环山绕、平原广布、地广人稀，雨热同期、水资源丰富、土壤肥沃，适合农业发展，黑龙江省成为我国重要的商品粮基地。此外，黑龙江省拥有丰富的矿产资源、雄厚的工业基础、大批掌握工业生产技术的劳动力，同时，黑龙江省海陆交通便利，铁路网密布且拥有优良的港口，海运发达，为工业、农业和国际经济往来奠定了良好的基础①。

2. 资源禀赋因素

黑龙江省的自然资源状况是其产业结构形成的基础。辽阔的土地和丰富多样的自然资源,为黑龙江省产业结构的形成提供了许多有利的条件。例如,黑龙江省的土地、海洋、热量、水分、植物等资源条件,为建设全国性大型农业基地、林业基地和牧业基地提供了可能。丰富的能源和原材料供给,为黑龙江省建设成为重化工业基地奠定了基础。然而,黑龙江省虽然资源丰富,但这些矿产资源多数为不可再生,加之其粗放型的经济增长方式不能有效节约利用资源,不仅造成了资源的浪费,也长期制约着黑龙江省产业结构的调整。随着我国进入创新驱动发展阶段,自然资源驱动型增长模式红利正在消退。此外,随着产业的发展,自然资源条件的约束会逐渐减弱,当产业结构成长进入以高新技术和信息产业为主导的阶段,对初级产品的依赖将会更少,同时自然资源条件优势也将进一步被削弱。

3. 技术进步因素

技术进步是通过技术创新、技术扩散、技术转移与技术引进不断发展和完善原有技术工艺或者替代旧技术的过程。新古典增长理论中,技术被认为是外生变量,不受经济系统中其他因素的影响。新增长理论模型中,技术进步则被认为是经济增长的内生变量,与其他经济变量相互影响。技术进步是推动社会进步、实现经济可持续发展的重要源泉,因而它也是影响产业结构演变的重要因素之一。

中华人民共和国成立后的"一五"时期和"二五"时期,国家将54个重点建设项目放在东北地区,加之苏联的技术援助,黑龙江省在形成钢铁工业、机械制造工业和电力工业的同时,商品粮基地不断实现机械化生产,纺织、食品等轻工业也得到迅速发展。"三五"和"四五"期间,随着大庆油田的开发,新的技术再次被引进,出现了炼油工业、轻纺工业及出口贸易等,石油化工产业得到迅速发展。改革开放以后,随着国外先进技术的全面引进,黑龙江省也陆续出现了精密仪器制造业,航空、航天器及设备制造业,电子及通信设备制造业等。

技术进步导致传统要素投入不断减少、创新要素投入逐渐增加,这一方面为黑龙江省产业结构演化带来了积极的影响,另一方面也给以传统重化工业为

---

① 贾占华. 东北地区经济结构的增长效应研究 [D]. 东北师范大学,2020.

主、自身技术条件相对落后的老工业基地带来了巨大冲击，导致地区产业结构与当前经济增长不相适应。在新产业革命趋势下，全球钢铁、化工、机械制造等传统产业处于不同程度的衰退阶段。黑龙江省老工业基地缺失改革开放初期的先进技术引进阶段，大体沿袭计划经济时期的技术体系，因而经济下滑严重，产业结构亟待转型升级。但在结构调整过程中，产业结构偏"重"、技术基础落后，使新兴产业的形成和调整不适应传统工业改造的需要，因而结构转型升级的阻碍较大。

4. 宏观调控因素

国家宏观调控与国家战略的指导和规范对黑龙江省产业结构调整有较大的影响，黑龙江省的经济水平和产业结构是与国家的整体经济状况和产业结构相适应的。黑龙江省作为农业大省、老工业基地、能源资源大省和沿边地区，承担着为全国经济建设提供粮食、机械、能源以及边疆安全的重要任务。在计划经济体制下，黑龙江省产业结构调整在很大程度上要服从国家的产业规划和总体布局。以农业为例，黑龙江省农业生产不仅需要满足自身经济发展的需要，还要作为保障国家粮食安全的重要一环。由于农业天生具有弱质性，在国民经济中处于基础地位且具有外部性等特征，政府需要在实现农业可持续发展过程中发挥重要的主导作用。这就必须建立以中央政府为主体、地方政府为辅助的多层次国家宏观调控体系，中央政府负责制定国家粮食安全战略和全国农业发展战略，地方政府负责贯彻落实国家战略和相关政策。

三、黑龙江省产业发展的 SWOT 分析

黑龙江省作为我国重要老工业基地与"中华大粮仓"，具有丰富的粮食、石油、木材与煤炭等战略资源，为我国社会经济发展做出了突出贡献。然而，随着黑龙江省经济下行压力不断加剧，产业发展陷入结构锁定与路径依赖。针对黑龙江省产业发展存在的结构性困境与矛盾，本部分根据黑龙江省产业发展总体分析框架，从要素禀赋、产业基础、产业布局、产业结构、产业开放与技术水平六个方面分析黑龙江省产业发展的优势与劣势。

（一）黑龙江产业发展总体优劣势分析

1. 黑龙江产业发展的总体优势

一是要素禀赋优势明显。黑龙江省林地面积达 2325 万公顷，占全省土地总面积的 49.39%，全省森林覆盖率为 46.14%，位列全国第 9；草地面积 207.1 万公顷，三江平原草地面积 30.3 万公顷，草地植被覆盖度达 85%；天然湿地面积 556 万公顷，已建成湿地类型自然保护区 87 处，其中国家级 23 处、省级 64 处；建立了 58 处国家湿地公园，其中国家级 41 处、省级 17 处。全省年平均水资源量 810 亿立方米，其中地表水资源 686 亿立方米、地下水资源 124 亿立方米；境内江河湖泊众多，有黑龙江、乌苏里江、松花江、绥芬河四大水系，现有流域面积 50 平方公里及以上河流 2881 条，总长度为 9.21 万千米。黑龙江省矿产资源储量丰富且种类繁多，在已查明的 135 种矿产资源中，已探明储量的有 84 种，占全国已查明矿产资源储量的 36.68%。黑龙江省拥有生物多样性保护功能的生态功能区 29 个、水源涵养功能的生态功能区 11 个、土壤保持功能的生态功能区 27 个、沙漠化控制功能的生态功能区 6 个、防洪蓄洪功能的生态功能区 11 个。

二是产业发展基础不断夯实。黑龙江是世界四大黑土区之一，耕地面积广袤，适合机械化耕种作业，不仅是我国重要的商品粮基地，而且是维护国家粮食安全的"压舱石"。2016 年以来，黑龙江省粮食产量均稳定在 1500 亿斤以上，2021 年粮食产量达 1573.5 亿斤，创历史新高，粮食总产量占全国的 1/9，绿色、有机食品认证面积达 8816 万亩，连续多年居全国首位。黑龙江省形成了以重工业为基础，门类较为齐全的工业体系，拥有全国最大的油田、森工企业、重型机械制造、三大动力及铁路车辆制造厂，产业规模位居全国上游水平。石化、电子、机械、汽车、装备制造业等工业具有良好的发展基础，初步形成了带动其他产业发展的主导产业链，具有较强优势。2021 年，黑龙江省工业经济增长实现复苏并趋于稳定，全省规模以上工业增加值达 7.3%，产值突破万亿元大关。在经济下行与新冠疫情压力下，装备工业、石化工业、能源工业、食品工业四大支柱产业仍然保持稳步增长，增加值分别达 13.3%、9.8%、6.3%、6.1%，在拉动黑龙江经济发展中发挥了重要作用。

三是产业开放合作不断深化。黑龙江省位于我国东北部，北部与俄罗斯的西伯利亚接壤，西部毗邻内蒙古自治区，南部以吉林、辽宁两省为直接依托，东南部与朝鲜、韩国、日本相望，在对俄及东北亚开放合作中具有重要战略地位。"十三五"时期，黑龙江省货物贸易额累计实现 7528.6 亿元，与"一带一路"沿线国家和地区货物贸易额占全省货物贸易总额的 70% 以上。2021 年，全省进出口总额为 1995 亿元，增长 29.6%，高于全国 8.2 个百分点，增速位列全国第十、东北地区之首。对外投资稳步推进，"十三五"时期，黑龙江省在 40 多个国家和地区投资 28.2 亿美元，对外投资存量达 42.8 亿美元。2021 年，黑龙江省非金融类对外直接投资 7309 万美元，增长 18%；对外承包工程新签合同额 13.3 亿美元，增长 57.7%。

四是开启科技强省建设新征程。黑龙江省深入实施创新驱动发展战略，创新能力显著提高，创新平台建设不断完善，科技创新支撑经济社会发展能力显著增强。2020 年，全省共有国家级企业技术中心 17 个，国家级技术创新示范企业 10 个，省级企业技术中心 281 个，省级技术创新示范企业 60 个，工信部重点实验室 33 个，国家级中小企业公共服务示范平台 15 家，省级以上小微型企业创业创新基地 104 家（其中国家级示范基地 11 家），国家专精特新"小巨人"企业 13 个，省级专精特新中小企业 146 个，国家制造业单项冠军示范企业 2 户，省级制造业"隐形冠军"企业 14 个，产业技术创新联盟 63 个，这些为产业创新发展提供了强有力的科技支撑。中国农业科学院哈尔滨兽医研究所"国家动物疫病防控高级别生物安全实验室"、哈尔滨工业大学"空间环境地面模拟装置国家重大科技基础设施"、大庆油田"国家能源陆相砂岩老油田持续开采研发中心"等一批重大科技创新平台加快建设。

2. 黑龙江产业发展的劣势

一是企业科技创新能力不足。黑龙江省研发投入强度远低于全国平均水平，企业研发投入偏低问题尤为突出。2020 年，黑龙江省 R&D 经费投入为 146.6 亿元，低于辽宁、吉林两省，在全国（不含港、澳、台）31 个省份中排名 24，较为靠后；黑龙江省 R&D 经费投入强度为 1.08%，低于吉林省（1.27%）和辽宁省（2.04%），且远低于全国平均水平（2.23%），企业研发投入偏低问题尤为突出。科技企业数量偏少、规模偏小，科技企业示范引领作用不明显，企业自主创新意识和能力较弱，难以为黑龙江省经济高质量发展提供动力支撑。原创性、颠覆性技术相对不足，市场配置创新资源的决定性作用不够突出，以市场思维和全球视野谋划科技开放合作不多，高新技术科技成果吸纳能力不强，科技成果产业化水平不高。

二是产业结构有待优化。黑龙江省产业结构不断发展演变，表现为农业、工业占比不断下降，服务业占比不断提升。服务业产值占 GDP 比重由 1952 年的 23.8% 上升到 2020 年的 49.5%，农业产值占 GDP 比重从 1952 年的 45.8% 下降到 2020 年的 25.1%，工业产值从 1952 年的 30.4% 上升到 1978 年的最高点 61%，之后下降到 2020 年的 25.4%。作为粮食大省、老工业基地、能源大省及沿边地区，黑龙江省承担着为全国经济建设提供粮食、机械、能源及边疆安全的重任。国家宏观调控与总体战略规划对黑龙江省产业布局的影响较大。从农业来看，粮食产业降本增效难度较大，农业受定价权、种植结构、品牌影响力等因素影响，长期存在产业经济效益不佳的问题。从工业来看，在计划经济时期黑龙江省产业结构划分很大程度上服从于国家对产业规划的总体布局，呈现高耗能、高排放、高污染、低附加值的"三高一低"的产业结构特征，不利于经济持续稳定增长。从服务业来看，黑龙江省生产性服务业规模小且发展滞后，占地区生产总值的比重不足 20%；服务业内部发展不均衡，科技服务、信息服务、商务服务比重小，特别是中高端领域生产性服务业发展不充分。

三是产业开放水平有待提高。黑龙江省开放政策叠加效应不明显，集聚与辐射效应较弱，对本地区及全国其他地区拉动力较弱。存在对外开放贸易结构不优、对外经贸合作质量不高、高新技术产品出口比例偏低、出口产品经济附加值较低、进口资源类产品落地加工率不高等问题。对外贸易中仍以货物贸易为主，服务贸易占比不高。2020 年黑龙江货物进出口总额为 1539.2 亿元，低于辽宁省（6569.2 亿元），仅占全国进出口总额的 0.48%。黑龙江省的对外开放集中分布在哈尔滨、绥芬河、黑河、东宁等地区，区域合作不够紧密、协调度较低、合理性不强，导致对外开放平台未能充分发挥作用。

（二）黑龙江农业发展的优劣势分析

1. 黑龙江农业发展的优势

（1）农业资源禀赋丰富。黑龙江省拥有优沃的耕地资源，2020 年全省耕地面积达 1594 万公顷，人均耕地面积达 6.24 亩，是全国人均耕地水平的 3 倍。黑龙江省黑土地面积占整个东北平原的 60%，大草原、大湿地、大森林造就了山青、水秀、土肥、田洁的优良生态环境，适合农作物生长。2021 年黑龙江省粮食作物种植面积达 2.169 亿亩，占黑龙江省耕地面积的 90% 以上，占全国粮食作物种植积比重为 12.37%。此外，2021 年黑龙江省粮食作物种植面积较上年增加 169.35 万亩，占全国增量的 13.07%。

（2）农业产量全国领先。2020 年，黑龙江省农业总产值占 GDP 的比重为 23.4%，在全国农业大省中居首位。"十三五"期间，黑龙江省粮食总产量保持连续增长，从 2015 年的 1264.8 亿斤增长到 2020 年的 1508 亿斤，年均增长 3.6%。2021 年，黑龙江省粮食产量达 1573.54 亿斤，占全国的 11.5%，较上年增加 65.34 亿斤，占全国增量的 24.47%，实现"十八连丰"，粮食总产量、增量、商品粮、调出量均居全国首位，为保障国家粮食安全做出了突出贡献。玉米、粳稻、大豆三大品种产量均居全国首位，玉米产量占全国总产量的 20%、粳米产量占全国总产量的 40%、大豆产量占全国总产量的 45%，粮食种植结构呈现水稻稳、玉米和小麦增、大豆减的态势。

（3）农业品牌建设不断加强。2020 年，中国品牌建设促进会发布了中国品牌价值评价信息，黑龙江省"五常大米""佳木斯大米""东宁黑木耳""方正大米""玉泉酒"等 16 个地理标志产品品牌价值评价总额达 1551 亿元。其中，"五常大米"品牌价值为 703.27 亿元，在全国地理标志产品排行榜中名列第四，在全国农产品排行榜中位列第一。黑龙江省绿色食品抽检合格率连续多年保持在 99% 以上，"龙江米""龙江奶""龙江肉""龙江油"成为黑龙江省现代农业的金字招牌。"十三五"期间，黑龙江省绿色（有机）食品认证面积从 2015 年的 7305 万亩增加到 2020 年的 8513.7 万亩，占全省耕地面积的 35.6%，年均增长 3.11%，约占全国面积的 1/5，其中绿色食品认证面积为 7661.5 万亩，有机食品认证面积为 852.2 万亩，居全国首位。

（4）农业技术水平大幅提升。黑龙江省农业科技力量雄厚，拥有农业类高校和科研院所 41 个，农业技术推广人员 1.34 万名，拥有完备的省、市、县、乡四级农技推广体系，农业现代化水平居全国之首，各个农作物品种都形成了高产栽培技术模式，现代耕作制度大面积推行，全省农业耕种收综合机械化水平较高，"十三五"期间，黑龙江省农村综合农业机械化水平达 96.8%，超出全国平均水平 30 个百分点。农机利用率位居全国第一，农业机械总动力达 6775 万千瓦，居全国首位，其中 100 马力以上拖拉机有 7.5 万台，耕种收综合机械化水平达 98%，超出全国平均水平 28 个百分点，农业物联网也居全国领先水平。此外，黑龙江省专业化的农业经营主体、农民和农业服务公司发展较快，农业的组织化程度相对较高。黑龙江省新型农业经营主体突破 20 万个，带动土地规模经营 1.3 亿亩，占全省耕种土地的比重达 54%。

2. 黑龙江农业发展的劣势

（1）农业产业化水平有待提升。黑龙江省作为我国产粮第一大省，农业产业化却仍处于初级阶段，农业产业化龙头企业数量少、规模小，精深加工业发展不足，产业链条较短，农村一二三产业融合水平较低，粮食加工产值与农业总产值之比仅为0.6∶1。黑龙江省作为全国重要商品粮基地与农副产品生产加工基地的优势尚未充分发挥，缺少支柱性农业经济产品，经济附加值低的粮食作物占比过大，结构调整任务艰巨。在种植结构上，以经济附加值较低的粮食作物为主，特色经济作物规模较小，畜牧业、林业、渔业、蚕蜂养殖等经济总量小，过于单一的种植结构不仅挤压了农业经营主体的盈利能力，也加剧了其所承担的种植风险。农资配送、田间管理、仓储运输、市场营销等公益性服务与经营性服务相结合、专项服务与综合服务相协调的新型农业社会化服务体系还不健全，服务能力较为有限。黑龙江省农产品电商发展水平与农产品产量相比仍然较为滞后，阿里研究院、浙江大学中国农村发展研究院联合发布的《2020阿里农产品电商报告》显示，2019年黑龙江省在农产品电商销售额排名中居第22位。

（2）农业品牌影响力有待扩大。黑龙江省农业知名品牌、大品牌总体数量较少，食品产业仍处在特色原材料的粗加工阶段，新产品研发品种少、研发速度慢，处于初步的市场探索与推广阶段，市场上具有竞争力的领军品牌较少，实际市场竞争力不强，占据市场份额较少，市场定价能力较弱，全省的农业优势资源得不到充分利用，很大程度上制约了黑龙江省农业与农产品加工业的规模经济与长远发展。以畜牧产品为例，在2020年全国畜牧业类"农产品地理标志"品牌数量排名中，黑龙江省有12个，排名第15，位于全国中游水平。在全国肉类"农产品地理标志"品牌数量排名中，黑龙江省有8个，排名第18。可见，黑龙江省畜牧产品的品牌数量较少，知名度较低。

（3）农业抵御自然风险能力有待增强。极端天气出现的频率增多、增强，严重影响黑龙江省粮食作物的安全生产。黑龙江省农业面临的自然灾害包括气象灾害、水土流失、地质灾害等多种类型，并且呈现类型多、频率高、旱涝灾害占据主导地位且交替出现以及农业病虫害影响较大等特点。近年来，黑龙江省农业受自然灾害的负面影响呈现扩大的趋势。黑龙江省农作物播种面积占全国农作物播种面积的9%左右，然而近三年黑龙江省受灾面积占全国的比例却超过9%，远高于全国平均水平。此外，农民过多使（施）用农药和化肥、过度开垦水田、过度放牧、过度捕捞等现象依然存在。农业面源污染、地下水超采、水土流失、黑土层变薄等问题仍不容忽视。

（三）黑龙江工业发展的优劣势分析

1. 黑龙江工业发展的优势

（1）工业发展基础雄厚。黑龙江省作为国家重要的老工业基地，诞生了被誉为"共和国国宝"的第一重型机械厂、"共和国掌上明珠"的北满特钢等众多关系国民经济命脉的战略产业和骨干企业。20世纪60年代大庆油田的开发建设，使黑龙江省逐步构筑起以能源原材料和装备制造等为代表、以重化工业为主要特征的工业基本框架，奠定了黑龙江省作为国家老工业基地的坚实基础。目前已能生产40个大类、162个中类、364个小类的上千种工业产品，基本形成了以中直大型国有企业为骨干，装备、能源、石化、食品、医药、冶金、建材等主要行业为主体的门类齐全的工业体系，成为国家重要的能源、原材料和重型装备生产制造基地。

（2）工业转型升级成效显著。黑龙江改造升级"老字号"，深度开发"原字号"，培育壮大"新字号"，工业转型升级速度加快。首先，改造升级一批"老字号"，使其重新焕发生机与活力，其中一重集团通过"三项制度"改革实现一年扭亏、两年翻番、三年跨越；北满特钢成功引进建龙集团，通过破产重组实现钢产量三连增；中车齐车成为国家级制造业单项冠军。其次，深度开发"原字号"，转换发展动能，随着海国龙油550、大庆石化千万吨炼油项目建成投产，黑龙江省正式迈上"千万吨炼油、百万吨乙烯"生产规模。最后，培育壮大"新字号"，打造新增长领域，启动工业互联网标识解析二级节点建设，"龙江智造"国产化长城计算机大批量上市填补了黑龙江省自主创新整机生产空白。从工业结构看，黑龙江省轻重工业比重由2010年的17：83调整为2020年的22：78，公有制与非公有制经济增长值比例接近1：1。战略性新兴产业占规模以上工业比重提高至2020年的13.3%。2020年，全省制造业生产设备数字化率达到39.3%，数字研发设计工具普及率达到43.7%，关键工序数控化率为37.7%。IDC数据中心25个，"中国云谷"大数据产业集聚效应显现，多家企业入选国家大数据产业发展试点、人工智能与实体经济深度融合项目和物联网集成创新与融合应用项目。初步建成卫星制造与应用产业园、北斗导航产业园、地理信息产业园。两化融合管理体系贯标达标企业21户，省级数字化示范车间128个。

（3）工业创新水平不断提升。黑龙江省以国家技术创新示范企业为龙头、省级企业技术中心为主体、产学研联合为基础的全省企业技术创新平台体系基本形成。全省拥有国家技术创新示范企业 7 家、省级企业技术中心 260 家、产业技术创新战略联盟 63 个以及中国农业科学院哈尔滨兽医研究所、中船重工 703 所、哈尔滨焊接研究所等一批国内知名的科研机构。黑龙江省重点领域创新成果不断涌现，包括神舟航天器、嫦娥探月工程、C919 大飞机、国产首艘航母等在内的一批"国之重器"都有黑龙江工业的贡献。此外，核电装备和燃气轮机、百万千瓦水轮发电机组、超（超）临界燃煤发电机组、高速重载铁路货车等一批创新产品已达或接近世界先进水平。"十三五"期间，全省规模以上工业企业研发经费年均支出超过 76.11 亿元，规模以上工业企业新产品开发年均达到 3424 项，核电装备、动力装备、载重货车、重型机床等领域的一批重大创新产品达到或接近世界先进水平。

（4）工业集聚发展态势强劲。以"哈大齐"城市群为引领的高端装备、绿色食品、生物医药、新一代信息技术等产业的集聚和辐射带动效果进一步增强，产业集聚度大幅提升，产业集群发展呈现良好态势。黑龙江省工业园区载体功能和集聚效应不断增强，各类开发区现已成为黑龙江省现代制造业集聚、外商投资密集、投资环境优化、高新技术发展的新兴产业基地以及促进经济协调发展的重要载体，目前已创建国家级新型工业化产业示范基地 10 个、省级新型工业化产业示范基地 32 个。特色产业集群的比较优势逐步显现，已形成哈尔滨—大庆—牡丹江的生物医药、鸡西—鹤岗的石墨新材料、哈尔滨—齐齐哈尔的能源装备、哈尔滨的机器人和绿色食品、大庆的精细化工等在全国和区域内有一定影响力和竞争力的产业集群，成为全省工业发展的重要支撑。

2. 黑龙江工业发展的劣势

（1）传统工业占比较高。作为我国老牌工业基地，黑龙江省长期以来存在"重工业强、轻工业弱"的结构性问题，近年来虽然大力推动高新技术工业发展，但是其所占比重仍相对较低。资源型工业或资源型加工业和制造业仍高度集中，工业产值多数来自原材料生产，其中煤炭、石油、木材及以此为原料的加工业占据较大比重，附加值较少的规模以上产业占有较多的资源和资金。经济发展进入新常态后，世界经济整体增速趋缓和行业投资缩减对于黑龙江省支柱性工业部门带来较大冲击，工业部门不能有效弥补重化工业外部需求萎靡导致的工业经济下滑态势，导致黑龙江省工业整体陷入困境，严重制约黑龙江省经济持续增长，在资源逐渐枯竭的背景下，工业产业结构发展缺乏内生动力，工业转型升级遭遇瓶颈。一些新兴领域虽取得快速成长，但由于规模过小，对工业增长整体贡献度不够高。传统依赖资源要素投入的发展方式难以为继，由于创新投入不足、科技成果转化不高等问题，创新尚未成为驱动工业发展的主引擎。

（2）企业市场化水平有待提升。工业企业市场化程度不高，具体表现为国有企业活力仍然不足，民营经济发展不充分。长期以来，国有经济在黑龙江省经济发展过程中扮演着主力军的角色，比重过高但效益不佳，民营经济则不发达。国有企业是黑龙江省工业经济发展的主角与压舱石，在能源资源、装备制造、机械加工等行业具有绝对优势。国有企业为实现黑龙江省经济与社会发展提供了稳定保障，然而国有工业企业以资源为基础的核心竞争优势逐渐失去了市场有利地位，被迫进行转型，但由于转型的时间较短，加之体制机制壁垒，新兴工业未能担当起经济发展重担，国有经济在转向市场经济的过程中面临机制瓶颈难以突破，缺乏加强创新和提高效率的内在动力，在推进黑龙江省工业化进程中尚未充分发挥作用。过高的国有企业占比以及缺乏市场化的竞争环境，导致国企自身积累与改革动力不足，低效、冗员、负债等经营问题突出，从而进一步压缩了创新与研发投入；同时导致民营工业企业发展相对滞后，非公有制经济在提高收入、创造财富、增加税收、提供就业、扩大投资、激励创业、创新体制等方面有待发挥应有的活力。

（3）产品结构性矛盾突出。黑龙江省工业产品以资源密集型及初级加工产品为主，产品技术含量低、经济附加值低，高端产品匮乏等问题突出，呈现加工初级化、产品同质化等特征，并且主要聚集在能源产业、重化工业、装备制造业等领域，产品结构简单，同质化程度高。黑龙江省的产业结构决定了产品结构，长期以来形成的产品结构没有随着时代的变迁进行相应的变革，因而在日新月异的工业化发展中，黑龙江省的产品结构明显落后。这种简单的产品结构不能适应外部需求变化从而发挥出黑龙江省工业经济的特色和优势，反而制约了其工业利润水平的进一步发展。工业部门产品加工度与经济附加值处于产业链低端，产业整体位于价值链低端，阻碍了其进一步升级。

（四）黑龙江服务业发展的优劣势分析

1. 黑龙江服务业发展优势

（1）旅游经济稳步增长。从旅游资源来看，黑龙江省是中国北方森林覆盖率最高的省份，拥有全国最大的连片林区（大、小兴安岭）、全国最大的湿地群、种类众多的生物资源和各种类型保护地资源。黑龙江省属于寒温带大陆性季风气候，是我国气温最低的省份。全省江河纵横，有黑龙江、松花江、乌苏里江等五大水系，更有镜泊湖、五大连池等气势宏大的湖泊景观。围绕黑龙江、乌苏里江两大界河开展的对俄边境和跨国旅游是黑龙江省重要的旅游产品，哈尔滨、大庆、伊春等一批城市具有浓郁的北疆都市特色，秀美山川、森林草原、湿地、江河湖泊提供了开展生态旅游的资源基础。此外，黑龙江省还有东北虎园、丹顶鹤栖息地、北极光、火山口森林等景观；拥有国家全域旅游示范区 2 家、A 级旅游景区 411 家，其中 5A 级旅游景区 6 家、4A 级旅游景区 104 家。从旅游文化来看，黑龙江省历史悠久，是唐渤海国上京龙泉府和金上京会宁府所在地，鄂伦春族、赫哲族等世居少数民族文化特色明显，发源于黑龙江省的抗联文化、北大荒文化具有重要的文化影响力和知名度。从旅游营销来看，持续塑造"北国好风光，尽在黑龙江"旅游总品牌，黑龙江省文化和旅游厅举办多场旅游推介会覆盖国内外重点客源城市，依托"三微一抖"平台、"直播龙江"系列活动等实时向广大网友推送旅游动态。2019 年，全省共接待国内外游客 2.16 亿人次，同比增长 19%，其中国内游客 2.15 亿人次，入境游客 110.7 万人次，实现旅游收入 2683.8 亿元，同比增长 19.6%。

（2）冰雪产业红利释放。黑龙江省独特的地域、自然条件和人文资源为发展滑雪产业提供了重要基础。以世界规模最大的冰雪节、冰雪主题公园、雪雕艺术群和室内滑雪场等为代表的品牌冰雪娱乐旅游产品具备世界级影响力；以亚布力滑雪旅游度假区为代表的冰雪旅游度假产品日趋丰富；中国雪乡、北极村等冰雪文化体验旅游产品独具魅力；冰雪风景旅游逐步兴起。黑龙江省已拥有近百个规模不等的滑雪场，其中 S 级旅游滑雪场 27 家，包括 4 家 5S 级和 4 家 4S 级，以黑龙江亚布力滑雪场、亚布力阳光度假村滑雪场、哈尔滨体育学院滑雪基地和哈尔滨吉华长寿山滑雪场为代表的雪场驰名中外，并基于此打造了以哈尔滨为中心的黄金滑雪旅游集合区和五个黄金滑雪带。北京冬奥会的成功举办带来了新一轮冰雪经济大发展的市场机遇。"冬奥会效应"将更大程度地激发全国人民的冰雪热情，将冰雪消费推动到大众消费，从而产生巨量冰雪市场需求，为冰雪产业集聚巨大的发展潜能。国家先后出台了发展冰雪体育、冰雪旅游等领域相关政策和文件，为黑龙江发展冰雪产业提供了政策机遇，黑龙江省出台《黑龙江省冰雪经济发展规划（2022—2030 年）》及配套若干政策措施，加快构建冰雪发展新格局、培育冰雪产业新动能、打造冰雪经济新增长点。

（3）大数据产业成为新增长极。世界正在进入以信息产业为主导的经济发展新时期，敏锐抓住信息化发展的历史机遇，推动数字技术与经济社会各领域深度融合，为深化供给侧结构性改革、拓展经济发展新空间、更好满足人民日益增长的美好生活需要发挥重要作用。"十三五"以来，黑龙江省高度重视信息化发展，全面升级基础设施，积极布局数字经济。在发展数据产业方面，黑龙江具有得天独厚的禀赋优势与产业优势。黑龙江省土地储量丰富，地质结构稳定，电力能源保障充分，是我国大数据中心建设的一类地区。就数据中心运维而言，降冷用电占运营成本的 60% 以上，而黑龙江省年平均气温低，每年数据中心可自然冷却时间长达 7 个月，能够节省大量降冷用电成本，从而在数据存储与云计算市场中占据价格优势，有助于扩张市场份额。黑龙江省发展大数据产业具有科教、土地、能源等资源丰富以及气候寒冷、地质稳定等优势，拥有以哈尔滨工业大学、哈尔滨工程大学等为代表的高校 80 余所，其中 22 所开设数据科学与大数据技术等相关专业课程，具有丰富的科教和人才资源。

2. 黑龙江服务业发展的劣势

（1）服务业结构有待优化。黑龙江省服务业发展主要集中于传统服务业，而传统服务业可替代性强、产值低、劳动密集度高。虽然现代服务业产值增长迅速，但是占据的市场份额较小，仍处于业态发展雏形，尚未形成一定的规模和辐射力，对整个服务业带动作用不明显。生产性服务业规模较小、能级较低，科技研发、成果转化及信息服务业优势没有充分显现，创新能力和竞争能力不强，现代服务业与先进制造业、现代农业融合程度较低，制造业创新中心、检验检测等线下服务平台发展较为滞后。生活性服务业品质化发展有效供给不足，表现为低端生活服务供给过剩、中高端服务供给短缺，资源优势和产品优势没有得到充分挖掘，新兴服务平台欠缺，电商购物、在线教育、共享经济等新兴服务业消费不足，无法满足居民服务消费的更广泛需求。现代服务业主要集中于哈尔滨、齐齐哈尔等城市，其他城市服务业发展迟缓。与我国沿海发达城市相比，黑龙江省现代服务业信息技术结合不足、数字化程度不高、创新能力不足，产品研发设计、商业咨询、金融服务等具有高附加值的现代服务业处于发展初级阶段。

（2）现代服务业人才紧缺。人力资源是影响现代服务业发展的关键因素，对人才的挖掘和培养是所有服务活动的重中之重。然而，随着生产型制造逐步向服务型制造转型，物质型消费逐步向服务型消费升级，对现代服务型人才产生了大量市场需求。《黑龙江省重点产业（行业）急需紧缺人才目录（2020—2021年）》显示，全省各地市均对特色现代服务业人才需求量较大，其中，哈尔滨、齐齐哈尔、牡丹江、佳木斯、大庆市对信息技术人才需求量较大。黑龙江省现代服务业起步晚，缺乏支撑现代服务业发展所需要的从业人员，吸引留住人才的环境和政策有待进一步完善。服务业企业创新服务少，企业之间同质性较高，在国内市场缺乏知名度，品牌竞争力不强，对人才缺乏吸引力。从生产性服务业全链条来看，制造过程中物流服务、检验检测等操作性人才相对充裕，研发设计、营销分析、信息技术服务、现代金融等相关人才匮乏。

（3）居民消费能力有限。黑龙江省居民收入增长缓慢，收入分配差距较大，居民消费倾向较低，相当程度上限制了服务业的发展。2020年，黑龙江省城镇常住居民人均可支配收入为31115元，低于辽宁、吉林两省的40375元、33395元，在全国处于下游水平。人均消费支出为20397元，低于全国平均水平的27007元，同样低于辽宁与吉林两省的人均消费支出。在消费现状方面，居民消费理念更新滞后，制约消费升级，还存在中高端消费供给仍然不足，服务意识没有紧跟时代发展的潮流等种种矛盾。消费环境不容乐观，产品质量参差不齐，各类消费者维权案件时有发生，关停注销频繁，经营者违法成本过低，对消费者权益的保护力度不够，对消费者的信心产生负面影响，一定程度上抑制了居民的消费意愿。

综上所述，黑龙江省产业发展的优势与劣势如表1-1所示。

表1-1　黑龙江省产业发展的优势与劣势

类别	优势	劣势
产业总体发展	<ul><li>林地、草地、耕地、湿地资源丰富</li><li>我国重要的商品粮基地，拥有全国最大的油田、森工企业、重型机械制造、三大动力及铁路车辆制造厂</li><li>产业开放合作不断深化，在对俄及东北亚开放合作中具有重要战略地位</li><li>开启科技强省建设新征程，创新平台建设不断完善</li></ul>	<ul><li>企业科技创新能力不足，研发投入强度远低于全国平均水平</li><li>产业结构有待优化，"三高一低"产业占比较高</li><li>产业开放水平有待提高，货物进出口总额低于辽宁省</li></ul>
农业发展	<ul><li>人均耕地面积是全国人均水平的3倍</li><li>粮食总产量、增量、商品量、调出量均居全国首位</li><li>农业品牌建设不断加强，拥有一批农产品地理标志品牌</li><li>农业现代化水平居全国之首</li></ul>	<ul><li>农业产业化水平有待提升，农村一二三产业融合水平较低</li><li>农业品牌影响力有待扩大，畜牧产品品牌数量较少</li><li>农业抵御自然风险能力有待增强</li></ul>

续表

类别	优势	劣势
工业发展	• 拥有门类齐全的工业体系，国家重要的能源、原材料和重型装备生产制造基地 • 工业转型升级成效显著 • 形成企业技术创新平台体系，创新产品达到世界先进水平 • 工业集聚发展态势强劲	• 传统工业占比较高 • 国有企业活力仍然不足，民营经济发展不充分 • 产品初级化、同质化严重，高端产品不足
服务业发展	• 旅游经济稳步增长 • 冰雪产业红利释放 • 大数据产业成为新增长极	• 传统服务业占比高，现代服务业规模小 • 现代服务业人才紧缺 • 居民消费能力有限，消费理念滞后，消费环境不优

（五）黑龙江产业发展面临的机遇分析

当前和今后一个时期，我国发展仍然处于重要战略机遇期。习近平总书记多次对东北地区和黑龙江省作出重要讲话和重要指示批示，党中央、国务院出台了系列支持东北振兴政策措施，为黑龙江省加快振兴发展注入了强大政治动力，带来了前所未有的政策机遇。我国已转向高质量发展阶段，经济长期向好，继续发展具有多方面优势和条件，这为黑龙江省提供了稳定的发展预期和良好的发展环境。新一轮科技革命和产业变革深入发展，以国内大循环为主体、国内国际双循环相互促进的新发展格局加快构建，为黑龙江省推动资源、生态、科教、产业、地缘等优势转化为经济发展优势，加快塑造竞争新优势，积极承接国内产业链转移，培育壮大新动能等创造了巨大发展空间，应对新冠疫情并助推新模式、新产业、新业态迅速发展。

1. 推进新时代东北全面振兴，为黑龙江发展带来重大历史机遇

东北地区是我国重要的工业和农业基地。2018 年 9 月，习近平总书记在主持召开深入推进东北振兴座谈会时强调，东北地区"维护国家国防安全、粮食安全、生态安全、能源安全、产业安全的战略地位十分重要，关乎国家发展大局"。这为推进新时代东北全面振兴提供了根本遵循。"十四五"规划纲要对"推动东北振兴取得新突破"作出部署，强调要"从维护国家国防、粮食、生态、能源、产业安全的战略高度，加强政策统筹，实现重点突破"。这进一步明确了新征程

上推动东北振兴的战略重点。依托黑龙江优势，其经济社会发展必然会同推动东北振兴与维护国家国防安全、粮食安全、生态安全、能源安全、产业安全紧密结合，充分发挥黑龙江在这五个方面担负的责任和使命，推动并强化相关支持政策之间的统筹协调，必将为黑龙江产业发展优势重塑带来前所未有的机遇。

2. "一带一路"倡议与中俄全方位合作为黑龙江经济对外开放带来新机遇

一方面，黑龙江陆海丝绸之路经济带已经被正式纳入国家"一带一路"的战略规划中，中蒙俄经济走廊黑龙江陆海丝绸之路经济带的建设规划，使边陲大省在"一带一路"建设中找到了新参与点、新支撑点，特别是中蒙俄经济走廊以哈尔滨为起点和支撑点，应该说找到了黑龙江的地位、作用、责任和分量。对黑龙江省来说，"一带一路"倡议是一个历史性的机遇，在这种新形势下，黑龙江如何把握住新机遇，加快构建黑龙江陆海丝绸之路经济带，对于未来重塑黑龙江产业发展新优势与加大对外开放至关重要。另一方面，俄乌冲突必将导致俄罗斯对中国双边贸易的大幅提升，黑龙江对俄全方位合作将进入更深层次、更高水平的阶段。"十三五"时期，黑龙江省对俄贸易累计实现4814.4亿元，对俄贸易额占到全省外贸总额的60%以上，占全国对俄贸易总额的15%左右；对俄实际投资累计10.2亿美元，占全省对外投资额的36.4%，对俄实际投资存量为20.8亿美元，在俄建设15个经贸合作区，其中有2个为国家级对俄境外经贸合作区。2021年，黑龙江省对俄贸易进出口总额为1313.4亿元，增长34.8%，占同期全省外贸总值的65.8%。黑河、绥芬河成为全国互市贸易进口商品落地加工试点。

3. 黑龙江自贸试验区获批为黑龙江产业发展充分利用跨境产业链、供应链资源提供发展契机

2019年8月26日，《国务院关于印发6个新设自由贸易试验区总体方案的通知》（国发〔2019〕16号）正式出台并实施，标志着中国（黑龙江）自由贸易试验区开始投入运行，该自贸区包含三大片区，分别为哈尔滨片区、黑河片区以及绥芬河片区。从黑龙江对俄跨境供应链发展来看，哈尔滨片区将信息技术以及高端设备等战略性新兴产业作为重点发展项目，并且在现代服务业以及冰雪精神方面持续发力，建设对俄罗斯及东北亚全面合作的承载高地和联通国内、辐射欧亚的国家物流枢纽，打造东北全面振兴的增长极和全方位振兴的示范区；黑河片区重点发展跨境能源资源综合加工利用、旅游产业、绿色食品产业以及物流产业等，建设黑龙江对俄跨境产业集聚区和合作示范区，打造沿边口岸物流枢纽和中俄交流合作重要基地；绥芬河片区重点发展木材、粮食等进口加工业以及现代金

融服务业等，建设商品进出口储运加工集散中心和面向国际陆海通道的陆上边境口岸型国家物流枢纽，进一步提升中俄战略合作协同度。黑龙江自贸区立足对俄及东北亚和沿边开放合作的战略定位和传统优势，营商环境大幅提升，市场主体加速集聚，外向型经济提速发展，成为向北开放的新名片。在同批自贸试验区中率先实现总体方案100%的实施率，累计生成超过200项制度创新成果，发布四批100项省级创新案例，"创新中俄跨境集群建设"入选自贸试验区第四批全国最佳实践案例，国家改革试点经验复制推广率达93%。因此，黑龙江自贸试验区获批可为黑龙江产业发展充分利用跨境供应链提供新的发展契机。

4. 数字技术应用推广将为转变黑龙江传统产业发展方式、实现高质量发展带来新机遇

数字经济将是引领未来的新经济形态，是经济提质增效的新变量，是经济转型发展的新蓝海，国家正在大力推动数字技术和实体经济深度融合，赋能传统产业转型升级，数字经济将是推动黑龙江省振兴发展的新要素。黑龙江省作为传统老工业基地和全国重要的粮食生产基地，在推动数字化发展方面有资源、有基础、有平台、有应用场景，发展数字经济潜力巨大、前景广阔。加快数字经济发展有利于黑龙江把握新一轮科技革命和产业变革新机遇，在新一轮竞争中赢得战略主动；有利于黑龙江省有效激发数据要素潜能，打通传统产业边界、破除时间空间限制，加快产业链、供应链、创新链、价值链、资金链、政策链的整合重组，加速融入现代经济体系，推动高质量发展；同时，通过推动数字经济发展，加快黑龙江省贸易主体转型和贸易方式变革，营造良好的贸易数字化环境，形成新优势主动融入和服务新发展格局。

5. 消费升级导致人民群众"医食美安"需求潜力持续释放，为黑龙江生物产业发展带来机遇

从国际看，随着人口老龄化现象日趋严峻，特别是全球新冠肺炎疫情的暴发，人们对提高生命质量和健康水平的需求更加迫切，以生物技术、信息技术和材料技术等相互融合为标志的新一轮科技革命和产业变革正在孕育兴起。世界各国更清楚地认识到，生物经济将成为未来全球经济重要增长点。从国内看，伴随新冠疫情防控取得重大战略成果，与疫情相关的医药、医疗器械等行业快速发展，新科技手段应用范围不断拓宽，推动生物领域发生巨大变革。黑龙江生物医药产业依托强大国内市场、完备产业体系、丰富生物资源和显著制度优势，生物经济发展前景广阔，生物产业由规模做大阶段加速向高质量发展阶段转型。目

前，黑龙江省农业生物质资源全国第一，年产秸秆约 9000 万吨，是全国最大生物发酵氨基酸和生物质燃料乙醇生产基地，汇集中国农业科学院哈尔滨兽医研究所等一批生物技术领域前沿科研机构和专家学者，拥有哈药集团 1 家百亿级企业，哈尔滨生物医药产业入选国家级战略性新兴产业集群，具备深厚的生物产业基础，生物经济将为黑龙江省产业振兴发展提供更大推力。

（六）黑龙江产业发展面临的挑战分析

当今世界正经历百年未有之大变局，国际环境错综复杂，不稳定性和不确定性明显增加，机遇和挑战都有新的发展变化。国内区域经济发展分化态势明显，全国经济重心进一步南移，各地对生产要素的争夺更加激烈。黑龙江省经济下行压力大，保障和改善民生任务重，开放合作水平不高，一些涉及体制机制问题的改革还在攻坚，吸引留住人才的力度还需加大，经济总量不大、发展速度不快、发展质量不优、内生动力不足等问题还有待解决。

1. 黑龙江省经济发展较为落后，整体经济发展水平处于全国下游

近年来，黑龙江省经济总量及人均 GDP 在全国排名靠后，经济发展承压。2017~2020 年，黑龙江省地区生产总值（GDP）波动下降，2019 年为 13612.70 亿元，按由强到弱排序，在全国（不含港、澳、台，下同）31 个省份中位列第 24；同期，黑龙江省 GDP 增速不断下降，分别为 6.36%、4.50% 和 4.20%，均低于当年全国平均水平。2017~2020 年，黑龙江省人均 GDP 波动下降，2020 年为全国平均水平的 52.05%，在全国 31 个省份中位居倒数第 2。作为我国重要的工业基地，由于产业结构形成的历史原因，随着时代的进步，黑龙江省的经济发展速度逐渐减缓。虽然振兴东北老工业基地的政策实施给黑龙江的经济带来了回暖，但是黑龙江省在经济上的进步与发达地区相比还存在一些差距。经济总量较低，民生就业及社会保障压力逐年递增，产业结构调整任务艰巨，思想转变和体制机制创新压力大等都是当下黑龙江省所面临的问题。

2. 人口负增长与劳动力短缺问题加剧，制约产业发展

近年来，黑龙江人口外流、人口下降压力较大，面临常住人口数量持续减少、人口老龄化有所提速、人口自然增长率为负等一系列人口问题。第七次全国人口普查统计数据显示，2010~2020 年，黑龙江省人口总数减少超 646 万，降幅高达 16.87%。全省 13 个地市人口全部下滑，绥化、齐齐哈尔人口流失超百万，省会哈尔滨减少 63 万人，是十年来全国唯一人口减少的省会城市。2020 年黑龙

江省人口自然增长率为-4.48‰，而同期吉林省为-0.85‰，辽宁省为-0.87‰。人口负增长与外流严重削弱了黑龙江的劳动力资源，经济社会发展对外来劳动力的依赖程度不断增强，劳动年龄人口结构老化、劳动参与率降低，劳动用工成本持续攀升。产业转型升级和创新发展所需的人才资源总量不足、增速趋缓、供需结构失衡，高层次、复合型、创新型科技人才和高素质专业技术人才、高技能人才短缺，拥有发明创造能力和自主知识产权的领军人才较为匮乏。

3. 大量高素质人才流向沿海城市

若想实现黑龙江产业优势重塑，就必须要让技术升级、市场升级、管理升级，从而实现产业升级，而人才是其核心动力。有着浓郁学术科研氛围的黑龙江省在每年的毕业季却留不住人才，本地学子更多的是选择去北京、上海、江苏、浙江、深圳等经济发达地区发展，外地学子选择回乡发展，真正留在黑龙江省的人才少之又少。在社会行业人才方面，本地优秀的企业家、科研人员、金融人才等都选择了北上广深，一方面是一线城市的人才政策吸引着他们，另一方面是一线城市对人才十分重视和关注，如果有好的项目，更多的人都是愿意带着团队去外地发展而非坚守黑龙江。同时，经过改革开放以来的发展，从初期的重工业为主到今天的电子信息产业为主，产业结构发生了重大变化，而黑龙江错失这一发展机遇，在传统产业失利、新兴产业没有抓住机会的背景下，黑龙江地区人才正在加速流失。

4. 财政资金匮乏，难以为产业转型升级提供资金保障

2020年，黑龙江省一般公共预算收入在全国排名第25位，一般公共预算收入稳定性较强但财政自给率低，黑龙江省政府负债率为34.88%，政府债务率为96.00%，按照债务负担轻重和偿债能力强弱排序，黑龙江省政府负债率和政府债务率在全国排名中均处于中下游水平。在优势重塑伴随的产业转型升级过程中，资金是重要的保障要素，对技术的提升，对人才的投入，对企业内部的调整，对新材料的研发与投入等方面都需要大量的资金灵活运用，如果政府无法及时提供足够的资金，那么企业没有足够的资金投入，产业的转型升级也将难以为继。黑龙江省在财政支出上的劣势，使其在产业转型的过程中不能给予及时且充分的资金支持，这将让潜在朝阳企业陷入困境，甚至可能会延迟产业的快速转型。因此，在产业升级的过程中，资金是黑龙江省面临的一大重要挑战。

5. 省内区域发展不均衡且分化正在加剧

从经济总量看，全省13个地市"2大11小"，地区生产总值（GDP）绝对

量哈尔滨占全省比重近四成，大庆约占两成，其他 11 个地市 GDP 绝对量较小。伊春、七台河、鹤岗、双鸭山等地级市以及大兴安岭地区被列入资源枯竭地市，其经济对自然资源依赖程度高，产业结构单一，受资源枯竭和环保加强等因素影响，经济水平较差。除大兴安岭地区之外，经济排名最末的地级市七台河市 2020 年 GDP 为 231.33 亿元，其面积是经济排名倒数第二的地级市伊春市的约 1/5。整体来看，黑龙江中心城市与其他市经济发展水平分化严重，哈尔滨作为省会一市独大，但是，其对周边城市甚至市郊的带动作用并不明显，与其他地市的产业、经济联系并不紧密；同时，县域发展也不平衡、不充分，在中国社会科学院全国最新排名的百强县中，黑龙江省属于空白。这种发展分化加剧的趋势，既有区域集聚发展的客观规律作用，也与按照行政等级不平等、非均衡配置公共资源密切相关。

6. 传统制造业产业发展优势正在衰减

黑龙江装备制造业曾经有过辉煌的过去，尤其是钢铁、化工、装备制造等大型企业。例如，第一重型机械集团曾是新中国的工业命脉，承担着全国大部分的重工业产品制造，但在 2000 年后转型发展过程中遇到了困难，随着重型机械行业产能过剩，同时面临东部沿海地区异常激烈的市场竞争，黑龙江省装备制造业企业一度陷入订单不足、销量下降的困境。总体来说，沿海地区制造业先是在成本上打败了东北制造业赢得了国内市场，之后又靠技术创新彻底占据了大型装备产业市场。

四、重塑黑龙江省产业发展优势的政策建议

针对黑龙江产业发展存在的优势与劣势，结合面临的机遇与挑战，提出以下几项重塑黑龙江产业发展优势的政策建议：

（一）抢抓机遇融入国内大循环，创造条件参与国际循环

发挥黑龙江向北开放窗口的地缘优势，更好地利用国内国际两个市场、两种资源，主动融入国内国际双循环。一是完善促进商品服务流通的体制机制，联通、强大国内市场，降低全社会交易成本，形成供需互促、产销并进的良性循

环。贯通生产、分配、流通、消费各个环节，搭建电子商务、邮政快递、专业展会、农超对接等消费促进和供需对接平台，推动上下游产供销有效衔接。畅通跨领域循环，推动金融、房地产同实体经济均衡发展，促进第一、第二、第三产业融合发展，加快制造业与服务业融合，打通经济循环堵点。二是提高对外经贸合作质量。立足服务国内大循环和保障产业链、供应链稳定，优化进出口产品结构。积极争取粮食、原油等资源商品进口经营资质和允许量，扩大先进技术设备和关键零部件进口规模。发展出口导向型产业，加快培育出口产品品牌，推进国际营销体系建设，探索设立海外商务代表处和黑龙江商品展示中心，积极拓展国际市场，提升出口产品规模。

（二）深化重点领域改革，激发市场主体活力，优化营商环境

一是深化要素市场化配置改革，建立健全统一开放的要素市场，分类开展市场化配置改革试点示范，推动土地、资本要素市场化配置，引导劳动力和人才要素合理畅通有序流动，加快发展和培育技术、数据要素市场，基本建立要素市场化配置体制机制。二是清理废除与企业性质挂钩的不合理规定，健全公平竞争审查机制，在要素获取、准入许可、经营运行、政府采购和招投标等方面平等对待各类所有制企业。健全清理和防止拖欠民营企业、中小企业账款的长效机制，营造有利于化解民营企业之间债务问题的市场环境。三是打造一流市场化法治化国际化营商环境，进一步转变政府职能。深入推进"放管服"改革，加强和规范事中事后监管，强化社会信用体系建设。制定社会信用条例，依法依规归集信用信息，拓展信用信息应用场景，完善政务诚信监测治理体系。

（三）坚持创新驱动发展，塑造振兴发展新优势

黑龙江应着力落实国家战略性科学计划和科学工程，推进本地科研院所、高校科研力量优化配置和资源共享，加强原始创新、集成创新、引进消化吸收再创新，强化战略科技力量。瞄准科技前沿和未来产业发展，实施基础研究"突破工程"，支持重点高校、科研院所和创新型企业加强前沿基础理论研究布局，实现前瞻性基础研究、引领性原创成果重大突破。强化企业创新主体地位，促进各类创新要素向企业集聚，落实研发费用加计扣除、高新技术企业税收优惠等普惠性政策，实施重大技术装备保险补偿机制，激励企业加大研发投入，增加企业创新动力。实施创新型企业提升工程，引导各类主体创办科技型企业、科技人员领办企业，推动产业链上中下游、大中小企业融通创新，支持创新型中小企业成长为技术创新重要发源地。实施科技成果转化行动，促进产学研用金深度融合，加速科技成果向现实生产力转化，提高创新链整体效能。强化企业主体地位，运用好社会资本和资本市场。推进全省技术转移体系和孵化体系建设，畅通研究开发、中间试验、成果转化渠道。

（四）"藏粮于地、藏粮于技"，着力推动实现农业农村现代化

农业农村现代化是黑龙江产业实现转型的重要基础，要着力实现黑龙江农业发展"藏粮于地、藏粮于技"。一是提升农田基础设施现代化水平。实施高标准农田建设工程，统筹推进田、土、水、路、林、电、技、管综合配套体系建设。加快建设节水型、生态型灌区，开展大中型灌区续建配套和现代化改造，加强中小型农田水利设施建设，推进重度涝区治理。二是完善现代农业科技创新体系，优化整合农业科研机构和农技院校，强化科技支撑作用，为农业现代化插上科技翅膀。加快在重大动物疫情防控、农业清洁生产、黑土地保护、秸秆综合利用等领域突破一批关键技术，创建建三江国家农业高新技术产业示范区，推进农业科技园区建设。三是大力实施现代种业提升工程，尊重科学、严格监管，推进生物育种产业化应用。加强农业种质资源保护开发利用，推进种质资源保护场、库、圃建设和信息化。加强种质资源重要性状精准鉴定、基因挖掘，实施分子设计育种，创新种质资源创制及品种选育手段，开展高效制繁种等关键技术攻关，培育推广突破性新品种。

（五）加速产业结构优化调整，推动经济结构优化升级

一是要加快落实关于东北的重大政策文件，推进重点领域改革。促进装备制造业等优势产业提质增效，积极培育新产业、新业态，实施东北地区培育和发展新兴产业行动计划，充分利用黑龙江骨干企业多等优势，加快培育壮大产业集群。大力推动黑龙江单一结构地区（城市）的发展转型，促进产业多元化发展。二是强力推动产业基础高级化和产业链现代化。实施产业基础再造工程，加强顶层设计、应用牵引、整机带动，强化基础研究和共性技术研发供给。开展基础零部件及电子元器件和关键基础材料核心技术攻关，突破一批工程化、产业化瓶颈。三是聚焦制造业高质量发展，分行业做好供应链战略设计和精准施策，实施产业链提升工程，打造更强创新力、更高附加值、更强竞争力的高能级产业链

条。优化区域产业链布局，以哈尔滨及周边为重点打造创新引领区，以大庆、齐齐哈尔、绥芬河、牡丹江等重要城市为重点打造工业支撑带，以佳木斯等资源型城市为重点打造产业转型带，突出优势打造一批特色产业基地，提升产业链综合竞争优势。产业基础再造工程如表1-2所示。

表1-2　产业基础再造工程

类别	领域	重点攻关方向
基础零部件及电子元器件	通用零部件	精密轴承、高精度数控刀具、高端齿轮等
	专用零部件	精密减速器、驱控一体伺服电机、新型驱动器、大型压力容器、小型涡喷涡扇发动机、高压涡轮和低压涡轮、空心叶片、汽车轴承、大轴重重载快捷转向架、超高温火电机转子等
	电子元器件	卫星激光通信元器件、先进传感器、高压大电流功率器件、智能化仪表等
基础材料	碳基新材料	石墨烯、高纯及超高纯石墨、柔性石墨、碳纳米管、碳纤维、碳化硅、碳化硼等
	生物基新材料	聚乳酸、生物基尼龙、生物基可降解材料等
	金属新材料	高寿命轴承钢、高标准汽车用钢、铁路用钢、高品质不锈钢、铜和铜合金、高纯钛、钛合金靶材、铝合金、金属基复合材料等
	新型复合材料	硅光子材料、高阻砷化镓材料、超高导热复合材料、超高分子量聚乙烯纤维、玻璃钢、蓝宝石晶体材料、工程塑料等
基础工艺	制造工艺	轻量化材料成形制造工艺、超大型铸锻件制造工艺、焊接和热处理工艺、典型高温零部件结构设计与制造工艺、精密超精密制造工艺等
	制备工艺	无氟制备高纯石墨、晶体生长工艺、增材制造工艺等
产业技术基础	质量标准体系	建设国家级质量标准实验室和认证检测中心以及标准、计量、检验检测认证、试验验证等产业技术基础公共服务平台

资料来源：《黑龙江省国民经济和社会发展第十四个五年规划和二〇三五年远景目标纲要》。

（六）大力发展战略性新兴产业，加快发展数字经济与现代服务业发展

一是加速发展壮大新一代信息技术、航空航天、高端装备、新材料、生物医药、新能源汽车、新能源、节能环保等产业，培育一批战略性新兴产业集群。推动战略性新兴产业有效集聚、分工合作、协同创新，培育新技术、新产品、新业态、新模式。提高通用飞机、先进直升机、无人机、小卫星制造和应

用、船舶和海洋装备、传感器、动物疫苗等产业发展能级，建设哈尔滨新区战略性新兴产业集聚区和航空航天产业基地。布局发展前沿领域新材料，把以石墨为代表的碳基材料、以轻量化为代表的先进复合材料产业打造成最具优势和潜力的产业。

二是加快培育壮大数字产业。推动数字经济和实体经济深度融合，着力发展人工智能、云计算、区块链、物联网、大数据等数字产业，打造具有国际竞争力的数字产业集群。完善大数据采集、存储、管理、处理、挖掘分析、应用、可视化和安全等数字产业链，培育形成大中小企业相互支撑、协同合作的大数据产业生态系统。加快产业数字化升级，支持重点行业、高端产品、关键环节技术改造，提升数字化、网络化、智能化水平。推动新一代信息技术与实体经济深度融合，建设数字化车间和智能工厂，打造智能制造哈大齐先导区、东北工业智能化转型样板区。

三是推动生产性服务业向专业化和价值链高端延伸，加快发展工业设计、研发外包、流程诊断、技术测试与分析、信息咨询、现代物流、法律服务等行业，促进现代服务业与先进制造业、现代农业深度融合。大力发展服务型制造，利用新一代信息技术赋能新制造、催生新服务。推动哈电、一重、哈飞、中车齐车等装备制造企业向系统集成和整体解决方案提供商转型，支持石油石化、钢铁、矿产等上下游企业发展配套服务链。培育壮大通用航空产业，发展短途运输、航空旅游、农林作业等通航服务，支持齐齐哈尔建设低空飞行全域覆盖试点城市。加快生活性服务业向高品质和多样化升级，更好满足多层次、多样化需求，引导平台经济、共享经济健康发展。

（七）提升哈尔滨、大庆、齐齐哈尔、牡丹江重点城市能级，打造区域新型经济增长极

要以加速城市化为抓手，形成产城融合的发展模式，逐步集聚人气。通过提高城市化质量促进东北地区产业结构有序转变，加大对东北地区非竞争性行业的支持力度，包括铁路、公路、水利、城市管网等重大基础设施，以及城区老工业区和独立工矿区搬迁改造、棚户区改造、采煤沉陷区治理等惠及民生的重点领域，为促进经济社会发展提供持续动力；借助建立城市化与区域产业结构演变互动的调控体系保障东北地区产业结构调整顺利进行，发挥城市化对东北地区产业结构有序演变的载体及动力推动作用。

重点中心城市尤其是大都市因其雄厚的要素积累和先进的产业结构水平而成为区域发展的增长极。因此，以某一中心城市为龙头，以周围城乡地区为腹地，以交通、通信等为纽带形成的城市群就成为区域经济协作与发展的主要形式。所以，要充分发挥哈尔滨、大庆、齐齐哈尔、牡丹江等城市在黑龙江经济社会发展中的优势作用，带动黑龙江城市与产业的发展。加快培育发展哈尔滨现代化都市圈，加快哈长城市群建设，强化轴带支撑能力，推动一体化发展示范区高质量发展。提升哈尔滨城市功能，加快打造以哈尔滨为核心的现代化都市圈，培育东北较具竞争力的经济体，形成全省高质量发展核心动力源。

因此，一是要加强生产要素集聚，通过积极的人才政策、引资政策、技术政策和灵活的土地利用政策加强城市的要素集聚力。二是推动产业集聚与升级，一方面要积极做好现有产业的升级换代，另一方面要积极承接、吸引符合本地比较优势的产业转移，增强产业拉动力。三是加强交通设施建设，全面加强城市间公路建设、城市内部街道维护和改造、城市外环路建设等，促进形成环城经济、卫星城经济。四是要改善城市生态环境，搞好城市治安，通过宜居的城市环境增强城市集聚力和竞争力。五是建议将哈尔滨设立为国家级中心城市，目前四大区域板块只有东北没有设立国家中心城市，通过国家级中心城市设立，推动黑龙江乃至整个东北地区面向东北亚和"一带一路"沿线国家和地区对外开放，促进其发挥对区内创新引领及要素辐射集聚功能。

专栏　美国东北部城市群发展的经验与启示

美国东北部大西洋沿岸城市群是世界六大城市群之一，被公认是综合实力最强的城市群，自然环境与所处区位与东北相似，本书总结梳理其城市群发展经验，以期对东北区域与城市发展提供借鉴。

（一）多主体联动的区域协调机制

美国东北部大西洋沿岸城市群内，区域之间的协调是基于"政府—非政府—市场"的多重作用，形成了政府制度引导、行业专业指导和市场竞争驱动的多主体协同机制。政府层面，联邦政府会就环境等敏感问题在全国层面出台法案，并安排相应的基础设施建设，各地方政府在交通、环境保护、社会服务等领域也会进行合作。市场机制层面，由于各城市间的资源禀赋不同，交通优势、技术优势等多方面存在差异，通过发达的市场竞争和合作机制，驱动各城市优势互补、错位发展，进而实现资源的合理配置及区域的协同发展。

（二）完善的产业层级结构

美国东北部大西洋沿岸城市群拥有完善的产业层级结构，并在各层级城市间形成了完善的产业分工格局，中心城市的功能定位也各具特点，实现了错位而不同质的发展。纽约作为城市群中最核心的城市，处于产业层级结构的顶层，同时它位于城市群地理位置的核心，能够充分发挥辐射和带动作用。波士顿、费城、华盛顿、巴尔的摩这四座中心城市处于美国东北部大西洋沿岸城市群产业层级结构的中间层位置，具有承上启下的作用。它们一方面与纽约在产业发展上齐头并进，另一方面统筹周边的中小城市，带动周边的产业发展。五个中心城市周围的众多中小城市构成了美国东北部大西洋沿岸城市群产业层级结构的第三层，它们是中心城市的腹地，是城市群的黏合剂，为大中心城市的生产生活提供服务与便利。

（三）发达的城市群交通网络

发达的交通网络是城市群的骨架，是形成城市群的重要条件。美国东北部大西洋沿岸城市群中，高速公路、铁路、机场、港口等多种交通基础设施共同组成了城市群多层次的网络化交通系统。这为城市群的协同发展创造了便利的沟通渠道，较大程度上密切了城市之间的联系，不仅改变了城市的外部形态，而且使其空间扩展更具指向性。美国东北部大西洋沿岸城市群高速公路密布，城市群内几乎所有的城市都能通过高速公路到达。城市群内的铁路网为东北至西南方向，主干道起于波士顿，途经纽约到达华盛顿，主要负责城市群内各中心城市的连接；轻轨主要负责中心城市与远郊地区、周边城镇等的短途客运，轻轨扩大了中心城市的辐射范围，带动了城市周边的发展。

（四）合理的区域分工格局

纽约作为全美的金融和商贸中心，有着最为发达的商业和生产服务业，为这一地区提供多种重要的服务。波士顿集中了高科技产业、金融业、教育业、医疗服务业、建筑业和运输服务业，其中高科技产业和教育业是波士顿最具特色和优势的产业，形成了与"硅谷"齐名的高科技聚集地，成为世界著名的电子、生物、宇航和国防企业中心。费城地理位置优越，经济结构比较多样化。首都华盛顿市作为全美政治中心，在国际经济中具有重要影响，全球性金融机构，如世界银行、国际货币银行和美洲开发银行的总部均位于华盛顿。巴尔的摩市区与华盛顿特区接近，使它分享了很多联邦开支和政府采购合同，国防工业在巴尔的摩有了很大发展。波士顿、巴尔的摩、费城等城市都有各自的优势产业，若孤立地看，每个城市的主导产业都是唯一的，只是形成了若干优势产业群落，产业集群的集聚特点并不十分明显。但通过区域内的产业调整和协作，城市群在总体上形成了在更高层面上的多元化产业群落。

第二章　黑龙江省装备制造产业发展研究

　　大力发展装备制造业成为支撑黑龙江省实体经济稳步发展的关键。目前黑龙江省装备制造业增长态势明显，逐步形成以哈大齐城市群为核心的特色产业集群，表现出装备制造业主导产业优势突出、装备制造工业经济增长态势明显、特色产业集群和比较优势逐步显现、装备制造业科技创新基础不断夯实、装备领域国内国际合作网络稳步推进等特点。尽管黑龙江省装备制造业取得了明显成效，但仍存在产业经济效益表现不佳、企业盈利能力不高，技术工人流失严重、技能人才有效供给不足，区域创新总体实力相对偏弱、高端装备制造业发展后劲不足，以及装备制造业企业总体实力不强、产业活力和竞争优势有待进一步提升等问题。当然，黑龙江拥有良好的装备制造基础，应紧抓国家制造强国战略深入实施、产业变革、新型基础设施建设带来的发展机遇。同时，在深入实施制造强国战略的过程中，可以在装备制造业服务化转型、智能制造解决方案、高端装备制造业发展等方面发力，进一步深挖黑龙江省装备制造产业优势。推动黑龙江省装备制造业高质量发展的政策建议如下：一是加快装备制造业人才队伍建设，筑牢装备产业发展基础；二是充分发挥创新驱动作用，为先进装备产业搭建发展平台；三是充分发挥核心装备企业的带动作用，推动优势产业链条纵向延伸。

　　2018年9月26日，习近平总书记在黑龙江省齐齐哈尔考察时指出，装备制造业是国之重器，是实体经济的重要组成部分，要把握优势，乘势而为，做强做优做大。2020年10月29日，中国共产党第十九届中央委员会第五次全体会议通过的《中共中央关于制定国民经济和社会发展第十四个五年规划和二〇三五年远景目标的建议》强调，加快壮大新一代信息技术、生物技术、新能源、新材料、高端装备、新能源汽车、绿色环保以及航空航天、海洋装备等产业。2021 年 4 月，习近平总书记在广西考察时强调，高质量发展是"十四五"时期我国经济发展的必由之路，装备制造业高质量发展更是重中之重。在全球经济不确定、新冠疫情冲击的背景下，大力发展装备制造业成为支撑黑龙江实体经济稳步发展的关键。然而，从产业发展趋势看，黑龙江装备制造业呈现"U"形发展趋势，目前处于曾经的辉煌之后的转型发展"爬坡期"，装备制造业仍存在产业经济效益表现不佳、企业盈利能力仍有待提升，装备制造业产业技术工人流失明显、技能人才有效供给不足，区域创新总体实力相对偏弱、高端装备制造业发展后劲不足，装备制造业企业总体实力不强、产业活力和竞争优势有待进一步提升等问题。因此，如何发挥装备制造业的发展活力成为当前黑龙江产业发展的关键。"十四五"时期，焕发装备制造业活力、夯实高端装备制造产业基础是重塑黑龙江产业发展新优势的关键，需要进一步加快装备制造业人才队伍建设、充分发挥创新驱动作用和核心装备企业带动作用。

一、黑龙江省装备制造产业发展现状

黑龙江装备制造业增长态势明显，逐步形成了以"哈大齐"城市群为核心的特色产业集群，同时充分发挥创新驱动作用，稳步扩大开放发展水平，不断强化主导优势产业的拉动作用。

（一）装备制造业的主导产业优势突出

装备制造业作为黑龙江主导产业之一，是支撑黑龙江工业发展的重要力量，尤其是高端装备产业成为黑龙江四大战略性产业之一。2019 年，黑龙江装备制造业①企业单位数为 560 个，占全省工业企业的 15.9%，较上年提升 0.1 个百分点；装备制造业工业总产值为 1042.8 亿元，占全省工业企业的 11.4%、制造业企业的 17.2%。在重型装备行业方面，黑龙江拥有一批行业领军企业，为中国的

---

① 装备制造业主要包括：金属制品业，金属制品、机械和设备修理业，通用设备制造业，专用设备制造业，汽车制造业，铁路、船舶、航空航天和其他运输设备制造业，电气机械及器材制造业，计算机、通信和其他电子设备制造业，仪器仪表制造业。

钢铁、石化、能源等企业提供重型机械产品支撑,有力地支持了国家重点工程建设。例如,中国一重是中国核岛装备的领导者、国际先进的核岛设备供应商和服务商,是当今世界炼油用加氢反应器的最大供货商、冶金企业全流程设备供应商,自成立以来提供机械产品 500 余万吨,开发研制新产品 421 项,填补国内工业产品技术空白 475 项①,创造了数百项"第一",产品先后装备了鞍钢、首钢、中石油、中石化、中海油等钢铁和石化企业;目前约有 80% 的在建核电站的核电锻件、70% 的核反应堆压力容器、80% 的 1250mm 以上的轧机均由中国一重生产,其中高端冶金装备市场占有率达到 60% 以上。哈电集团累计生产发电设备 4.5 亿千瓦,产品装备了海内外 500 余座电站,大型水电机组占国产装机总量的 1/2,煤电机组占国产装机总量的 1/3 以上,重型燃气轮机占国内市场份额的 1/3,核电机组占国产装备总量的 1/3②。

黑龙江开展了"隐形冠军"企业培育、"专精特新"中小企业遴选等一系列活动,出台了相关支持政策,为全省装备制造业发展奠定了良好的基础。为了提升制造业核心竞争力,黑龙江参照工业和信息化部《制造业单项冠军企业培育提升专项行动实施方案》相关精神,印发了《黑龙江省"隐形冠军"企业培育实施方案》(黑工信产业规〔2019〕4 号),明确提出:"到 2025 年,力争认定 100户'隐形冠军'企业,建立'隐形冠军'企业数据库,进行重点培育,促进中小企业'专精特新'发展。"入选黑龙江首批制造业"隐形冠军"企业的有 14家,其中哈尔滨有 8 家企业,齐齐哈尔有 2 家企业,佳木斯、鸡西、伊春、绥化分别各有 1 家企业;第二批制造业"隐形冠军"企业有 18 家,其中哈尔滨有 11家企业,佳木斯有 2 家企业,齐齐哈尔、牡丹江、伊春、绥化、双鸭山分别各有1 家企业。这些"隐形冠军"企业中有一大部分是装备制造业企业,既是黑龙江装备制造业的特色生力军代表,也是向国家级"单项冠军"企业发展的潜质企业。2020 年,有 146 户中小企业入选首批黑龙江省"专精特新"中小企业,其中装备制造业企业数量居首位,达到 52 户,占比为 35.6%。

装备制造业各部门的后向关联度相对较高,对其他部门的拉动作用明显。从2017 年 42 个部门完全消耗系数看,金属制品,通用设备,专用设备,交通运输设备,电气机械和器材,通信设备、计算机和其他电子设备,仪器仪表 7 部门的影响

---

① 中国经济网"上半年增长超 30%　黑龙江装备制造业彰显'大国重器'风采"。
② 哈尔滨电气集团有限公司网站,http://www.harbin-electric.com/company2.asp。

力系数分别为 1.3393、1.2298、1.1677、1.1567、1.1637、1.1008、1.2628，这说明装备制造业各部门对其他部门的拉动作用较大；7 部门的感应度系数分别为 0.8173、0.6909、0.6918、0.8912、0.8585、1.2027、0.5440，这说明除通信设备、计算机和其他电子设备之外，大多数装备制造业部门的感应度小于社会平均感应度水平，受其他各部门最终需求的影响相对不大。

从具体装备领域的行业看，黑龙江机器人及智能装备产业营业收入为 258.3 亿元，规模占装备制造业总量的 23%，其中重大成套设备营业收入为 151.9 亿元，占比超过一半，而石油化工装备、机器人、机床、工量具营业收入分别为 19.3 亿元、20.0 亿元、6.4 亿元、4.6 亿元；交通运输装备制造业营业收入为 204 亿元，同比增长 6.8%，占装备制造业总量的 17.5%，其中，航空装备制造业营业收入为 133 亿元，轨道交通装备制造业营业收入为 71 亿元[1]；能源装备产业实现主营业务收入 330.9 亿元，占装备制造业总量的近 30%[2]。

（二）装备制造业经济增长态势明显

黑龙江装备工业增加值保持增长趋势，从 2015 年的-1.1%增长到 2020 年的 13.5%，提升了 14.6 个百分点，其中，2020 年较上年提升了 2.5 个百分点。从具体行业看，2020 年，黑龙江通用设备制造业、汽车制造业、电气机械和器材制造业分别比上年增长 38.7%、35.5%、22.2%，较全省规模以上工业增加值高 35.4 个、32.2 个、18.9 个百分点[3]。重点监测的工业产品中，锂离子电池 14332.1 万只，比上年增长 49.9 倍；发电机组 1806.8 万千瓦，比上年增长 63.0%；汽车 7.2 万辆，比上年增长 38.5%。从具体行业看，通用设备制造业、汽车制造业两个产业在新冠疫情冲击下，呈现稳步增长趋势，2021 年上半年，两个产业增加值分别比上年增长 26.7%、47.7%，较全省规模以上工业增加值高 14.6 个、35.6 个百分点；新能源汽车、发动机、汽车仪器仪表等产品产量分别比上年增长 3.2 倍、1.2 倍、83.0%。从产成品看，2019 年，黑龙江装备制造业产成品占工业企业的 21.45%，较 2015 年提升 4.04 个百分点，其中，通用设备制造业、电气机械及器材制造业、专用设备制造业、汽车制造业产成品占工业企

---

① 《黑龙江省交通运输装备产业发展规划（2019-2025 年）》。

② 《黑龙江省能源装备产业发展规划（2019-2025 年）》。

③ 黑龙江省统计局网站"2020 年全省宏观经济运行情况"，http://tjj.hlj.gov.cn/tjsj/tjfx/sjtjfx/2021 04/t20210423_87376.html。

业的比重分别为 6.37%、5.24%、4.93%、1.65%，尤其是通用设备制造业、电气机械及器材制造业产成品占比增长较为明显，较 2015 年分别提升 2.70 个、2.14 个百分点。

分地市看，哈尔滨、大庆、齐齐哈尔、绥化、牡丹江等城市工业基础较好，装备制造业增长明显。从各市装备制造业企业经济效益看，2020 年，哈尔滨装备制造业增加值比上年增长 9.3%，较全市规模以上工业增加值高 5.1 个百分点，其中，高端装备制造产业增加值比上年增长 11.6%，较全市规模以上工业增加值高 7.4 个百分点；大庆装备制造业增加值比上年增长 18.9%，较全市规模以上工业增加值高 17.3 个百分点；齐齐哈尔装备工业企业实现营业收入 470.1 亿元，占规模以上工业企业的 35.8%，装备工业增加值比上年增长 24.9%，拉动规模以上工业提升 8.4 个百分点，其中通用设备制造业、专用设备制造业营业收入分别比上年增长 42.9%、39.9%；佳木斯装备制造业增加值比上年增长 2.9%。此外，七台河专用设备制造业增加值比上年增长 23.2%，较全市规模以上工业增加值高 6.9 个百分点；绥化仪器仪表制造业增加值比上年增长 54.9%，较全市规模以上工业增加值高 43.4 个百分点。此外，2019 年，牡丹江经济技术开发区装备制造业工业总产值、利润总额分别为 6.13 亿元、8594 万元，拥有牡丹江等离子体物理应用科技有限公司、黑龙江北方双佳钻采机具有限责任公司、牡丹江鑫北方石油钻具有限责任公司、牡丹江欧地希焊接机有限公司、牡丹江森田特种车辆改装有限责任公司等代表性企业。

（三）特色产业集群和比较优势逐步显现

"哈大齐"城市群成为黑龙江工业核心发展带，集聚了全省 84% 的技术创新服务平台、86% 的高新技术企业、95% 以上的高精尖人才，创造了 84% 的高新技术产业增加值，辐射和带动作用不断增强。特色产业比较优势逐步显现，哈尔滨的高端装备、绿色食品和生物医药，哈尔滨、鸡西、鹤岗的石墨新材料，哈尔滨、齐齐哈尔的能源装备，大庆、绥化的精细化工等加快向产业集群迈进。

黑龙江依托地区龙头企业不断提升产品本地配套水平，逐步壮大装备制造产业集群。黑龙江是中国交通运输装备制造产业重要基地之一，相关装备制造业产业基础良好，主要集中在哈尔滨和齐齐哈尔两市，在航空、轨道交通等装备制造业形成了较为鲜明的产业集群特征。在直升机、通用飞机、铁路货车等产业方面，汇集了一批如哈飞集团、中航发东安、哈飞空客、中车齐车等行业龙头企业。其中，哈飞工业作为国家重点建设的"航空零部件加工基地"之一，具备以机身结构部件产品为特点的全产业链配套能力，形成了航空部件制造、高端装备制造、黑色及有色金属锻造等产业集群。东轻、哈飞空客、广联航空、安宇迪等配套企业为中国航空装备提供了大量材料、工艺装备和航空配件。齐齐哈尔拥有以中车齐车为核心的轨道交通装备产业集群，建立了整机配套产业链，促成了金车公司与宇通公司、北方机器与齐重数控的互补性配套合作①。具体地，中国一重引入10余家外地装备制造业企业，促使其在齐齐哈尔的配套率从2018年的20%提升至2020年的40%以上；中车齐车与装备产业链条签订战略供应商协议，促使其零部件当地配套份额从10%提升至30%②。

在机器人产业方面，哈尔滨拥有明显的产业优势，依托区域内科研院所，大力推进产业机器人基地、研发中心等建设，推动形成较为完整的机器人产业链。其中，哈尔滨工业大学在国内较早开展机器人研究，2014年，与黑龙江省政府、哈尔滨市政府共同推进组建了哈工大机器人集团，其在智慧工厂、工业机器人、服务机器人、特种机器人、文旅机器人、医养康助机器人以及产教融合等方面形成了产业集聚和协同共生的发展态势。哈尔滨经开区哈南机器人产业园区是全国十大工业机器人产业园区之一，于2012年被工业和信息化部列为国家重点发展机器人产业园区。此外，哈尔滨经济开发区也在积极打造机器人特色小镇，进一步推进机器人产业集聚。

在能源装备产业方面，哈尔滨具备成套电站装备的生产能力，拥有一批如哈锅炉厂、哈电机厂、哈汽轮机厂等代表企业；围绕主机生产企业，拥有哈尔滨电气动力、哈汽叶片等众多配套企业，形成了较为稳固的配套体系；以燃气轮机制造及环保应用为主攻方向，建成全国唯一的大、中、小全系列燃气轮机生产制造基地③。齐齐哈尔是中国大型铸锻件重要生产基地，拥有如中国一重等龙头企业，在核电、火电、水电等领域形成了高端大型铸锻件的批量制造能力。

（四）装备制造业科技创新基础不断夯实

黑龙江装备制造业具备一定的科研基础。例如，中国航空工业空气动力院是

① 齐齐哈尔市装备制造业规模质量双提升，https：//heilongjiang. dbw. cn/system/2018/03/12/057947 074. shtml。

② 黑龙江省装备制造业马力强劲，https：//baijiahao. baidu. com/s？id＝1682243674695547306& wfr＝spider&for＝pc。

③ https：//www. sohu. com/a/409101216_114731？_trans_＝000014_bdss_dkbftgddh。

国内从事空气动力科研和试验仅有的两家科研机构之一；哈电集团、中国一重、哈工大、哈工程等攻关克难，为中国神舟、嫦娥探月、蛟龙入海、国产大飞机和首艘航母等重大工程作出了重要贡献；哈工大机器人研究所的"机器人技术与系统国家重点实验室"是中国最早开展技术研究的单位之一，研制出中国第一台弧焊机器人和第一台点焊机器人。此外，黑龙江共认定重大首台套产品330项，省级财政支持资金总计4.45亿元，通过不断迭代升级，至少有180项产品实现了再生产、再销售，已累计实现销售3600台套，实现收入超200亿元，特别是在航空航天、动力装备、核电装备、特种机器人、重型高档数控机床、高速重载铁路货车等领域，一批龙江创造的产品已达到或接近世界先进水平，在突破"卡脖子"制约、满足国家建设重大需求、有力保障国家产业安全的同时，也发展壮大了龙江工业的实力。

黑龙江高度重视企业创新能力的提升。近年来，黑龙江不断加大财政科技资金投入，激发装备制造业企业创新活力及研发投入积极性。2020年，黑龙江全社会研发（R&D）经费为173.2亿元，同比增长18.2%。其中，"十三五"期间，作为世界电力装备制造的"C位"企业，哈电集团科技投入达70多亿元，年均科研投入占营收比重保持在4.5%以上[1]；中国一重研发投入年均同比增长32.9%，攻克核电等26项关键核心技术，累计承担国家重点科研任务28项，7项"卡脖子"技术已完成3项攻关任务[2]，2018年以来修订国家标准17项、团体标准9项、行业标准3项、企业标准81项[3]。同时，积极推进产学研协同创新，如齐重数控与哈尔滨工业大学超精密仪器技术及智能化创新研究团队签订了合作协议；高新智谷、齐重数控和中国一重等企业与哈尔滨理工大学开展深入的产学研合作对接；中国一重、清华大学、哈工大等合作开发"超大型压机"颠覆性技术。

（五）装备领域国内国际合作网络稳步推进

黑龙江积极开展对外合作，形成了成熟的国际国内合作网络。例如，围绕航空产业集群，与欧洲直升机、美国波音、欧洲空客、加拿大贝尔、巴西航空工业等公司进行了转包生产和国际合作；中车齐车产品销往澳大利亚、美国、巴西、

---

① 黑龙江省科技成果转化公共服务平台，https：//www.hljktw.org.cn/gonggao/12/12726.html。
② 中国一重：把创新主动权握在手中［N］. 光明日报，2021-06-10.
③ 中国一重：牢记殷殷嘱托　建强"第一重地"［N］. 经济日报，2021-09-25.

肯尼亚等 63 个国家和地区。另外，在对外开放发展中，黑龙江积极推进开放型经济，不断夯实外经贸发展基础。统计数据显示，2020 年，黑龙江实现出口总额 360.9 亿元，比上年增长 3.2%，其中，机电产品出口总额为 157.3 亿元，约占全省出口总值的 43.6%，比上年增长 7.6%；外资投资新设立企业 113 个[①]；合同利用外资 24.2 亿美元，比上年增长 19.2%；新签约千万元及以上利用内资项目 1080 个，比上年增长 89.5%；实际利用内资 1221.2 亿元，比上年增长 51.3%。[②] 鼓励企业积极参与共建"一带一路"，不断向"一带一路"沿线国家和地区辐射。例如，中国一重加快从冶金成套装备及备件产品、新材料为主向石化容器、环保装备等多产品领域扩展，积极参与共建"一带一路"，加快推进开展沿线国家和地区能源资源开发、国际产能和装备制造合作等方面的国际工程项目；哈电集团积极参与"一带一路"建设，大力开发国际市场，挺进世界高端电站工程总承包领域，产品出口到亚洲、非洲、欧洲、美洲的 60 多个国家和地区。

在国内合作中，围绕产业链推进跨区域产业合作，如齐齐哈尔针对风电产业发展链条，已先后引进"一重与上海电气风电装备制造""一重风电叶片制造基地""中车齐车风电装备制造"等多个风电装备制造企业及合作项目。[③] 同时，为了更好地推动装备制造业开放发展，充分发挥装备制造业经贸交流合作平台的作用，自 2001 年以来连续多年举办"中国哈尔滨国际装备制造业博览会"，共有来自 20 余个国家和地区及国内数十个省市的 6000 余家知名企业参展。哈尔滨还举办了不同产业类型的展览会，如中国哈尔滨国际机床工模具展览会，中国哈尔滨国际工业自动化及仪器仪表展览会，中国哈尔滨国际新能源及电力电工展览会，中国哈尔滨国际动力传动与控制技术展览会，中国哈尔滨国际机器人展览会，中国哈尔滨国际 3D 打印和增材制造展览会，中国哈尔滨国际物流技术及运输系统展览会，中国哈尔滨国际五金及焊接设备博览会，中国哈尔滨工业清洁及节能环保设备展览会，中国哈尔滨国际工程机械、建材机械、矿山机械及专用车辆展览会等。此外，从亿元以上商品交易市场看，2019 年，黑龙江机电产品及设备类摊位数、成交额分别为 206 个、0.9 亿元。

黑龙江依托龙粤、哈深对口合作，稳步推进对口合作走深走实，在互派干部

---

①② 《2020 年黑龙江省国民经济和社会发展统计公报》。

③ 齐齐哈尔：风电产业快速崛起［N］. 黑龙江日报，2021-08-16.

挂职、共建产业园区、组织旅游交流推介活动、科技成果转移转化对接合作、打造市校合作创新平台、共建产业集聚区（园区）等方面取得了明显的成效，深圳（哈尔滨）产业园、江河融合绿色智造产业园等一批标志性工程落地生根。同时，充分利用龙广合作契机，黑龙江、广东两省工信部门签订了深化装备制造等业务合作的对口合作框架协议。例如，广东省韶铸集团、广重集团分别与齐二机床达成采购 TK6920 机床和 TK6916B 机床、CK5820 立车的意向协议；广州数控与齐重数控合作建立的黑龙江省智能机床研究院目前已正式揭牌运营，双方合作的七轴五联动数控机床项目也取得阶段性成果。

二、黑龙江省装备制造产业存在的问题

尽管黑龙江装备制造业取得了明显成效，但仍存在产业经济效益表现不佳，技术工人流失严重、技能人才有效供给不足，总体产业创新和转化水平不高、高端装备制造业发展后劲不足，以及装备制造业企业总体实力不强，产业活力和竞争优势有待进一步提升等问题。

（一）装备制造产业经济效益表现不佳，企业盈利能力仍有待提升

黑龙江的装备制造业企业为中国高质量发展提供了重要装备支撑，但全省部分装备制造业企业的发展现状并不乐观，产业经济效益表现不佳，尤其是汽车制造业企业。从《中国制造企业效益 200 佳》榜单看，2019~2020 年，黑龙江并未有企业上榜；2021 年，黑龙江仅有飞鹤乳业一家企业上榜，而并未有装备制造业企业上榜。从营业收入看，2020 年，黑龙江装备制造业营业收入为 1325.18 亿元，较上年下降 5.18%；与广东、江苏、浙江、山东、福建等省份的装备制造业营业收入相比仍存在较大差距，这五个省份的装备制造业营业收入分别为黑龙江的 66 倍、49 倍、26 倍、16 倍、10 倍。

从营业收入利润率看，2019 年，黑龙江装备制造业营业收入利润率为 2.1%，较全省工业企业低 2.0 个百分点。分行业看，除铁路、船舶、航空航天和其他运输设备制造业，电气机械及器材制造业，计算机、通信和其他电子设备制造业三个行业之外，汽车制造业，金属制品、机械和设备修理业，通用设备制

造业，金属制品业，仪器仪表制造业，专用设备制造业的营业收入利润率分别为-4.3%、1.9%、2.8%、2.9%、3.5%、3.7%，较全省工业企业的营业收入利润率分别低8.5个、2.3个、1.4个、1.3个、0.7个、0.5个百分点；汽车制造业，仪器仪表制造业，金属制品业，计算机、通信和其他电子设备制造业总资产贡献率分别为-1.9%、4.3%、4.6%、5.0%，较2015年分别下降5.5个、1.4个、2.9个、4.1个百分点；汽车制造业，金属制品、机械和设备修理业，金属制品业，仪器仪表制造业的成本费用利润率分别为-4.5%、2.0%、3.0%、3.6%，较2015年分别下降4.5个、0.1个、1.4个、3.8个百分点。

从装备制造产业占比看，当前黑龙江装备工业总产值有所降低，且当地装备企业的亏损情况仍较为明显。统计数据显示，2019年，黑龙江装备制造业工业总产值为1042.78万亿元，占全省工业总产值的11.35%，较2015年降低了1.38个百分点。[①] 黑龙江装备制造业企业约560个，较2015年减少了133个，主要集中在通用设备制造业、专用设备制造业、电气机械及器材制造业、金属制品业（见图2-1）。其中，部分城市装备制造业占比下降较为明显，例如，2021年上半年，佳木斯装备制造业增加值的占比为16.88%，较2019年下降了4.17个百分点。黑龙江亏损企业有85家，占全省装备制造业企业的比重达到15.18%；亏损企业亏损总额达到59.89亿元，占全省工业企业亏损总额的比重为32.14%，较2015年提升了5.99个百分点。例如，2021年，齐齐哈尔装备工业亏损面和亏损额双增，亏损面达到35.7%，较规模以上工业企业高2.8个百分点，亏损企业亏损额达到11.2亿元。[②]

（二）装备制造业产业技术工人流失明显，技能人才有效供给不足

黑龙江实体产业人口下降明显，受黑龙江人口老龄化和技术工人流失的影响，企业技术工人短缺、可持续发展动力不足，尤其是中高端技术人才和技能人才缺失。当前的技术工人数量和质量不能满足黑龙江装备制造业尤其是高端装备产业的发展需求，而且黑龙江高校培养的工科大学生留在本地就业的意愿不强。统计数据显示，2020年，黑龙江15~59岁人口的占比为66.46%，较2010年下降了8.57个百分点，65岁及以上人口的占比达到15.61%，较2010年提升了

---

① 历年《黑龙江统计年鉴》。

② http：//tjj. hlj. gov. cn/tjsj/tjfx/dstjfx/202201/t20220125_90175. html。

（个）

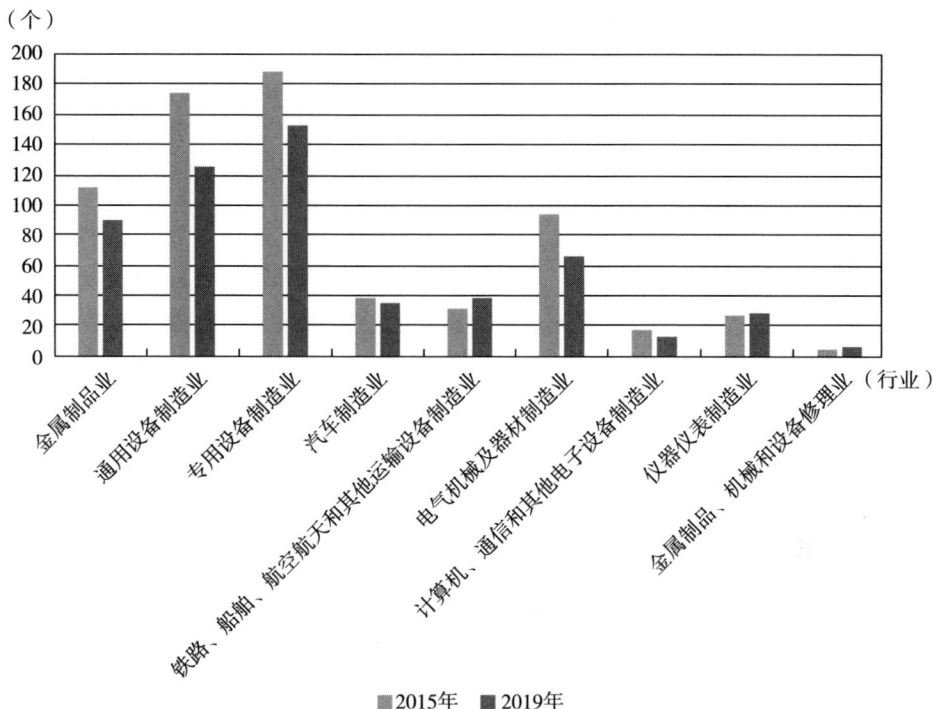

图 2-1　2015 年、2019 年黑龙江装备制造业企业数

7.33 个百分点①；就业人员数为 1473 万人，不足全国的 2%，较 2015 年减少了 26.85%，其中第二产业就业人员数为 240 万人，仅约为全国的 1%，较 2015 年减少了 37.79%；制造业法人单位从业人员有 65.4 万人，占全省法人单位从业人员的 13.7%，较 2013 年下降了 7.8 个百分点②；其中，哈尔滨规模以上先进装备制造业平均用工人数占全部规模以上工业的比重为 32.6%，较 2018 年下降 1.9 个百分点③。

尽管黑龙江装备制造业具有一定产业基础，但当前也面临技术劳动力储备相对不足、企业技术人才短缺等问题。统计数据显示，2019 年，黑龙江技工学校在校学生数为 7.64 万人，仅约为 2013 年在校学生数的 1/2，毕业生数为 2.05 万

① 《2020 年黑龙江省第七次全国人口普查主要数据公报》。

② 2018 年统计数据。

③ 黑龙江省人民政府网。

人，不足 2013 年毕业生数的 1/4。[1]《黑龙江省重点产业（行业）急需紧缺人才目录（2020—2021 年）》显示，高端装备产业中专业技术人才最为短缺，占比达到 61%，技能人才占比为 22%，经营管理人才占比为 17%；高端装备产业急需紧缺人才集中在哈尔滨、齐齐哈尔、牡丹江、佳木斯、大庆等地区，且集中在机器人及智能装备、航空航天装备、轨道交通装备、海洋工程装备、卫星应用设备及服务、农机装备、石油石化装备等领域。

（三）区域创新总体实力相对偏弱，高端装备制造业发展后劲不足

尽管黑龙江装备制造业基础良好，全省高度重视创新驱动对经济发展的引领作用，但仍有较大比例的企业为传统装备制造企业，高端装备制造技术相对薄弱，总体创新实力不强，核心技术短缺问题仍然存在。总体上，黑龙江地区创新投入驱动不足，企业研发创新活动、创新成果仍需进一步强化，进而推动创新驱动产业高质量发展。例如，创新基础相对较好的哈尔滨，其创新资源并未得到充分利用，且企业创新意识不强，研发投入明显不足，规模以上先进装备制造业研发费用仅占营业收入的 3.2%。此外，当前黑龙江拥有受过高等教育人才数量明显低于全国水平，尽管在人才引进方面不断努力，但人才短缺问题较为显著，这也会严重制约地区创新发展，尤其是自主创新水平的提升。统计数据显示，2020 年，黑龙江每十万人口高等教育学校平均在校生数为 2695 人，远低于全国平均水平。[2]

（四）装备制造业企业总体实力不强，产业活力和竞争优势有待进一步提升

黑龙江先进装备制造业尚处于发展期，产业规模相对较小，产业附加值不高，缺乏具有国际竞争力的大型龙头企业；产业链条较短，上下游产业链条延伸及分工协作能力不足，与之相匹配的专业人才严重匮乏，配套不完善，相关公共服务功能缺乏。目前，黑龙江仅有东盛金属、中车齐车两家企业被评为国家级制造业"单项冠军"企业。从《中国装备制造业 100 强》榜单[3]看，黑龙江目前仍未有一家企业上榜。此外，由于体制机制不灵活、产业组织结构不合理，黑龙江

---

[1] 《黑龙江统计年鉴 2020》。

[2] 《中国统计年鉴 2021》。

[3] 《中国装备制造业 100 强》榜单自 2015 年开始，每年评选一次。根据营业收入、资产总额、利润总额、所有者权益、研发投入、从业人数等指标对候选企业进行排名。

装备制造业市场结构相对分散，产业和产业结构仍需进一步完善，尤其是当前黑龙江装备制造产业的企业进入和退出仍然存在障碍，产业活力和产业竞争力仍有待进一步提高。黑龙江装备制造业企业中国有、集体、股份合作、联营等类型的企业占比相对较高，总体来说，黑龙江国有、集体、股份合作、联营等内资企业产业活动单位数占比达到99%以上，而港澳台商投资企业和外商投资企业产业活动单位数占比不足1%。

三、装备制造产业发展趋势与黑龙江省发展机遇

装备制造产业是关系国家战略安全和经济社会发展的基础性产业，是深入实施国家制造强国战略、推动产业结构升级的重要引擎。黑龙江拥有良好的装备制造基础，应紧抓国家制造强国战略深入实施、产业变革、新型基础设施建设带来的发展机遇。

（一）国家制造强国战略为装备制造产业快速发展提供坚实保障

深入实施国家战略，抢抓发展新机遇，推动区域产业高质量发展。《中华人民共和国国民经济和社会发展第十四个五年规划和2035年远景目标纲要》（以下简称《纲要》）明确提出深入实施制造强国战略，并强调深入实施智能制造和绿色制造工程，培育先进制造业集群，推动集成电路、航空航天、船舶与海洋工程装备、机器人、先进轨道交通装备、先进电力装备、工程机械、高端数控机床、医药及医疗设备等产业创新发展。为了贯彻落实《纲要》，加快推进智能制造发展，工业和信息化部等八部门联合发布《"十四五"智能制造发展规划》，提出"十四五"及未来相当长一段时期，要立足制造本质，紧扣智能特征，以工艺、装备为核心，以数据为基础，依托制造单元、车间、工厂、供应链等载体，构建虚实融合、知识驱动、动态优化、安全高效、绿色低碳的智能制造系统，推动制造业实现数字化转型、网络化协同、智能化变革。推动制造业高质量发展是黑龙江重塑产业新优势的根本要求和现实选择，而装备制造产业是制造业快速发展的重中之重，也是制造业核心竞争力提升的重点，如果各地能够抓住这一发展机遇，深入落实国家制造强国战略，筑牢装备制造产业根基，可以快速提

升地区产业整体实力。显然，黑龙江在装备制造产业方面拥有良好的产业基础，可以充分发挥比较优势，叠加国家政策的鼓励和引导，筑牢制造业产业根基。

（二）产业变革为装备制造产业跨越发展提供新机遇

全球新一轮科技革命和产业变革为装备制造产业发展提供了历史机遇，尤其是面对世界百年未有之大变局和国际环境日趋复杂的情况下，抢抓制造业尤其是装备制造产业是新一轮竞争的制高点。数字驱动、智能带动是推动装备制造产业快速发展的关键，要抢抓产业变革和数字经济发展新机遇，加速经济社会数字化转型，带动装备制造产业智能升级，推动传统装备产业焕发新活力。同时，推进产业数字化、数字产业化发展成为行业共识，数字化转型成为装备制造产业发展的新引擎。黑龙江可以依托区域内科研院所等创新资源和产业制造基础，紧抓新一轮科技革命和产业变革带来的机遇，充分发挥数字资源在产业发展中的引擎作用，推动区域内传统装备产业优化升级，特别是大力推进互联网、大数据、人工智能和实体经济深度融合，促使先进制造业快速发展，积极开展数字化（智能）示范车间建设，在新一轮竞争中赢得战略主动，这也可以为黑龙江传统装备制造业抢抓数字经济发展带来的"弯道超车""变道超车"的机会提供机遇。

（三）新型基础设施建设为装备制造业提供良好发展条件

新型基础设施建设是支撑产业高质量发展的关键。《中共中央关于制定国民经济和社会发展第十四个五年规划和二〇三五年远景目标的建议》明确提出，"围绕强化数字转型、智能升级、融合创新支撑，布局建设信息基础设施、融合基础设施、创新基础设施等新型基础设施"，围绕扩大制造业有效投资和重大工程，积极推进新型基础设施建设，为黑龙江装备制造产业快速发展注入新动能。目前，黑龙江不断加强基础设施建设，支撑能力得到显著提升，例如，哈佳铁路、哈牡高铁和牡佳高铁投入运营，铁伊高铁、佳鹤铁路和北黑铁路加快建设；新型基础设施建设加快布局，建成 5G 基站 3.69 万座，哈尔滨国家级互联网骨干直联点获批建设[1]。随着新型基础设施建设的不断完善，其对产业高质量发展的促进作用逐渐显现。例如，哈尔滨工业经济受益于 5G 基站、特高压、城际高速

---

[1] 奋进新征程再创新辉煌　为实现黑龙江全面振兴全方位振兴而奋斗，https://www.hlj.gov.cn/n200/2022/0505/c35-11033307.html。

铁路、新能源汽车充电桩等领域的投资建设，装备制造业呈现快速回升势头，2020 年，全市规模以上先进装备制造业增加值同比增长 11.5%，较规模以上工业增加值平均增速高 7.3 个百分点。[①]

四、黑龙江省装备制造产业发展的重点领域

黑龙江在深入实施制造强国战略的过程中，可以在装备制造业服务化转型、智能制造解决方案、高端装备制造业发展等方面发力，进一步深挖黑龙江装备制造产业优势。

（一）加快推进装备制造业服务化转型

《中国制造 2025》提出，"大力发展先进制造业，改造提升传统产业，推动生产型制造向服务型制造转变"。《中华人民共和国国民经济和社会发展第十四个五年规划和 2035 年远景目标纲要》明确提出，"推进制造业补链强链，强化资源、技术、装备支撑，加强国际产业安全合作，推动产业链供应链多元化"。同时还强调，"深入实施智能制造和绿色制造工程，发展服务型制造新模式，推动制造业高端化智能化绿色化"。黑龙江可以从产业链价值链方面着手，围绕装备制造产业，大力发展相关配套产业，补足装备制造服务业短板。立足两业融合重点，全力推进装备制造产业与服务业融合发展，打造一批典型的装备制造产业示范企业和示范工程。通过服务型制造赋能，推动黑龙江具备条件的特色装备制造产业集群化发展，完善产业链供应链协同联动，不断优化产业链资源配置，重构链条上企业发展新模式，提升装备制造产业国际竞争力。加强外部资源的作用，依托工业互联网等平台，整合多方要素资源，统筹推进装备制造产业及相关配套产业协同联动，缓解部分装备企业发展短板以及企业合作意向不高、服务能力弱、服务意识不强等问题。设立装备制造产业服务化转型基金，鼓励和引导社会资本进入，加速装备制造产业服务化转型。构建产业生态系统，发挥服务型政府

---

① 哈尔滨：加快发展先进装备制造业助力构建现代产业体系，http://tjj.hlj.gov.cn/tjsj/tjfx/dstjfx/202104/t20210428_87464.html。

的角色作用，围绕装备产业供需做好协调、推介等服务，鼓励跨企业信息交互和共享平台建设，推进装备企业与专业服务机构直接对接供需，不断满足客户企业多样化、个性化等需求。

（二）全力支持智能制造解决方案落地

为贯彻落实制造强国战略和推进黑龙江装备制造产业向智能制造方向发展，积极培育装备制造产业智能制造解决方案供应商，助力传统装备产业数字化转型，实现从"制造"向"智造"的新突破。全面梳理黑龙江装备制造产业智能制造发展需求，有针对性地向装备企业提供智慧化、定制化智能制造解决方案。大力发展数据要素市场，着力发挥数据这一要素在装备智能制造中的基础性和战略性作用，夯实装备智能制造数据管理基础，推进装备智能制造数据共享服务。积极搭建智能装备云服务平台，探索云服务平台资源能力服务化接入集成模式，推进云服务平台与装备企业对接，实现集研发设计、供应商、用户共商共建共享为一体的智能制造服务平台。加大对装备制造企业智能化发展的支持力度，引入多元资本全力支持智能制造解决方案落地，尤其是发挥多主体协同联动作用，加快推动方案落地进程。

（三）大力推动高端装备制造业发展

目前，黑龙江在机器人及智能装备产业、交通运输装备制造产业、能源装备产业等方面拥有明显的优势，尤其是重型装备产业融合发展趋势明显。黑龙江可以围绕这些优势产业，尤其是依托哈尔滨、大庆、齐齐哈尔等地区的装备制造产业特色及各地产业园区，全力打造特色高端装备制造示范区。借助龙粤合作等形式的跨区域协作，充分引进合作地区先进的管理经验，进一步深化高端装备制造产业体制机制改革，建立从招商引资到项目落地的发展全过程服务机制，激发产业园区发展动能，释放装备制造产业发展潜力，提升产业盈利能力。不断完善高端装备制造产业相关的软硬件设施建设，分类因地、因园施策，探索切实可行的容错纠偏机制，鼓励有条件地区及高端装备产业基础好的园区率先推进试点示范政策。鼓励金融、创业投资等机构优先支持先进装备制造业，推动传统装备制造产业"二次创业"，改造升级传统装备制造产业，提高产业总体竞争活力和盈利水平。

五、推动黑龙江省装备制造产业高质量发展政策建议

为更好推动装备制造业高质量发展，黑龙江可以在专业技能人才培养、创新平台搭建、优化优势产业链条深化等方面发力，进一步夯实装备制造业的产业基础，尤其是推进区域高端装备制造业快速发展。

（一）加快装备制造业人才队伍建设，筑牢装备产业发展基础

人才是企业做大做强的根本，依靠人才进行技术革新、提高企业核心竞争力是推进产业高质量发展的关键。建立符合智能制造发展需求的多层次人才培育体系，培养具有高素质的应用型、复合型人才，进一步营造引得来、留得住、用得好的人才发展环境，尤其是针对紧缺型人才，要在引才和育才两方面同时发力。充分发挥区域内高校人才资源优势，营造更加符合大学生创新创业的氛围，围绕重点领域和紧缺型产业人才，采取定向培养，尤其是加强技能化人才的培养，切实推进"本地化"人才培养。同时，以更加积极开放的人才政策，强化高层次专业技术人才储备，大力鼓励专业人才创新活动，扶持企业开展技术工人职业技能培训，并通过职业技能培训活动不断壮大优化素质优良的技能人才队伍，为黑龙江装备制造业可持续发展提供坚实的人才支撑。

（二）充分发挥创新驱动作用，为先进装备产业搭建发展平台

加大装备制造产业研发创新投入，鼓励企业自主创新，打通跨区域协同创新通道，加快推进传统装备制造产业向智能制造、绿色制造转变，优化产品结构、提升产品附加值，助推产业转型升级，实现产业提质增效。加快工业互联网建设和应用，探索建立装备领域工业大数据平台，推进装备产业网络化协作模式，加速区域内省级以上科研设施与仪器、创新平台开放共享，尤其是向科技创新实力相对较弱的中小企业开放。充分发挥区域内的科技资源优势，打通研发成果与产业转化之间的屏障，加速科技创新成果在本地转化。同时，围绕机器人及智能装备、现代交通运输、海洋工程装备、石油化工装备等装备制造业的关键"卡脖子"技术"建档立卡"，梳理装备制造企业发展中存在的共性问题，开展关键技

术预研预判，充分发挥产学研协同创新平台的作用，有针对性地形成合力开展联合攻关，助力装备制造企业做大做强做优，进一步提升企业综合效益。

（三）充分发挥核心装备企业带动作用，推动优势产业链条纵向延伸

梳理黑龙江地区具有竞争力的装备企业，制定装备制造产业转型升级路线图，并按照全景路线图精准施策，着力引进一批建链、强链、补链、延链项目。同时，围绕拥有竞争力的产业链创新链，以"阶段式培育"模式，进一步完善装备制造业配套产业，加速制造业与生产性服务业渗透延伸，促进装备制造业与现代服务业深度融合。充分发挥本地优势资源和核心大企业的集聚作用，着力解决部分装备企业"大而不强"问题，激发"老字号"装备企业的活力，做大做强特色主导产业，持续推进大中小企业协作互动。引导装备制造业产业基金、并购基金、创业投资等社会资本向优势潜力企业倾斜，充分激发潜力企业的发展活力，优先培育一批高技术、高附加值、有竞争力的核心企业，加快推动特色优势产业裂变式发展。

第三章　黑龙江省农产品加工产业发展研究

"十三五"期间，黑龙江省农产品加工产业呈现快速发展势头。粮食加工业发展较快；畜产品加工业正处于恢复进程中；特色农产品加工业百花齐放；绿色农产品加工业发展进入快车道。黑龙江省食品和农产品加工产业体系的主要框架已形成，正走向"将食品和农副产品精深加工业打造成全省第一支柱产业"的目标。但是，黑龙江省农产品加工业整体上还存在着农产品加工转化率不高，产值水平较低，产业链短，加工度相对较低，规模普遍不大，精深加工业发展不足，生产成本和物流成本较高，产业竞争力被削弱，产品品牌影响力较低，产品高价位销售困难等问题。黑龙江省具有丰富的农产品资源，为农产品加工业发展提供了有力的保障；经营主体对农业增值的需求推动了农产品加工业向前发展；我国居民消费升级的需求拉动了农产品加工业的发展；黑龙江省提出的"将食品和农副产品精深加工业打造成全省第一支柱产业"的目标和2019年出台的《黑龙江省农业和农产品精深加工万亿级产业集群建设行动计划》也将推动农产品加工业加快发展。未来，黑龙江省农产品加工产业具备良好的机遇。为推进黑龙江省农产品加工业高质量发展，本章建议：统筹推进科技创新与成果转化，提高农产品加工业的现代化水平；打造特色鲜明、优势突出的产业集群，推动城乡农产品加工业协同发展；多管齐下，帮助农产品加工企业降本增效；探索一体化运营模式，推动农产品加工业与一三产业深度融合；落实品牌开发战略，打好生态牌、绿色牌、特色牌；企业要采用现代金融手段，提高原材料价格风险控制能力。

黑龙江省农业资源丰富，利用资源优势，2012年黑龙江省提出"将食品和农副产品精深加工业打造成全省第一支柱产业"的目标。2016年习近平总书记在黑龙江省考察时特别强调，要以"粮头食尾""农头工尾"为抓手，推动粮食精深加工，做强绿色食品加工业。围绕此目标，黑龙江省一方面积极打造规模化、绿色化、标准化农产品生产基地，另一方面加快培育和引入农产品加工业经营主体，推进农产品加工业全产业链建设和服务链的配套建设，大力扶持食品和农产品加工业的发展。目前，全省农产品加工产业呈现出良好的发展势头。

一、黑龙江省农产品加工产业发展现状

"十三五"期间，黑龙江省农产品加工业呈现快速发展势头，特别是粮食加工业企业的数量快速增长，食品和农产品加工产业体系的主要框架已经形成，正走向"将食品和农副产品精深加工业打造成全省第一支柱产业"的目标。

（一）农产品加工业呈现快速发展势头

到 2020 年底，全省主要农产品加工转化率达到 63%，比上年增长 6.1 个百分点。全省规模以上农产品加工企业数量达到 1612 家，比上年增加 127 家。其中省级以上农业产业化龙头企业 620 家，实现营业收入 2961.3 亿元，同比增长 2.9%；实现利润 199.6 亿元，同比增长 39.5%。涉农上市公司 3 家，分别为北大荒、飞鹤、万向德农。规模以上农产品加工企业营业收入为 2961.3 亿元，成为第一支柱产业。农产品加工业产品附加值不断提高，特别是食品工业增速超过全省工业平均增速，呈现快速发展的势头。2017~2020 年，农业农村部和财政部批准创建了 151 个全产业链发展、现代要素集聚的国家现代农业产业园，已认定 87 个，其中黑龙江有 8 个，数量位居全国第一。11 个产业集聚度较高的农产品加工园区建设稳步推进。

（二）农产品加工产业体系构建在快速推进

在充分发挥地区农业资源富集优势的基础上，黑龙江省加快壮大食品和农产品加工产业链、提升价值链、配套服务链，通过补链、延链、扩链，各类农产品加工产业链不断延长，产业体系不断完善。目前全省农产品加工产业体系的主要框架已经建立，包括水稻、玉米、大豆、乳制品、肉制品、果蔬、食用菌、杂粮杂豆、中药材、工业大麻、渔业等农产品加工产业链。加工规模不断扩大，稻米、玉米、乳制品、屠宰及肉类加工业已经发展成为"超百亿级主导产业"，大豆和果蔬加工已经发展成为"百亿级产业"。其中，玉米加工产能已经位居全国第二，乳制品制造业产能位居全国第一，稻米加工业逐步走出"稻强米弱"的困境。随着产业链的延伸，产业层次不断上升，产业集群不断扩大。从整体上看，黑龙江省农产品加工产业体系构建在快速推进。

（三）粮食加工业发展进入快速发展轨道

三大粮食作物加工业都进入了快速发展轨道。粮食加工转化率由"十二五"末的 36% 提高到"十三五"末的 68.3%，年均增长 6.5%。粮食加工业已占据黑龙江县域工业经济的 80% 以上，成为绝大多数县域经济的支柱性产业。

（1）玉米加工业实现快速发展。"十二五"末期我国玉米的库存较大，国家提出调结构去库存，缩减"镰刀弯"地区玉米的种植面积。为落实国家关于"稳定玉米生产"和"实施大豆振兴计划"的有关精神，"十三五"期间，黑龙江一方面缩减非优势产区玉米的播种面积，这一期间全省籽粒玉米种植面积减少了 2791.5 万亩；另一方面通过招商引资和玉米精深加工补贴等政策的实施，吸引了鸿展、阜丰、伊品、新和成、联顺等国内知名龙头企业落户，推动了本地区玉米加工业的快速发展。全省玉米加工产能和主要产品产量均实现了倍增，2020年玉米加工产能达到 2978 万吨，自 2017 年起居全国第 2 位。随着玉米深加工产能的逐步释放和本地区生猪养殖业的扩产，黑龙江省消化玉米的能力不断提高。2020 年全省玉米产量为 3646.6 万吨，按照当地玉米深加工产能和养殖存栏量推算，本省能够消化掉自产玉米的 80% 以上，玉米产业自产自销一体化的闭环模式正在形成。例如，2020 年齐齐哈尔市自产玉米就地加工转化率达 80%。玉米综合利用能力不断加强，从以玉米加工为主扩大到玉米芯、秸秆、玉米须、玉米皮等副产品的加工；产品实现不断升级，由饲料、淀粉等初级农产品加工升级到医药、精细化工等精深加工领域；产业链不断延伸，从淀粉链向下延伸到氨基酸、有机酸、多元醇、维生素、生物多糖、营养保健品、生物基材料 7 大系列，形成了 30 多个主力品种。目前，黑龙江省的玉米加工产品已经在全国占有重要位置，淀粉、玉米酒精、赖氨酸、苏氨酸的产量分别占全国总产量的 13.4%、21.5%、15% 和 26%。从 2021 年上半年玉米加工业发展来看，黑龙江省玉米深加工持续走强，加工量同比增加 18 亿斤。

（2）大豆食品加工业增速较快。黑龙江省是全国最大的大豆生产基地。在国家政策的引导下，全省大豆种植面积实现快速增长。"十三五"期间，除2018年外，其他年份大豆的播种面积呈现恢复性增长，年均增幅12.8%。2020年全省大豆种植面积为7248万亩，占全国的比重已超过45%，大豆年均产量为600余万吨。为抓好"粮头食尾""农头工尾"工作，落实国家和省关于实施大豆振兴计划的有关部署，黑龙江省加快推动大豆加工业高质量发展，已在黑河、齐齐哈尔等多个地市建立了大豆蛋白粉、大豆冰激凌、大豆意大利面条等17个大豆食品类加工产业项目，培育了一批特色鲜明、成长性较好的大豆食品加工企业。全省大豆年加工能力达到546万吨，能够消耗本省所产大豆总量的90%以上。2020年全省大豆实际加工量为127万吨，加工率为21%，加工业主营业务收入达到103亿元。其中大豆油脂加工和食品加工的原料消耗量之比为3.7∶1，主营业务收入之比为3∶1。

（3）水稻加工能力已远超本省水稻产量。近几年，黑龙江省水稻加工率在不断提升。2020年全省水稻产量为2896万吨。2019年全省水稻加工企业达1032家，年加工能力达到3809万吨，其中规模以上水稻加工企业有537家。由此可见，黑龙江现有水稻加工能力已远超本省水稻产量。2020年全省大米产量为1352.1万吨，比上年增长15.1%。一般情况下水稻的出米率在70%左右，以此出米率推算，2020年全省水稻加工量接近2000万吨，水稻加工率接近70%。可以看到，因为水稻加工能力已经超出水稻的产量，所以大米加工企业的开工率不足55%，但仍远高于全国米厂开工率的平均水平。黑龙江水稻加工业仍以初级农产品——大米的加工为主，产业层级较低、产品类型单一、产业链较短、同业竞争严重，这些导致产业的经济效益不高。目前已经有一些企业在积极探索，在横向上不断拓展水稻加工产业链条，发展发芽糙米、留胚米等新品种；在纵向上将水稻加工产业链条向下延伸，开发速食米饭、米汉堡等即食食品和膳食纤维、米蛋白等功能性食品，但这些水稻精深加工业尚在萌芽阶段，需进一步深度开发和扩大规模。

（四）畜产品加工业正处于恢复进程

黑龙江省乳制品加工业发展在全国领先，乳品加工能力、奶粉产量和婴幼儿配方乳粉产量均居全国第一位，婴幼儿配方乳粉产量已占全国1/4。2019年底，全省规模以上乳制品加工企业有53家，占全国的1/10；生鲜乳日加工处理能力

2.1 万吨，乳制品年产量 183 万吨，全省乳制品加工产值达到 346 亿元。如图 3-1 所示，2015 年黑龙江省牛奶产量达到最高峰（570.48 万吨），自 2016 年起开始下滑，近两年有所恢复，但至今尚未恢复到峰值。2020 年牛奶产量约为 500 万吨。黑龙江省肉类生产以猪肉为主，猪肉产量占肉类总产量的 70% 左右，牛羊肉产量合计占 30% 左右。2015~2020 年全省牛肉产量保持小幅度增长，羊肉产量保持稳定。猪肉产量因非洲猪瘟的负面影响于 2018~2019 年出现大幅度下滑，2020~2021 年猪肉产量实现了快速恢复（见图 3-2）。2019 年底，全省屠宰及肉制品加工业产值达 314 亿元，拥有各类畜禽屠宰加工厂（场）497 家。2020 年全

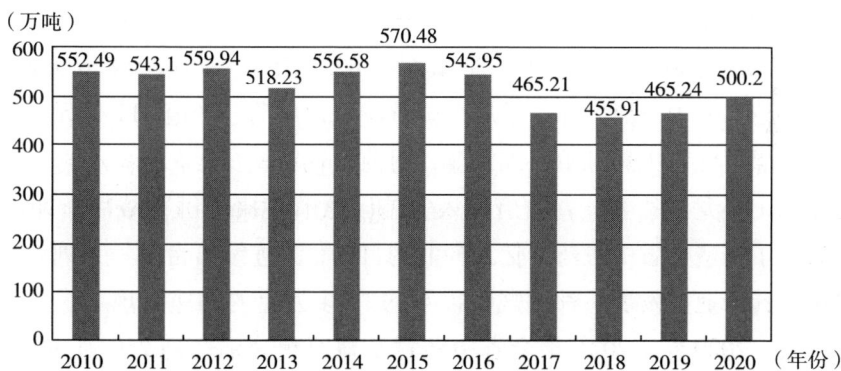

（万吨）

图 3-1　2010~2020 年黑龙江省牛奶产量

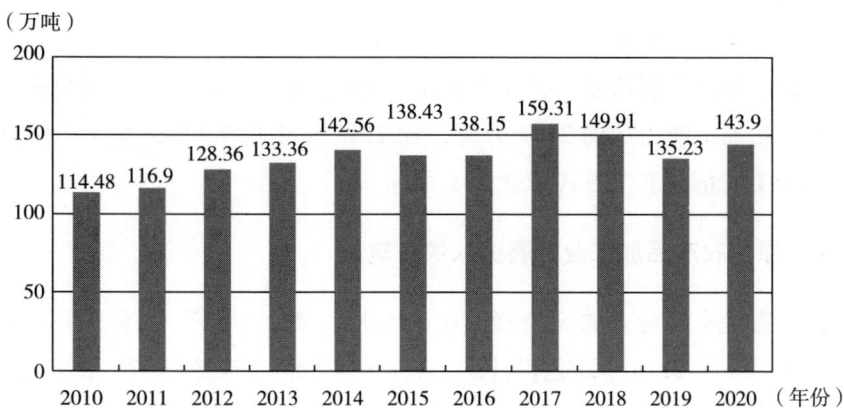

（万吨）

图 3-2　2010~2020 年黑龙江省猪肉产量

省肉制品总产量为 8.3 万吨，比 2019 年增长 4.5%。黑龙江省肉类加工业已出现大庄园肉业、双汇北大荒、秋林里道斯、巴彦万润等一批规模企业。一些传统熟食加工企业，如秋林里道斯、裕昌食品、商委红肠等企业正在向现代企业经营模式转型。在规模企业的带动下，2020 年众多肉制品企业运营逐步摆脱困境，走上健康发展之路。

（五）特色农产品加工业百花齐放

黑龙江省特色农产品种类丰富，特色农产品加工业发展也较快，目前已经建立了果蔬、食用菌、中草药、亚麻、烤烟、大鹅、鲜食玉米等特色农产品生产加工基地。2019 年底，全省果蔬加工企业 431 家，年加工能力 550 万吨，2019 年实际加工量 425 万吨。全省食用菌种植面积 62.1 万亩，产量 358.6 万吨左右，居全国第 4 位，其中，黑木耳产量居全国首位，食用菌总产值 211 亿元。特别突出的产业是黑龙江省中药种植及加工业，目前呈现蓬勃发展态势。

近年来，黑龙江省委、省政府深入实施国家"健康中国"战略，2019 年黑龙江省确立了打造全省中医药千亿元产业的目标，并连续出台了一系列政策扶持和推进中医药产业的发展。种植规模以年均 70 多万亩的增速实现了三年三大步的快速增长。2020 年、2021 年全省中药材基地面积分别达到 260 万亩、351 万亩，中药材总产量分别达到 52 万吨、70.9 万吨，产值接近 200 亿元。2020 年黑龙江省中药材种植产业的面积、产量、产值、效益四项指标增速均获全国第一。2021 年全省产地初加工企业总数为 173 家，比 2018 年增长 165%，其中全国百强中药规模以上企业数量超过 55 家。这些企业通过联基地、建基地、带基地，开展订单收购，建设定制药园，扩大产地加工规模，进一步带动了中药材种植业的发展。全省初加工能力达到 24.7 万吨，比 2018 年增长 236%，加工方式逐步从传统的初加工向精深加工方式转变。

（六）绿色农产品加工业发展进入快车轨道

黑龙江省是全国最大的绿色食品生产基地。"十三五"以来，全国共创建 2121 家绿色工厂、2170 个绿色设计产品、189 条绿色供应链和 171 个绿色工业园区。黑龙江省现有 37 家绿色工厂、11 个型号（系列）绿色设计产品、2 条绿色供应链入选，分别占全国的 1.7%、0.5% 和 1.1%，尚无绿色工业园区入选，四项指标都偏低。全省 37 家绿色工厂中，大部分是农产品加工业。从地区分布看，哈尔滨 20 家、大庆 5 家、绥化 4 家、齐齐哈尔 2 家、佳木斯 2 家、牡丹江 1 家、鸡西 1 家、黑河 1 家、大兴安岭 1 家。此外，2 条绿色供应链分别为哈尔滨和佳木斯的企业，11 个型号绿色产品分散在哈尔滨、齐齐哈尔和佳木斯。2020 年，全省绿色食品加工企业产品产量达 1699 万吨，增长 1.7%；形成了以水稻、玉米、大豆、马铃薯、乳品、肉类、山特产品加工为主导的绿色食品加工产业集群，有 14 个产品系列。

二、黑龙江省农产品加工产业存在的问题

尽管近些年黑龙江省农产品加工产业呈现加快发展的趋势，但整体上还存在农产品加工转化率还不高、产值水平较低、产业链短、加工度相对较低、规模普遍不大、精深加工业发展不足等问题。

（一）农产品加工转化率还不高，产值水平较低

黑龙江省农产品原料产量丰富，基础优势突出，但与全国相比，食品和农产品加工转化率还不高，产值水平也较低。2020 年全省农产品综合加工转化率是 63%，比全国平均水平（67.5%）低 4.5 个百分点。黑龙江省"十四五"规划提出，2025 年农产品加工转化率将达到 70% 以上，与全国"十四五"规划的 80% 还具有一定的差距。2020 年黑龙江省农产品加工业总产值与农业总产值之比为 0.5：1，远低于全国 2.3：1 的平均水平，更低于发达国家 3：1~4：1 的比值。2020 年全省第一产业增加值为 3438.3 亿元，2020 年农产品加工业营业收入为 2961 亿元，两者合计为 6399.3 亿元，要达到规划的"万亿级"目标，尚有一定的差距，需要较大幅度地提升农产品加工转化率。

（二）产业链短，加工率低、加工度不深

黑龙江省农产品加工主要以初加工、粗加工为主，存在产业链短、加工率低、加工度不深等问题。尽管全省玉米加工率在 80% 以上，但是玉米加工企业中的深加工企业仅占 1/6。水稻加工产业整体上处于初级加工阶段，绝大多数企业单一加工大米为主，能够实现精深加工的企业数量很少。大豆加工业规模较小，

且以初级油脂加工为主，油脂加工产能占比高达 87.2%，深加工产品品种少、产量低。肉业的精深加工占比低，与河南、四川、湖南等畜牧大省还有不小差距。由于冷藏保鲜、冷链运输、商品化处理等配套设施不足，果蔬加工还以初加工为主，链条延伸不足。由于农产品初加工增加值较低，农产品加工业的经济效益不高，增值水平与全国相比有一定的差距。以玉米加工业为例，黑龙江省玉米加工增加值为 1∶1.19，远低于全国平均水平（1∶1.97）。

（三）产业"繁衍分支"能力较弱，产业生态体系不丰富

农产品加工业的"繁衍分支"能力较弱，在横向上能够衍生出来的配套产业非常少，只能在纵向上拓展产业链长度和深度。农产品加工业纵向产业链的延长需要更多的资金、更高端的技术、更高层次的人才支撑，由于人才外流，黑龙江省最缺乏的就是人才和技术这两项生产要素，从而制约了农产品精深加工业的发展。尽管经过多年努力，黑龙江省农产品加工业的产业体系仍然不够丰富，企业数量少、规模小，对地区经济发展的贡献率和带动力较低。可以说，"以农产品加工业为第一支柱产业"的战略目标是立足于本地区农产品资源丰富的优势确立的，但从产业体系角度来看，农产品加工业的产业体系仍存在着天然弱势。

（四）产品创新能力不足，科技化程度不高

尽管黑龙江省的农产品资源丰富，产品质量和产量均处于全国领先水平，但由于多数农产品加工企业规模较小、创新能力不足、人才紧缺、资金不足，多数农产品的加工转化程度不高，产业关联度不强，产品精深加工研发能力严重不足，许多产品还处在初级加工层面，在精深加工上与全国平均水平还有很大的差距。例如，大豆加工业仍然以大豆油脂加工为主。自 2020 年起，国际国内原料大豆的价格大幅度上涨，从 2020 年初的 3700 元/吨上升到 2020 年底的 6000 元/吨，但食用油价格涨幅不大，使大豆油脂加工企业的经济效益面临巨大压力。2020年科技对全国农产品加工产业发展的贡献率已经达到 63%，但科技对黑龙江省农产品加工产业发展的贡献率还不高。在 2020 年全国农业产业化龙头企业"科技创新 10 强"排名中，黑龙江省没有企业上榜。一些科技含量高、效益高的产品还不能加工。例如，婴儿奶粉用油、素肉等产品的市场价格和产品利润率很高，但受加工技术水平的限制，国内的企业尚无力生产。由于产品处于产业链的低端，黑龙江省农产品的综合利用率较低且加工过程中存在副产品的浪费，特色优

质农产品的高附加值没有得到充分体现，产业的经济效益不高。以黑龙江省宾县为例，该县 2021 年 1~7 月主要经济指标综合考核在哈尔滨九县（市）中排名第1，宾西经济技术开发区是东北地区仅有的两个县域国家级经济技术开发区之一，也是哈尔滨市唯一设在县域的国家级经济技术开发区。该开发区共有企业 153户，涉及 10 个产业门类，共有 48 个农副产品精深加工企业，已成为全省最大的农副产品精深加工基地。2021 年 1~7 月农副产品精深加工产业实现工业产值29.4 亿元，但全区高新技术企业只有 7 户，占比不到 5%。

（五）企业规模普遍较小，联农带农能力较弱

多数初级农产品加工企业属于微利企业，企业积累资本的速度较慢，导致企业扩大规模比较困难，因此规模以上农产品加工企业数量增长较慢。以稻米加工业为例，全省大米加工企业以中小型企业为主，全省水稻加工企业数量有 1000多家，平均每个企业年加工水稻仅 2 万吨左右。在 2020 年黑龙江省农业产业化"百强"企业中，全省营业收入达到百亿级以上的企业只有 5 家，10 亿元以上的企业有 46 家。2021 年中国农业产业化龙头企业协会发布的《2020 年农业产业化龙头企业百强名单》中，黑龙江只有 3 家企业上榜：九三粮油工业集团有限公司（排第 13 位）、黑龙江飞鹤乳业有限公司（排名第 33 位）、东方集团粮油食品有限公司（排名第 49 位），而山东和河南入选企业分别为 11 个和 10 个。在"外贸出口 10 强"和"联农带农 10 强" 2 项中黑龙江省都没有企业上榜，原因在于黑龙江省多数农产品加工企业规模较小，自身发展能力有限，联农带农能力较弱。

（六）生产成本和物流成本较高，产业竞争力被削弱

首先，生产成本较高。黑龙江省位于中国最北方，气候条件恶劣，一年中大部分时间温度较低。这就导致在黑龙江设立工厂、建立企业要考虑很多其他方面的因素，如工厂车间的砌墙厚度要增加、玻璃要安装双层防冻以及取暖采暖费用高昂，加之煤炭资源的供求数量变化与碳排放的限制，这些因素增加了企业的生产成本。黑龙江省人口流出态势比较严重，势必会对劳动力市场产生一定的供给冲击，加之地区气候条件恶劣，企业要承担比较高的人力成本费用，这些费用最终将附加在产品价格之上，导致黑龙江省农产品加工业的生产成本居高不下。多数农产品加工产业属于微利型产业，利润空间较小，较高的生产成本使黑龙江省农产品加工业的竞争力被削弱。其次，物流成本相对较高。黑龙江省地处东北边

缘，地广人稀，农产品产量较高，但人口不多，加工产品主要外销。由于距离主销区较远，没有海运港口，不能利用廉价的海上运输方式，运出的农产品几乎全靠公路和铁路运输，加之气候条件恶劣，对运输仓储要求较高，导致食品和农产品加工业的物流成本较高。据了解，发达国家社会物流费用占 GDP 的比重仅为8%~10%，但东北地区社会物流总成本一直居高不下，物流费用占 GDP 的比重高达 18.1%。生产成本和物流成本较高，弱化了地区企业的竞争力，因此很多企业选择离开黑龙江，在农产品主销区设厂加工，这又导致黑龙江省农产品加工业的产业集聚能力降低。

（七）多数产品品牌影响力较低，实现高价位销售困难

在政策层面，黑龙江省多年前已经提出实施"质量兴农、绿色兴农、品牌强农"战略。但是在微观经营主体方面，绝大多数企业没有更多资金进行产品宣传和推介，一些小规模企业甚至从来没有做过宣传。黑龙江省知名的农产品品牌多数只是在本省或者东北地区有一定的影响力，在其他地区的影响力不够。在2021年中国农业产业化龙头企业协会发布的《2020 年农业产业化龙头企业百强名单》的"农业产业化龙头企业品牌影响力 10 强"中黑龙江省只有九三粮油工业集团有限公司一家企业上榜。由于黑龙江农产品加工多属于粮食等大宗农产品初加工系列，属于保民生的产品，很难实现高价销售。另外，由于历史原因，消费者对东北产品的认识仍然固定在低端产品系列。以"九三大豆油"为例，虽然该品牌大豆油的加工原料是黑龙江省本地产的非转基因大豆，产品品质较好，但产品的市场价格与非转基因大豆油很难拉开档次，无法实现优质优价。

三、黑龙江省农产品加工产业发展趋势和机遇

黑龙江省拥有丰富的农产品资源，为农产品加工产业的发展提供了丰富、优质、价格低廉的原材料，也为农产品加工产业的快速发展提供了有力的保障。农业增值的需求推动了农产品加工产业向前发展，消费升级拉动了农产品加工产业的发展，所以黑龙江省农产品加工产业的发展具备良好的机遇，也呈现出快速发展的趋势。

（一）丰富的农产品资源优势奠定了产业发展的基础

1. 丰富的粮食资源

黑龙江省是世界公认的天然谷物粮仓，已成为名副其实的全国第一产粮大省。作为我国的农业经济大省，黑龙江省具有得天独厚的农业资源。土地资源十分丰富，人均耕地面积是全国人均耕地面积的3倍。粮食作物播种面积占总耕地面积的90%以上，常年稳定在2.1亿亩以上，粮食综合产能稳定在1500亿斤以上，产量连续11年居全国首位。2021年全省粮食实际种植面积达到2.18亿亩，占全省耕地总面积的91%，占全国的12.37%，排名全国第一。全省粮食产量实现"十八"连丰，如图3-3所示。丰富的粮食资源为黑龙江省粮食加工业的发展奠定了坚实的基础。

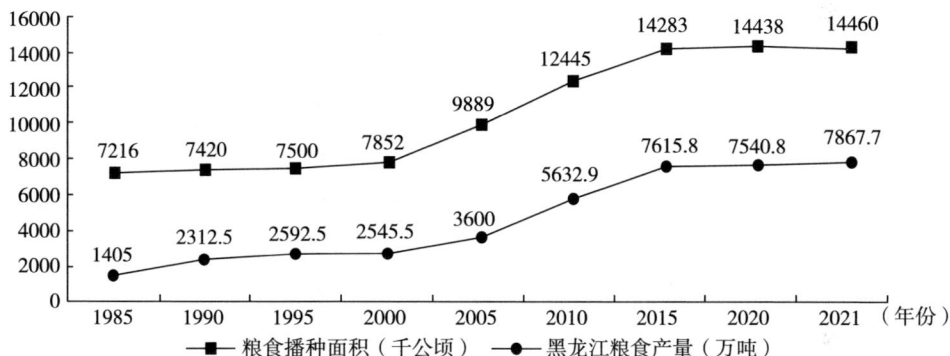

图3-3 黑龙江省粮食播种面积和粮食产量

2. 丰富的畜禽产品资源

到2020年末，黑龙江省猪牛羊禽等主要畜禽存栏均较疫情之时有不同程度增长；除生猪外，牛羊禽出栏数量创下"十三五"时期最好水平，猪牛羊禽肉、禽蛋、牛奶产量均实现稳步提升。2020年，全省生猪存栏和出栏量分别为1371.2万头和1790.0万头；牛和羊出栏量分别为289.4万头和788.7万只，分别增长3.0%和5.0%。全省肉类产量为252万吨，其中猪肉、牛肉、羊肉的产量分别为143.9万吨、48.3万吨、13.4万吨；禽肉、禽蛋产量分别为46.4万吨和117.4万吨；生牛奶产量为500.2万吨。全省奶牛存栏量居全国第4位，生鲜乳产量居全国第2位。"2020年末，全省建成生猪大型养殖场909个、牛大型养殖场517个、羊大型养殖场353个、禽大型养殖场163个，畜牧业规模化、标准化水平明显提升，产业化程度和畜产品质量不断提高。"①

3. 丰富的林业资源

黑龙江省作为林业大省，天然林资源是黑龙江省森林资源的主体，林业经营总面积为 3175 万公顷，占全省土地面积的 2/3。截至 2020 年底，全省森林覆盖率达 47.3%，森林面积达到 2147 万公顷，位居全国第三。森林面积、森林蓄积量和木材产量均居全国前列，是国家最重要的国有林区和最大的木材生产基地。森林树种达 100 余种，利用价值较高的有 30 余种。丰富的林业资源为黑龙江省木材和林产品加工业的发展奠定了坚实的基础。

4. 丰富的中药材资源

黑龙江省高度重视中药材基地建设。为扶持中药产业的发展，黑龙江省级财政连续两年统筹 10 亿元专项资金，撬动社会资本参与，创建千亩以上中药材示范基地 204 个、万亩以上示范区 18 个、5 万亩以上大县 15 个、10 万亩以上大县 5 个。中药材种植规模连续 3 年扩大，2021 年达到 351 万亩，比上年新增 91 万亩，增长 35%。中药材总产量达 70.9 万吨，同比新增 18.9 万吨，增长 36.3%。中药材种植品种有 120 种，其中刺五加、板蓝根和平贝母的份额已分别占到国内市场的 80%、50% 以及 30% 以上。全省中药材的产值接近 200 亿元。区域布局更加优化，以"龙九味"为主的优势品种面积达到 226.4 万亩，刺五加面积发展到 48.1 万亩，部分品种在全国市场份额不断提高。

5. 丰富的绿色食品资源

从自然条件看，黑龙江每逢冬季，休耕的土地为冰雪所覆盖，病虫害发生率较低，无须投放过多化肥或农药，具备发展绿色农业的天然优势。黑龙江省从 20 世纪 90 年代初就开始重视绿色农业的发展，目前绿色食品产业的发展已经体现在生产、加工、销售全产业链过程中。2020 年全省绿色有机食品种植面积达 8513.7 万亩，占全省耕地面积的 35.6%，约占全国的 1/5，位居全国第一。"三减"面积超过 4000 万亩。2020 年全省绿色食品获证单位和产品数量分别为 483 家和 1299 个；三年有效用标单位和产品数量分别为 1172 家和 3108 个（见表 3-1）；绿色食品企业达到 1047 家，产品 2666 个（不含农垦）；完成中绿华夏有机企业 111 个项目种植环节检查，获证产品 645 个；新登记保护农产品地理标志 9 个，累计达到 149 个。黑龙江省"十四五"规划提出，到 2025 年，绿色及有

---

① 张桂英. 黑龙江省畜牧业走出恢复增长良好行情 [N]. 黑龙江日报，2021-03-30.

机食品种植面积突破 1 亿亩，其中有机食品种植面积突破 1000 万亩。

表 3-1　2020 年黑龙江省绿色食品获证单位数量、产品数量及同比增长数量

单位数（家）				产品数（个）			
当年认证单位数量	较上年增长	三年有效用标单位数量	较上年增长	当年认证产品数量	较上年增长	三年有效用标产品数量	较上年增长
483	18%	1172	5%	1299	32%	3108	12%

资料来源：中国绿色食品发展中心的《绿色食品统计年报 2019》和《绿色食品统计年报 2020》。

（二）追求增值成为农产品加工业发展的推动力

黑龙江省以粮食种植为主，95% 以上的耕地在种植粮食。由于受国家宏观调控的影响，国内粮食的价格一直较低，粮食种植业的经济效益一直不高，不仅低于第二、第三产业，而且在农林牧渔业中也是最低的。与全国相比，黑龙江省粮食种植业的经济效益更低，如图 3-4 所示，2016~2020 年 5 年期间，2016~2019年全省三种主要粮食作物的平均净利润一直处于亏损状态，只有 2020 年才稍有盈余。过低的农业经济效益倒逼合作社、企业等规模经营主体发展农产品加工，通过延长产业链，使农业与第二、第三产业融合以获得更高的经济效益。因此，农业经营主体追求农产品增值的动力成为农产品加工业发展的巨大推力。

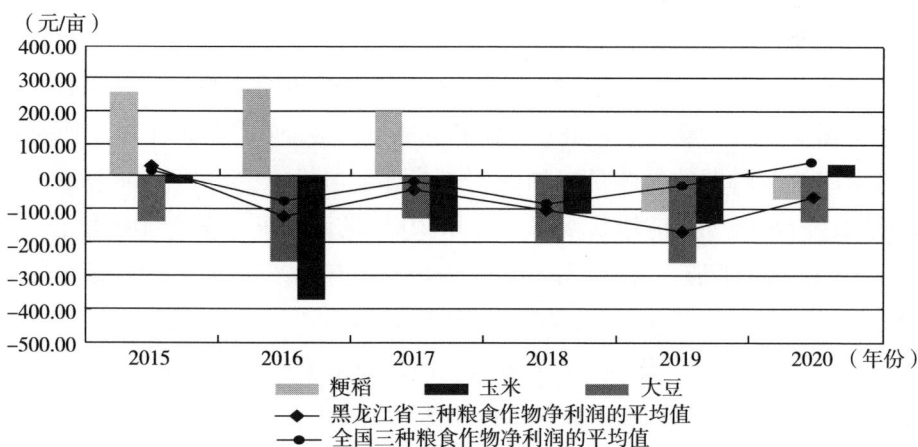

图 3-4　黑龙江省三种主要粮食作物的净利润

资料来源：《全国农产品成本收益资料汇编》（2016~2021 年）。

（三）需求升级成为农产品加工业发展的拉动力

我国已经进入中等收入水平国家，2019 年人均 GDP 已经超过 1 万美元，2020 年和 2021 年中国人均 GDP 分别达到 10484 美元和 12551 美元，随着人民收入的提高，我国居民生活水平也在不断提升，消费在不断升级。由于社会节奏、生活节奏不断加快，人们不愿意把大量时间消耗在食物制作过程中，对方便、即食食品的需求不断增长。即使是餐饮业中的中央厨房，对半加工、全加工食材的需求也在大幅度增长。消费升级的环境对我国农产品加工业的发展形成了强劲的拉动力，为农产品加工业的发展提供了难得的机遇。

四、黑龙江省农产品加工产业发展的重点领域

黑龙江省农产品加工业发展的重点领域已经很清晰。2019 年黑龙江省出台《黑龙江省农业和农产品精深加工万亿级产业集群建设行动计划》推动农产品加工业发展。黑龙江省"十四五"规划提出，在"十四五"时期以"两头两尾"为抓手，把农业和农副产品精深加工业打造成"万亿产业集群"，着力构建"652"产业发展新格局，即到 2025 年要打造：6 个千亿级优势产业，即水稻、玉米、肉类、乳品、大豆、果蔬；5 个百亿级特色产业，即食用菌、中药材、汉麻、杂粮杂豆、渔业；2 个战略性新兴产业，即乡村休闲旅游业和数字农业。围绕这些产业，全省以建链、延链、补链和强链方式推进农产品加工业全产业链建设。"十四五"时期的具体目标如图 3-5 所示：乳业全产业链要翻一番，净增630 亿元；肉业全产业链增长 63%，净增 1000 亿元；玉米全产业链增长 20%，净增 1000 亿元；水稻、果蔬、中药材、食用菌等其他产业净增 1300 亿元。全省围绕打造农产品加工产业集群，实施全产业链谋划。

2021 年黑龙江省印发《全省农业和农产品加工项目招商工作方案》，提出发展目标：发展壮大农业和农产品加工企业规模，完善农产品加工产业链条，并向精深加工和高附加值产品拓展延伸，提升农产品加工转化率，扩大经济总量。重点发展方向包括：玉米、水稻、大豆、马铃薯、工业大麻、果蔬、食用菌、中药材、杂粮杂豆、乳品、肉类等产业链条，分五大类 26 项，确定具体招商项目和

引资额度。重点发展的农产品加工业的类型如表 3-2 所示。

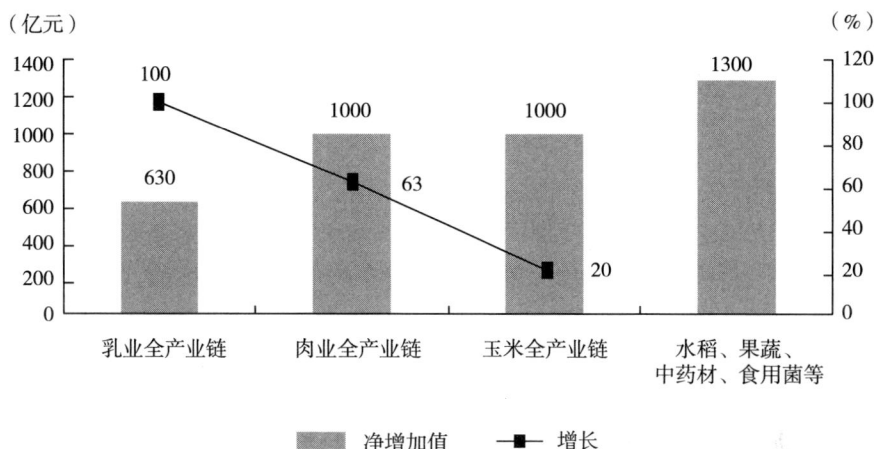

图 3-5　黑龙江省农产品加工业"十四五"规划目标

表 3-2　黑龙江省发展农产品加工业招商重点项目

发展农产品加工业	
水稻加工	重点引进速食米饭、米粉、米汉堡等即食食品，膳食纤维、米蛋白等功能性食品，稻米油、米糠油、胚芽油等小包装食用油项目
玉米加工	重点引进特种变性淀粉、酶制剂、功能性新型发酵制品、淀粉糖、多元醇、氨基酸等系列产品及衍生产品，秸秆综合利用等项目
大豆加工	重点引进大豆全粉类、发酵类和非发酵类大豆食品、休闲食品和精选食品豆，功能性浓缩蛋白、分离蛋白、组织蛋白，功能性深加工食品等项目
乳制品加工	重点引进高端婴幼儿配方乳粉、高端功能性乳粉，奶酪、炼乳、奶油以及特色乳制品，低温巴氏杀菌乳、发酵乳、乳清蛋白粉等项目
肉制品加工	重点引进屠宰及冷鲜（冻）分割肉、预制食品、半成品食品，低温西式肉制品和香肠、熏卤肉、油炸制品等中式肉制品项目
果蔬加工	主要引进采后商品化处理，果蔬鲜切、速冻、腌渍、脱水等多样化加工产品，优质甜糯玉米速冻、脱粒和制浆，以及果蔬运动营养特色膳食食品、保健医药精深产品等项目。重点引进辐射带动能力强的中央厨房项目
食用菌加工	重点引进草腐食用菌及野生珍稀食用菌的保鲜技术成果转化和保鲜加工，食用菌的营养食品、保健食品、药品的深加工等项目
杂粮杂豆加工	重点引进营养食品、保健食品、休闲食品等项目
中药材加工	重点引进以人参、刺五加、五味子、平贝、黄芪、苍术等道地药材为主要原料的中药饮片及制剂、中兽药及饲料添加产品、中药保健品、药食同源产品和化妆品等项目

发展农产品加工业	
工业大麻加工	重点引进药品、纺织服装、化妆品、新材料等产业领域的高附加值工业大麻终端产品项目
渔业加工	重点引进小鱼烘干、产品加工冷冻、成鱼分割，鲟鳇、大马哈鱼子酱加工，配套引进鱼饲料、鱼药加工生产等项目
建设农业和农产品加工配套项目，重点引进大中型仓储、冷链物流等项目	

资料来源：《全省农业和农产品加工项目招商工作方案》（黑政办发〔2021〕10 号）。

五、推进黑龙江省农产品加工产业发展的对策建议

黑龙江省要实现"十四五"规划的目标，必须协调农产品生产和加工的关系，协调城乡农产品加工业的发展，推动农产品加工业与第一、第三产业的深度融合，努力降本增效，提升农产品加工业的竞争力。

（一）统筹推进科技创新与成果转化，提高农产品加工业的现代化水平

要提升农产品加工业的竞争力，提高农产品加工出品率和副产品利用率，增加农产品加工业产值，必须提高农产品加工业的现代化水平，其核心仍是农产品加工技术的突破与创新。很多企业采用低成本竞争手段，为了降低产品技术开发的成本，不愿意在研发方面进行更多的投入，更愿意模仿跟风，等着"搭便车"。这种"搭便车"发展模式不仅削弱了企业自身的竞争力，而且会在行业内部造成恶性循环，削弱地区产业的整体竞争力。针对这种情况，建议黑龙江省将农产品加工业分成大类，统筹推进各类农产品加工业科技创新平台建设，一体化推进产业创新服务和科技成果转化。通过一体化设计和推广，推动创新资源在全省范围内共享，提升科技创新的使用效率，推动全省农产品加工业现代化水平提升。

（二）打造特色鲜明、优势突出的产业集群，推动城乡农产品加工业协同发展

随着乡村振兴战略的实施，县域农产品加工业发展将出现快速增长，农民专

业合作社、家庭农场、城市工商业都会参与到乡村振兴中，将会推动农产品加工业快速发展。但这些经营主体大多属于中小规模企业，由于资金、技术、人才等因素的限制，产品开发能力有限。本书建议：首先，政府应搭建城乡产业协同发展的平台，鼓励城市龙头企业将农产品加工业的产业链条延长至县域、乡镇，逐渐改变加工在城市、原料在农村的现状，突破农产品加工业发展的空间限制，推动城乡农产品加工业协同发展。其次，打造区域产业集群，改变同质化小规模企业恶性竞争的局面。要辩证看待区域内产业的同质化竞争问题。一方面区域内同质化企业竞争容易形成恶性竞争，另一方面同质化企业竞争能够提升区域产业的竞争力，也可以推动区域内一定数量的同质化企业联手打造产业集群。针对黑龙江省同类粮食产品加工企业数量众多、规模小、同质化竞争激烈等现状，可以成立地区行业协会，引导企业间合作，打造农产品加工业集群，变恶性竞争为抱团发展，增强区域粮食加工产业的整体竞争力。再次，继续强化招商引资发展路径。进一步优化营商环境，提升招商引资质量，构建大联合大招商工作格局。最后，促使龙头企业裂变升级、提质增量。重点围绕玉米、大豆、水稻、畜禽产品、特色农产品等精深加工项目的上下游产业链谋划生成新项目，加大对龙头企业的扶持，使单个企业裂变繁衍成企业集团，逐步形成产品特色鲜明、产业优势突出的产业集群。

（三）多管齐下，帮助农产品加工企业降本增效

针对黑龙江省农产品加工业物流成本高、生产成本高的天然短板，地方政府应多管齐下，帮助农产品加工企业在其他方面降低成本，提高经济效益。首先，建议地方政府帮助企业降低融资成本。建议地方政府成立"金融服务站"，为借贷双方构建一个快捷和谐的融资平台。政府一方面要积极掌握各类金融机构的贷款条件，鼓励金融机构创新开发信贷产品；另一方面要主动询问区域内在建项目、投产项目企业的融资意愿和融资需求，帮助企业选择合适的银行，实现最低成本与金融机构匹配对接。其次，建议国家创新现有粮食储备模式。由于粮食加工业日常要储备大量粮食，仓储费用比较高。建议将国家粮食储备与商业粮食储备相结合，将大型粮食加工企业储备的粮食纳入国家粮食储备补贴系统，这样既能实现粮食安全保障，又能帮助粮食加工企业降低成本。再次，建议地方政府帮助企业建立人力资源共享平台。针对本地区同类农产品加工企业数量较多、规模小、无力聘请高科技人员的现状，建议由政府建立人力资源共享平台，这能够使

企业降低人力成本，人才也可以获得更高待遇，从而吸引更多高水平科技人员参与黑龙江省农产品加工业的发展。最后，建议加工企业提升加工转化增值率和副产物综合利用水平。实施农产品加工业提升行动，支持发展农产品、林产品、畜产品深加工和农村特色加工业，促进产业链相加、价值链相乘、供应链相通，让农产品加工业实现高效发展。

（四）探索一体化运营模式，推动农产品加工业与第一、第三产业深度融合

随着社会的进步，产业融合发展已经成为一种趋势，这种趋势在农产品加工业表现得更为突出。过去的农民只会种地，现在有更多农民利用现代化加工设备和互联网销售手段，将农产品加工以后销售，实现了产加销一体化经营和产业融合发展。而农产品加工企业因为专注于加工业，实现三产融合发展的速度却比较慢。本书建议：首先，发挥农业龙头企业的引领作用，培育产业链领军企业，促进农业生产、加工、物流、研发和服务相互融合，推动一体化发展。其次，将农产品加工业与第一产业深度融合。农产品加工企业多数属于微利企业，农产品原料价格不稳定会增加企业经营风险，保证原材料的充足是农产品加工企业，特别是规模企业发展的基础。为降低成本、控制风险，企业应当将原料的生产和采购、农产品加工、产品销售和售后等环节进行一体化运营。在原料生产和采购上，企业应积极探索创新合作模式，发挥龙头企业的带动作用，以订单农业、"企业+基地""企业+合作社+农户""企业+基地+合作社+农户"等方式，打造产量稳定、质量优良的原料种植基地，实现农产品加工业与第一产业的深度融合。最后，将农产品加工业与第三产业深度融合。大力发展特色食品、特色技艺、特色文化，开发绿色、养生、保健等功能产品，打造集农业研发、科普教育、观光体验、高端休闲、人居度假于一体的休闲旅游产业，实现农产品加工业与第三产业的深度融合。

（五）落实品牌开发战略，打好生态牌、绿色牌、特色牌

近年来，黑龙江省大力实施"品牌强农"战略。当前政府、企业、消费者的品牌意识已经很高，企业家也充分认识到了品牌建设的重要性。五常大米、庆安大米、方正大米、响水大米被评为"中国十大大米区域公用品牌"，"五常大米"品牌价值位列全国大米类第一，但这些主要是地域品牌，多数中小加工企业因资金规模的限制，在品牌建设上"心有余而力不足"。本书建议：首先，地方

政府应积极组织搭建品牌推广宣传平台，让小规模企业可以借力省、市农博会展销平台拓宽农产品的销售渠道并提升品牌知名度。其次，鼓励中小企业与龙头企业合作，借用知名品牌提高产品影响力和企业竞争力。再次，培育区域品牌。区域品牌影响力的扩大可以吸引更多的进货商或消费者，自然可以惠及区域内中小企业。最后，打好生态牌、绿色牌、特色牌。充分利用黑龙江省具备的生态优势和最大绿色农产品基地优势，选择一些具有一定知名度的绿色有机高品质农产品，在政策上给予扶持，着力培养一批绿色精品农产品生产和加工基地，将"绿色"延伸到食品和农产品加工业的终端，转化为典型产品特征、龙江特色和经济效益。

（六）企业要采用现代金融手段，提高原材料价格风险控制能力

近年来，国际国内玉米、大豆价格上升幅度较大。因粮食价格过高、产销价格出现"倒挂"，一些加工企业一年中一半的时间处于停产状态，甚至干脆常年停产，严重影响了粮食加工业的持续发展。对于农产品加工企业来说，提高大豆、玉米等原材料的价格风险控制能力尤为重要。特别是大豆加工业，由于大豆主要依赖于进口，价格风险较大，价格风险控制非常重要。从原料进口到加工产品销售出去，至少需要3个月的时间。这段时间内，企业要面临外汇、运输、国际市场贸易环境等巨大的市场风险，因此企业必须学会风险管控，学会利用期货买卖、金融衍生品等方式去规避风险。例如，尽管近2年大豆市场价格暴涨，黑龙江省大豆加工业龙头企业——九三集团通过风险控制，使2021年上半年的经济效益实现了逆势增长，大豆加工量、利润率实现大幅度增长，采购大豆同比增长40%，加工大豆同比增长19%，营业总收入同比增长94%，利润总额同比增长44.3%，实现税金6.93亿元。

第四章　黑龙江省能源产业发展研究

能源产业长期以来一直是黑龙江省的主导产业部门。能源产业是经济发展的支柱，黑龙江省拥有丰富的煤炭、电力、石油、天然气等资源，发展基础雄厚，内部结构不断优化，但传统能源消费量大。就目前而言，黑龙江省能源产业普遍存在开发成本高、利用效率过低等问题，使能源过度消耗；同时，还存在新能源产业技术水平欠发达、新能源行业人才缺失、能源行业"供需错位"结构性失衡等问题。为了更好地解决黑龙江省能源产业存在的竞争优势逐渐丧失、粗放经营和清洁能源比重低等问题，推动能源产业的高质量发展，应实施的路径是，"乘势而上"确立能源产业发展的战略引领，"聚力攻坚"深化能源产业发展的重点改革，"扬长补短"加强能源产业发展的政策叠加，"推陈出新"加快能源产业发展的创新驱动，"借船出海"加大能源产业发展的开放合作，"换道超车"推动新能源产业的高质量发展。

一、黑龙江省能源产业发展的现状

（一）能源产业资源储量丰富

黑龙江省能源产业发展具有良好的资源禀赋和区位优势，作为我国的能源大省，能源生产和能源消费都占有较大比重，能源资源储备充足且种类齐全，煤炭、石油、天然气等传统能源和风能、太阳能、水能等新能源都较为丰富。在传统能源产业方面，如表4-1所示，2021年黑龙江省煤炭产量为5974.9万吨，较上年增长 7.8%，石油产量为 2945.5 万吨，较上年降低 0.2%，天然气产量为 50.5 亿立方米，较上年增长 8.0%。2021 年，黑龙江省采矿业占全部工业的比重为 30.3%，石油和天然气开采业占规模以上工业增加值的 20%。从煤炭资源储量上看，如图 4-1 所示，根据《黑龙江统计年鉴 2021》，2020 年，黑龙江省煤炭资源储量为 209.6 亿吨，比上一年增长 5.8%，总体上呈增长态势。2020 年，我国石油产量达到 19492 万吨，如表 4-2 所示，黑龙江省 2020 年的石油产量为 3001.0 万吨，占我国石油产量的 15.4%，在全国各省份中居第二位，是我国主要的石油产地，而大庆油田作为黑龙江省石油产量的主要来源地，历史悠久，是我国第一大石油生产基地。

表 4-1　2021 年黑龙江省主要能源产量及其增长速度

名称	产量	增幅（%）
煤炭（万吨）	5974.9	7.8
石油（万吨）	2945.5	-0.2
天然气（亿立方米）	50.5	8.0

资料来源：黑龙江省统计局。

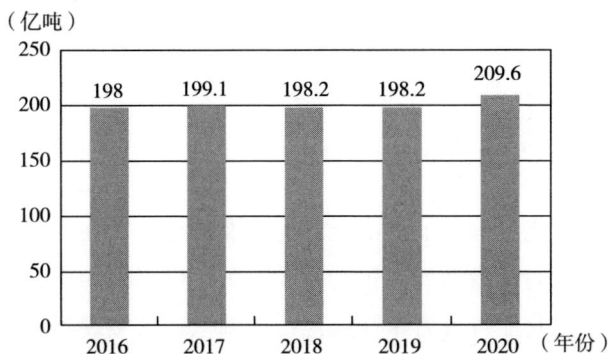

图 4-1　2016~2020 年黑龙江省煤炭储量统计

资料来源：《黑龙江统计年鉴 2021》。

表 4-2　2020 年全国各省份石油产量排名

排名	省份	产量（万吨）
1	天津	3242.2
2	黑龙江	3001.0

续表

排名	省份	产量（万吨）
3	新疆	2917.7
4	陕西	2693.7
5	山东	2246.4
6	广东	1613.1

资料来源：国家统计局。

在新能源产业方面，黑龙江省新能源储量丰富，具有广阔的发展前景。在风能储量上，黑龙江省是我国九大风电基地之一，50 米高度风能资源技术可开发量达到 2.3 亿千瓦时左右，风功率密度超过 200 瓦/平方米，风电资源排名东三省第一位、全国第四位，且黑龙江省地形比较平坦，对风速的破坏性较小，有利于大规模开发建设风电场，目前风电装机容量超过了 478.425 万千瓦。在水能储量上，黑龙江省水系资源充足，涵盖了黑龙江、松花江、乌苏里江以及绥芬河四大水系，水能理论蕴藏总量达到 988 万千瓦，位居东北地区第一，具有 1024 万千瓦的可开发水力资源总装机容量。在太阳能储量上，黑龙江省全年拥有 4400~5028 兆焦/平方米的太阳总辐射量，年日照时数在 2242~2842 小时，总储量为 5.9707×10^{14} 千瓦时，目前探明的可利用总量达到 0.574113×10^{14} 千瓦时。

（二）能源产业结构得到改善

黑龙江省的传统能源构成了一次能源的主要部分，且在能源消费中所占的比重较大，对传统能源的大量消耗不仅会减少不可再生资源的储量，而且会导致环境污染，基于此，黑龙江省致力于摆脱传统能源依赖，实现经济可持续发展，如表 4-3 所示，在 2016~2020 这五年期间，黑龙江省地区生产总值能耗呈现不断下降的趋势，全省万元地区生产总值能耗的变化系数分别为 -4.50、-4.02、-2.76、-2.49、-1.70，对自然资源的消耗逐年降低。同时，能源消费总量增速也一直在减缓，2020 年，黑龙江能源消费总量增长速度降低 0.8%。当前，能源环境问题日益突出，能源市场对新能源的需求不断增加，在国家大力提倡发展新能源产业的背景下，黑龙江省充分利用自然资源优势，依托技术进步，淘汰落后产能，积极推动新能源产业的建设与发展，并取得显著成效。在"十三五"期间，新能源和可再生能源总装机年均增长 13.3%，2020 年，黑龙江省增加对新能源产业的投资，继续加大清洁能源的供给，增加了 119 万千瓦的风电装机和太阳能装机，较上年增长 13.4%，总装机规模超过千万，达到 1004 万千瓦。此外，清洁能源利用率也逐步提升，清洁能源装机容量不断增加，占全省总装机容量的 31.47%，2020 年实现风电、太阳能发电量 184.09 亿千瓦时，同比增长 6.79%，对煤炭的消耗减少了 110 万吨，逐步推进能源消费结构由传统能源向新能源过渡。"十四五"期间，预计新能源和可再生资源装机增至 3000 万千瓦以上。根据国网黑龙江电力调度控制中心的统计数据，黑龙江省 2020 年消纳清洁能源电量 216 亿千瓦时，同比增长 7.98%，占全省发电量的 19.44%，清洁能源利用率创历史新高，达到 99.64%，这有利于实现黑龙江省能源产业结构的进一步优化。

表 4-3　2016~2020 年黑龙江省万元地区生产总值能耗降低率

年份	万元地区生产总值能耗上升或下降（%）	能源消费总量增速（%）
2016	-4.50	1.3
2017	-4.02	2.1
2018	-2.76	1.8
2019	-2.49	1.6
2020	-1.70	-0.8

资料来源：国家统计局。

（三）能源产业发展基础雄厚

黑龙江省作为国家重要的老工业基地，能源产业历史悠久且基础雄厚，经过多年发展，成立了一系列发电设备"老字号"企业，包括哈电集团、中国一重等，为促进黑龙江能源产业的发展提供了有力支撑。由"一五"时期苏联援建的 156 项重点建设项目的 6 项沿革发展而来的哈电集团，为了满足成套开发、成套设计、成套制造和成套服务的市场发展需要，在原哈尔滨锅炉厂、电机厂和汽轮机厂这"三大动力厂"的基础上组建而成，累计生产发电设备约 5 亿千瓦，为我国电力事业的发展做出了突出贡献。当前，哈尔滨市和齐齐哈尔市是黑龙江省能源产业企业的主要集中地。哈尔滨市以"三大动力厂"为代表，已经具备成套电站装备的生产能力，包括提供 1000 兆瓦火电、1000 兆瓦水电，核电主泵和稳压器等；以主机生产企业为重点，聚集了哈尔滨电气动力、哈汽叶片等许多配套企业，形成了较为稳定的配套体系。而齐齐哈尔市则深受中国一重企业的影响，在核电领域具有高度集中的生产能力，可以为核岛和常规岛提供全部铸锻件，同时还具备火电、水电等高端大型铸锻件批量制造能力，成为我国重要的大型铸锻件生产基地，拥有众多配套企业。

（四）能源消费结构基本稳定

近年来，黑龙江省一直推动能源消费结构的改变，也制定了相关政策支持新能源产业的发展，减少对煤炭等传统能源的使用，大力推广使用新能源，但是就现阶段发展来说，在能源消费结构中，传统能源仍然占有主体地位。如表4-4所示，从 2015 年以来，煤炭消费量逐年增加，2018 年由于受去产能政策的影响，煤炭消费量有所减少，但整体上仍呈增长的趋势。在石油天然气消费方面，2015~2019 年，天然气消费量整体趋于上升，而石油消费量整体趋于下降。在发电方面，2020 年黑龙江省火力发电占比为 85.06%。在 2021 年黑龙江省主要的四种类型发电量中，火力发电依然占有最大比重，为 82%，风力发电、太阳能发电和水力发电占比较低，一共不足 20%（见图4-2）。虽然火力发电占比逐年下降，且新能源发电越来越成为趋势，但是目前黑龙江省的发电方式还是以传统的火力发电为主，对煤炭的消耗量较大，而燃烧煤炭又会排放出大量二氧化碳，对环境造成一定的污染。

表 4-4　2015~2019 年黑龙江省传统能源消费量

年份	煤炭消费量（万吨）	石油消费量（万吨）	天然气消费量（亿立方米）
2015	13432.85	2123.90	35.82
2016	14034.39	2210.42	38.04
2017	14468.99	1905.40	40.56
2018	13370.83	1552.63	43.84
2019	14142.64	1534.76	44.37

资料来源：国家统计局。

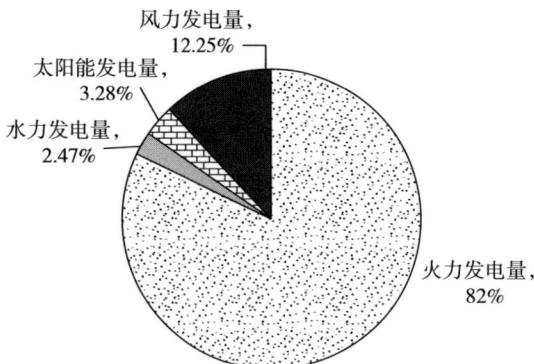

风力发电量,
12.25%

太阳能发电量,
3.28%

水力发电量,
2.47%

火力发电量,
82%

图 4-2　2021 年黑龙江省各发电类型占比

资料来源：国家统计局。

二、当前黑龙江省能源产业发展中存在的问题

在当前碳达峰、碳中和不断推进的背景下，黑龙江省能源产业高质量发展面临以下问题：

（一）能源产业供给结构性失衡

目前，黑龙江省的能源供应结构不合理，煤炭消费比例高，造成了环境污染。包括天然气、石油、煤炭等在内的传统能源，占据了黑龙江省能源生产构成的 90% 以上。近年来，黑龙江省城镇化、农村空心化以及农村人口流入城市进程加快，城市集中供热所占比重不断提高，农村人口冬季也大量使用传统能源取暖，所以冬季采暖用煤总量逐年增加，在非化石能源消费方面，黑龙江仍远远落后于国家目标。黑龙江省电力需求和电网消纳能力不足制约了可再生能源的发展，黑龙江省迫切需要推进清洁能源高效利用，加快绿色转型发展，从而实现能源结构的优化。电网调峰能力不足也是一个重要问题，在冬季黑龙江省供暖刚性需求很大，热电机组占燃煤发电装机容量的 68.4%。由于缺少抽水蓄能、燃气发电机组等优质调峰电源，电网调峰问题较为突出，电网削峰填谷能力不足，难以适应可再生能源大规模并网消纳的要求，窝电与缺电并存，风电弃风问题时有发生。

（二）新能源政策成效有待提高

一是政策制定过程中的目标指向性不明确。新能源产业发展时间短，难以预测新产业发展规律，因此，充分结合黑龙江省实际情况和新能源产业发展曲线的政策制定难度高，导致黑龙江省的新能源政策始终难以满足行业的实际发展，从而容易致使政策实施滞后。黑龙江省新能源产业起步时间相对于其他省份来说比较落后，许多现有的新能源政策落后于国家层面的新能源政策。此外，新能源政策的实施缺乏详细的指导，导致黑龙江省新能源产业出现了一些乱象。

二是新能源产业发展政策的监督机制有待提高。目前，黑龙江省已经出台了一系列相关政策支持新能源产业发展。但是，这些政策不够全面，政策内容与政策执行之间存在一定差距，导致政策执行不力。

三是政策执行过程中的评价机制不完善。黑龙江省新能源政策实施后缺少专业、科学的评估机制，因此无法对实际完成效果进行衡量和评估。目前，如何将新能源产业发展成效与地方政府绩效考核有机融合，有待进一步开发和研究，如果无法将两者有机融合，那么就无法将结果与目标进行比较，难以发现差距和不足。

（三）新能源产业人才培养难度大

黑龙江省内高校新能源人才培养的速度远不及新能源产业发展的速度。"新能源科学与工程"专业是近年才设立的本科专业，黑龙江省内只有哈尔滨工业大学和东北农业大学两所学校开设了"新能源科学与工程"专业，同时高校还没有在新能源领域形成系统的"本科—硕士—博士"人才梯队培养模式，毕业生数量少，并且很多新能源专业的学生会选择离开黑龙江。由于新能源人才培养落后，很多新能源行业从业人员是从其他行业转型而来，特别是从火电、煤炭、传统制造业岗位转到新能源行业。新能源行业的科技含量高，技术创新可以带来非常强的竞争力，但对技术创新的投入存在较高风险，从而行业高素质人才的培养驱动也会受限。此外，在基础技术操作岗位方面，人才培养周期比其他行业更长，需要数年的培养周期，人才成长速度滞后。"十四五"期间，黑龙江省的风电、光伏等新能源发电行业对高质量技能人才的需求将更加迫切，新能源人才供应体系亟待完善。

（四）新能源产业发展的整体实力不强

黑龙江省新能源产业发展处于上升周期，但综合实力不强。相比之下，黑龙江省新能源企业发展规模较小，布局分散，由于缺乏龙头企业，上下游配套产业链脆弱，企业间相互配套的合作体系和价值链尚未形成，工业化和规模化发展尚未实现，整体上市场竞争力较弱，难以发挥产业集聚效应。从基础设施上看，黑龙江新能源产业园建设相对滞后，其配套服务设施发展缓慢，在一定程度上制约了新能源企业的发展和外商投资的引入。同时，黑龙江省新能源技术自主研发能力相对较弱，虽然部分能源产业技术处于国内领先水平，但大部分新能源应用和生产技术需从国内外引进。新能源产业发展仍存在一定程度的无序，相关科研成果转化率较低，与国内先进省份相比，新能源利用率也有待提高。而且由于气候寒冷等自然条件的限制，个别新能源行业不适合在黑龙江省发展，如新能源汽车电池续航问题。

整体来说，黑龙江省新能源产业发展不够成熟。碳达峰和碳中和在 2021 年被首次写入政府工作报告。面对 2030 年前实现碳达峰、努力争取在 2060 年前实现碳中和的目标，黑龙江省既要面对国外新能源产业的竞争，又要面对国内其他省份新能源产业的激烈竞争，所以应当结合省内实际情况合理转换发展模式。如何推进绿色低碳转型，走可持续发展之路，如何减少高碳化石能源使用，发展清洁能源和新能源等，是未来黑龙江省必须解决好的重点问题。

三、黑龙江省能源产业发展趋势与机遇

（一）总体发展趋势

能源安全与国家安全紧密相关，在国家发展战略中占有重要地位，能源发展已成为经济发展的支撑，是经济增长的重要推动力。黑龙江省能源资源丰富，工业化起步较早，作为我国重要的能源基地，坚决承担起维护国家能源战略安全的重大使命，为国家能源建设做出了巨大贡献。在国家大力发展新能源的背景下，黑龙江省始终秉持"绿水青山就是金山银山"的理念，严格控制能源消耗总量，积极开展节能减排工作。黑龙江省在能源产业未来的发展趋势上，应坚持发展新能源产业，从国家安全角度看，这既有助于降低对能源进口的依赖程度，又能有效缓解传统能源日益枯竭带来的压力，保障能源供应的持续性。为确保黑龙江省"十四五"规划的顺利实施，黑龙江省不断推出新能源政策，加强技术突破，加大对新能源的开发投入，保证新能源产业持续向好发展。

一是能源消费增长速度下降。能源消费弹性系数是反映能源消费增长速度与国民经济增长速度之间比例关系的指标，体现了经济增长对能源的依赖度。若能源消费弹性系数小于1，则说明经济增长利用能源效率较高，单位 GDP 能耗较上年降低；若能源消费弹性系数大于1，则说明能源利用效率较低。2016~2020 年黑龙江省的能源消费弹性系数如表4-5 所示，这5 年间，能源消费弹性系数处于不断波动中，但一直都小于1，且总体上为下降趋势，2020 年能源消费弹性系数为−0.79，说明黑龙江省不断调整产业结构，逐步淘汰落后产能，关闭高能耗、高排放企业，导致能源生产量和消费量都不断下降，使能源结构趋于优化。在"十四五"期间，黑龙江省将推动碳达峰碳中和行动稳步进行，减轻能源供应保障压力，推进产业向绿色低碳转型，推广节能技术，减少高耗低效设备的应用，提升能源利用率，促进新旧动能转化，以能源产业结构的变化推动黑龙江经济高质量发展。

表 4-5　2016~2020 年黑龙江省能源消费弹性系数

年份	能源消费比上年增长（%）	能源消费弹性系数
2016	−0.30	−0.07
2017	1.70	0.28
2018	1.58	0.34
2019	1.56	0.38
2020	−0.76	−0.79

资料来源：《黑龙江统计年鉴 2021》。

二是新能源发电在电力结构中的占比逐步提升。与传统能源相比，新能源具有可重复可再生、清洁高效的优点，为缓解能源紧张、保护生态环境提供了新的发展路径。节能减排措施的推行，使新能源发电投资不断增加。随着经济的发展，新能源发电在电力结构中的占比不断增加，如图4-3所示，2021年12月，黑龙江省规模以上工业企业的风力发电量为17.1亿千瓦时，较上年同期增长12.3%，约占同期全国规模以上企业风力发电量571.2亿千瓦时的3%。截至2021年底，黑龙江省累计风电发电量161.7亿千瓦时，累计风电装机835万千瓦。因此，新能源发电不仅能够补充传统的火力发电方式，改善电力供应结构，而且能够有效降低对环境的污染，在"十四五"时期，预计可再生能源装机将达到3000万千瓦，占总装机的比重达到50%，黑龙江省将继续推动经济发展方式向集约型转变，大力发展新能源产业。

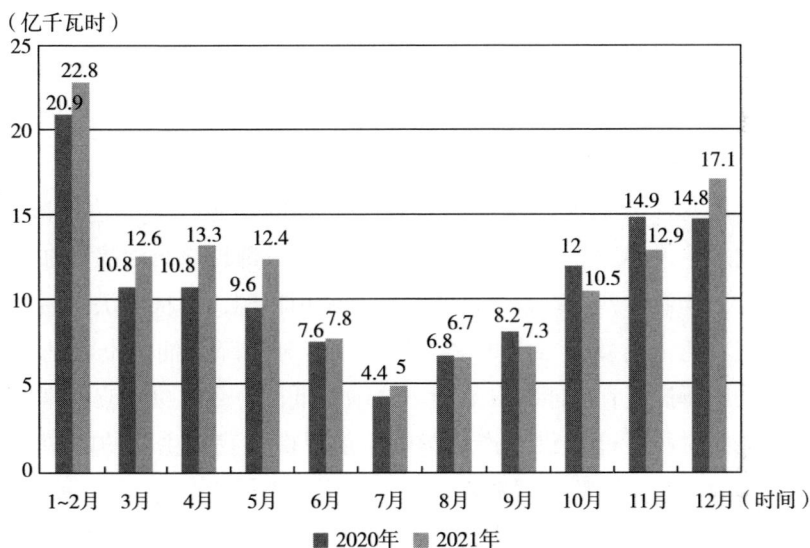

图4-3 黑龙江省风力发电量分月度（当月值）统计图

资料来源：国家统计局。

三是带动新能源汽车产业的发展。新能源汽车的发展是汽车行业发展的共同走向，它以清洁、可再生能源为动力，可以有效减少对环境的污染。我国把新能源汽车产业当作战略性新兴产业，它的推广不仅可以促进节能减排，而且有助于减轻对传统能源的依赖，创造新的经济增长点。截至2020年底，黑龙江省累计推广应用了22330台新能源汽车，建设充电桩6733个；2021年，新能源汽车产量增长了90%。黑龙江省将继续完善新能源汽车产业的政策体系，提高政策的精准支持度，推进重点企业发展新能源全产业链，支持新能源汽车产业发展。目前，黑龙江省推出了《黑龙江省新能源汽车产业发展规划（2022-2025年）》（征求意见稿），预计到2025年，全省新能源汽车产业的整体实力显著增强，推广应用持续深入。

（二）未来发展机遇

在经济发展新常态的背景下，黑龙江省高度重视新能源产业的发展，在优化能源结构、提高能源利用率等方面取得了明显成效。为进一步推动经济可持续发展，实现碳达峰和碳中和的战略目标，黑龙江省应立足国内外能源发展环境，积极抢占发展机遇，推动区域经济与生态环境的协调发展。

从国际层面来看，国际形势处于不断动荡变换中，俄乌冲突的爆发，对国际能源市场产生了强烈冲击。一方面导致国际能源价格发生波动，引起全球能源价格上涨，国际原油和天然气价格大幅升高，这不仅会增加我国油气资源进口成本和产业链下游企业的生产成本，而且有助于我国减少对原油的依赖，大力发展清洁能源。对于黑龙江省来说，随着"双碳"目标的实施，为了达到减少能耗、治理污染的成效，迫切需要调整能源产业结构，而外部地缘政治提升油价，有利于倒逼省内能源产业转型升级，提高清洁能源使用比例，加快淘汰落后产能，推动能源产业朝着清洁高效的方向发展，同时也有利于降低油气资源的对外依存度，依靠科技创新提高省内能源自给能力，增强抵御外部能源供应带来的风险的能力。另一方面对国际能源供求产生影响。俄罗斯是我国主要的能源进口来源国，俄罗斯能源产业受到欧美制裁将会进一步深化中俄能源合作，促进能源贸易的发展，对于黑龙江省来说，有利于与俄罗斯远东地区继续保持良好的能源合作。目前，中俄原油管道通过黑龙江省漠河市进入我国境内，最终到达大庆末站，每年向我国供应1500万吨原油。即使在国际局势不稳定的情况下，也能为黑龙江能源产业提供充足的能源供应，保障国家能源安全。

从国家发展层面来看，多年来，我国十分重视黑龙江省能源产业的发展，不仅多次派遣专业人员到黑龙江进行实地调研，了解能源改革发展情况，而且为黑龙江新能源发展提供更多的政策支持，在新能源产业发展的不同阶段推行不同的税收优惠，既能满足我国经济发展过程中对能源的需求，又有助于推动黑龙江省经济的全面振兴。对于东北地区来说，冬季时间长，在保暖方面要求较高，但是煤炭供给却严重不足，为做好煤炭保供工作，我国加大协调力度，向东北地区倾斜资源，保障能源产业平稳运行，这有利于黑龙江省明确冬季煤炭保供形势，牢牢把握国家释放优质产能政策机遇窗口期，通过加大对其他省份的煤炭采购力度，拓宽煤源渠道，做好煤炭应急储备，有效释放煤炭优质产能，满足生产生活用煤需求。2021 年，在实行农村能源改革方面，黑龙江省积极推进秸秆能源化综合利用项目，抓住乡村振兴机遇，对接国家农村清洁能源项目，合理利用能源资源，破解农村地区的大气污染问题，发展低碳经济。东北老工业基地振兴战略的实施，会为黑龙江发展带来更多新的机遇，黑龙江省应立足本地丰富的能源资源，依靠国家政策的支持和引导，把绿色低碳作为能源发展的重点，培育新的经济增长点，提高能源产业的发展质量。

从省内自身发展情况来看，黑龙江省政府印发了《黑龙江省国民经济和社会发展第十四个五年规划和二〇三五年远景目标纲要》，其中明确提出了要发展新能源等战略性新兴产业。近年来，黑龙江省政府不断完善制度环境，相继出台了一系列政策支持新能源产业的发展，2022 年推出的《黑龙江省"十四五"节能减排综合工作实施方案》，有利于推动黑龙江省对高能耗高污染的企业实行能源改造，减少能源浪费，发展循环经济。2021 年推出的《黑龙江省建立健全绿色低碳循环发展经济体系实施方案》，则有利于黑龙江省加强对能源清洁高效的开发，促进能源绿色发展，发展低碳经济。在产业结构调整方面，对于一些传统的资源型城市来说，单一的产业结构制约了经济发展，因此，需要寻找转型发展的新道路，主动抓住战略机遇，重视对太阳能、风能和生物质能等清洁能源的综合开发利用。2016~2019 年，黑龙江省清洁能源利用率从 82% 逐步提高到 99%，有利于加快推进新能源产业的发展。此外，黑龙江省新能源和可再生能源储备丰富，且具有较大的开发潜力，为新能源产业的发展提供了强大的驱动力，能源企业要结合省情，选择与本省实际发展情况相适应的新能源发展方向。目前，在国家大力提倡发展新能源的背景下，黑龙江省要在新能源和可再生能源的开发方面进行积极探索，重视节能降耗，推动碳达峰和碳中和工作有序进行。2010 年以来黑龙江省新能源政策汇总如表 4-6 所示。

表 4-6　2010 年以来黑龙江省新能源政策汇总

颁布时间	政策法规	主要内容
2010 年	《黑龙江省关于促进战略性新兴产业加快发展的若干政策措施》	加强政府部门工作组织协调和财税政策的引导扶持；扶持战略性新兴产业园区建设；优化新兴产业结构

续表

颁布时间	政策法规	主要内容
2010 年	《黑龙江省人民政府关于进一步加快淘汰落后产能的实施意见》	切实加快转变经济发展方式，促进产业结构调整和优化升级
2011 年	《关于对太阳能光伏发电实行财政补贴的实施意见》	对于省内光伏发电项目施行资金补贴
2015 年	《黑龙江省战略性新兴产业发展"十二五"规划》	提升新兴产业技术积累，优化新兴产业营商环境，提升新兴产业创新能力，加快新兴产业发展速度
2016 年	《黑龙江省水污染防治工作方案》	制定全省绿色防控措施处置、测土配方施肥推广等减轻农业面源污染的时间表，到 2020 年，绿色防控措施处置率达到 25%，全省测土配方施肥推广覆盖率则要达到 90% 以上
2018 年	《黑龙江省煤炭行业淘汰落后产能化解过剩产能专项整治工作方案》	《专项整治方案》包括指导思想、工作目标、加快淘汰落后产能化解过剩产能、有序发展优质产能、相关政策、保障措施六部分内容
2018 年	《黑龙江省人民政府办公厅加强农业面源污染防治的实施意见》	从源头上确保农产品产地环境安全和质量安全、促进农业资源永续利用、改善生态环境、实现农业可持续发展、转变农业发展方式、推进农业现代化建设
2019 年	《2019 年黑龙江省秸秆综合利用工作实施方案》	对于秸秆的回收再利用方案进行了细化规定、市场主体培育和整县推进

四、推动黑龙江省能源产业高质量发展的路径

（一）"乘势而上"：确立能源产业发展的战略引领

2021 年黑龙江省提出"全力实施工业振兴计划，推动工业高质量发展"，而能源产业作为老工业基地的"家底"，需要遵循工业化规律，把握能源工业运行特征，实现新旧动能转换，推进动力机制变革，才能消除短板、开拓前行、重振雄风，走出一条质量更高、竞争力更强、优势更加释放的发展路径。应以维护国家能源安全作为战略引领，主动作为、不懈奋斗、乘势而上，注重能源产业的整体布局和重要节点，总体上谋划能源产业的动态调整、专业化分工和结构优化，

持续扩大能源产能，把新能源产业和能源装备产业作为重要战略产业纳入"百千万"工程，以"坚强智能电网"为引领，巩固传统能源装备，建设国际知名的能源装备产业基地。

（二）"聚力攻坚"：深化能源产业发展的重点改革

黑龙江省要把推动工业振兴、能源产业高质量发展的思维，凝聚到在补市场意识、扬市场功能、扶市场主体、强市场竞争力上，要由过度依赖资源要素，向依靠高价值要素、高技术要素、先进管理要素等全要素的新发展动能转变，用全要素来更新能源产业链招商图谱、补齐补强能源产业发展路径。要明确能源供给侧改革的重点所在，坚持传统优势和后发优势齐头并进，以优化发展时序和空间布局来提升能源供给质量和能力，加强产业间的协同合作，推动产需对接和产用结合，解决能源行业存在的结构性失衡问题，促进多类型能源的相互补充与供需系统的协调发展。要用系统性思维来规划能源生产、运输、消费全行业，推动重点企业深化改革，并着力巩固传统能源装备优势。

（三）"扬长补短"：加强能源产业发展的政策叠加

黑龙江省应突破发展能源产业的思想观念障碍，深入推进体制机制创新，既要做好"真金白银"扩增量的"累加法"，又要做好"化繁去冗"卸包袱的"递减法"，在发展环境建设方面，树立起一批埋头苦干的真把式、雷厉风行的快把式、追求卓越的好把式，以加强能源产业发展的政策叠加引来实力强的"金凤凰"。应建立全省能源产业联席会议，省市联动、明确分工，及时解决重大事项。研究出台相关配套政策措施，落实规划总体目标和任务，做好安全生产工作，贯彻行业安全生产责任制度；建立完善定期跟踪监测、统计分析、绩效评估机制，阶段性开展规划实施的评估工作，及时发现问题、总结经验，确保各项支持政策得到有效实施。围绕行业重大工程、技术改造、国家专项、市场开拓等方面，研究特色支持政策，靠前服务，确保政策"看得见""够得着"。综合运用税收优惠、金融支持、政府采购等多元支持方式，支持能源项目优先选用省内产品。组织开展细分领域专项培训，提高国家政策落实的时效性，指导帮助企业获得更多国家政策支持。

（四）"推陈出新"：加快能源产业发展的创新驱动

黑龙江省应下好能源产业创新的"先手棋"，坚持自主创新与引进吸收相结合的方向，突破制约能源产业发展的共性技术、关键技术和系统集成技术，"揭榜挂帅"加强基础性、原创性、引领性研究，支持科技"一招鲜"的重大专项，打造"定海神针"抢占创新制高点，实现从科技强到企业强、产业强，着力打造内生发展的新引擎，进一步提升黑龙江省能源生产力。鼓励能源产业运用人工智能、5G、工业互联网等新技术，提升绿色化和智能化水平，支持在火电领域原有燃煤发电技术上深耕细作，利用垃圾、秸秆及生物质等原材料推广发电新模式。支持能源企业开展混合所有制改革，催生更具活力的新企业主体。鼓励企业开展劳动、人事、分配三项制度改革，逐步建立市场化用工制度，真正形成管理人员能上能下、员工能进能出的人才流动机制。鼓励能源企业在做强主业的同时，开展多元化经营，引导能源企业利用现有优势延伸到目标行业和产品中，全方位融入市场化竞争。

（五）"借船出海"：加大能源产业发展的开放合作

黑龙江省应对接国家"一带一路"倡议，积极开展国际能源领域合作，持续拓展国际空间。要以"走出去"为导向，把握与"一带一路"沿线国家进行能源合作的机遇，树立国际化思维，鼓励龙头骨干企业收购海外企业、在境外建厂、开展能源工程承包，为能源企业"走出去"提供国别指南、政策法规、市场信息、产能推介、合作商机、融资产品等公共信息服务。要"抱团取暖"地打造黑龙江省能源产业国际品牌，开拓国际电力 EPC 市场。同时，要把握与广东对口合作的机遇，组织能源生产企业开展有效对接，以"借船出海"提升能源产业合作的广度。

（六）"换道超车"：推动新能源产业的高质量发展

黑龙江省作为老工业基地，传统能源工业占比大、结构单一，而新能源产业的发展，将会"轻质化"传统重工业模式，从而促进产业结构优化升级。黑龙江省的水能、风能、光能储量相对丰富，应加大对清洁能源的利用，降低对化石能源的利用，推动新能源产业的高质量发展。黑龙江省应坚持巩固传统产业与培育新兴产业相结合的原则，积极发展新能源产业。要在新能源产业发展上摒弃计划经济思维，扭转小生产、官本位的思维方式，不断增强市场意识、服务意识，提升闯劲、冲劲、拼劲，敢于对标高标准，拿出触及更高目标的理念和担当，在新能源产业发展上定目标、做规划、出政策，筑牢新能源产业发展的"四梁八柱"。黑龙江省应用新发展理念引领新能源产业集聚发展,破解新能源产业总量小、发展速度慢、发展质量不高、内生动力不足等矛盾和问题,要跳出传统思维定式,跳出条条框框限制,跳出原有的"一亩三分地",推进新能源产业园区集聚发展,接续推进一批新能源产业的大项目、好项目、新项目,确保"强基固本",形成更多新能源产业的优质增量。

第五章　黑龙江省汽车产业发展研究

　　黑龙江省汽车产业具备一定的基础，经历过高峰和波谷期，已成为黑龙江省装备制造业的重要组成部分。在整车生产方面，黑龙江历经了"十一五"哈飞汽车整车销售超28万辆的"波峰期"，"十二五"哈飞汽车停产重组的"波谷期"，以及"十三五"大庆沃尔沃汽车制造有限公司和长安福特哈尔滨分公司投产的"爬坡期"三个发展阶段，目前主要进行外部汽车品牌的生产制造，自主研发能力较弱。在零部件配套方面，黑龙江省汽车配套企业发展起步较早，巅峰时期仅为哈飞汽车配套的企业就超过了百家，虽然受前期黑龙江汽车产业发展大幅下降影响，汽车配套企业的数量、规模均有所下滑，但在发动机变速器等方面仍然具有比较强的竞争力。在新能源汽车方面，黑龙江省依靠客车生产和吉利新能源汽车车型的生产取得了良好的发展势头，并结合地理位置优势发展适用于低温的新能源汽车电池。此外，凭借独特的地理位置、良好的自然资源、优质的营商环境和完善的城市功能，经过多年的悉心培育，黑龙江省黑河市成为全国寒区汽车试验首选地。总体而言，相较于其他汽车大省，黑龙江省汽车产业存在产业规模小、汽车生产研发自主性不足、技术创新水平亟待提高、新能源汽车产业链薄弱等问题。然而，汽车行业从制造迈向"智造"，从汽油和柴油等石油能源转向清洁能源为黑龙江省汽车行业发展带来了新的技术机遇。黑龙江省汽车行业可以加快新能源汽车技术研发与应用；重点壮大龙头整车企业，提升规模化生产水平；同时培育"专精特新"配套企业，完善产业链；在市场方面深度融入国家"一带一路"建设，开拓国际市场。

一、黑龙江省汽车产业发展现状

黑龙江省汽车产业发展有一定的基础。20 世纪 80 年代，一批国有军工企业转型升级，以哈尔滨哈飞汽车工业集团有限公司（哈飞汽车）、一汽哈尔滨轻型汽车有限公司（一汽哈轻）、哈尔滨东安汽车动力股份有限公司（东安动力）等为代表的整车整机企业随之诞生。经过几十年的发展，如图 5-1 所示，黑龙江省汽车产业历经了"十一五"哈飞汽车整车超 28 万辆的"波峰期"，"十二五"哈飞汽车停产重组的"波谷期"，以及"十三五"大庆沃尔沃汽车制造有限公司和长安福特汽车有限公司哈尔滨分公司投产的"爬坡期"三个发展阶段，汽车产业已成为黑龙江省装备制造业的重要组成部分。

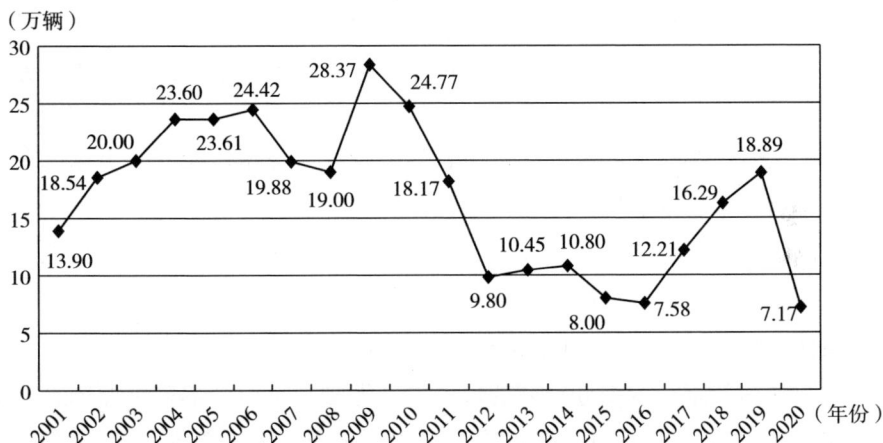

图 5-1　2001~2020 年黑龙江省汽车产量

资料来源：根据历年《黑龙江统计年鉴》整理。

在生产企业方面，截至 2020 年末，黑龙江省共有汽车生产企业 24 家，其中乘用车生产企业 3 家，客车生产企业 3 家，其他类别生产企业 18 家，如图 5-2 所示。

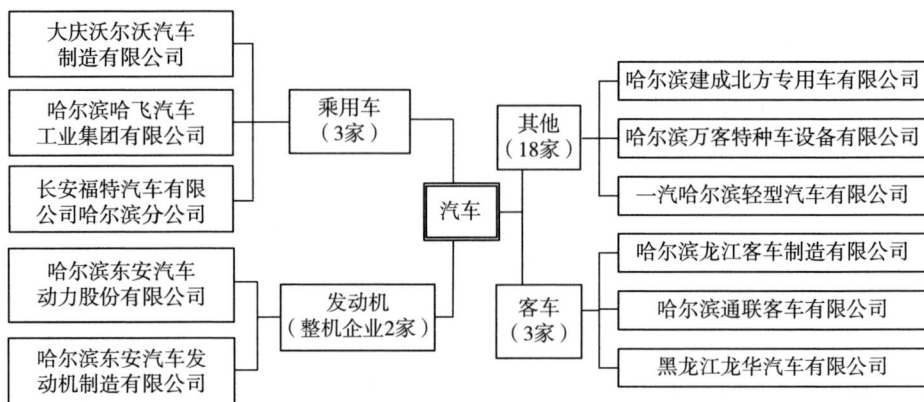

图 5-2 黑龙江汽车产业布局

（一）引进知名汽车整车生产企业

黑龙江省通过引进战略投资者、盘活存量资源、引进国际知名企业等有效手段，建立了较为齐全的汽车整车生产类别。根据国家工信部对汽车产业类别的划分标准，除摩托车类别以外，目前黑龙江汽车生产企业的产品涵盖汽车产品 6 个类别中的 5 类，分别是乘用车、客车、专用车、货车和挂车。较为齐全的产品类别既为黑龙江省汽车产业的发展奠定了良好的基础，也为黑龙江省引进战略投资者发展汽车产业提供了较好资源。

黑龙江省的汽车生产企业主要聚集在哈尔滨和大庆两个城市。作为老工业基地，哈尔滨市汽车产业在全国汽车产业快速发展的大环境下遭遇挫折，未能乘势进一步发展。哈飞汽车和一汽哈尔滨轻型车曾在"十二五"初期达到发展的高峰，并成为国内汽车行业细分领域的佼佼者。但是由于内外部多种原因，两家整车企业在"十二五"末期均已陷入停产局面。但是，哈尔滨在汽车的招商引资方面取得了不错的进展，通过引入上海联孚新能源科技有限公司成立了黑龙江龙华汽车有限公司，成功激活哈尔滨闲置的客车生产资质，为"十三五"期间开展新能源商用车的研发、制造和推广应用打下了坚实基础。2017 年哈尔滨成功引进了长安福特汽车有限公司乘用车第五工厂，项目规划总投资 65.97 亿元，一期规划整车产能 20 万辆，成为福特福克斯全新两厢车型的生产基地。哈尔滨长安福特汽车项目吸引了 11 家汽车零部件供应商到哈尔滨投资设厂，同时吸收了 8 家本地汽车零部件生产企业成为其供应商，带动了一批本地供应商提升能力，对拉动哈尔滨汽车产业转型升级具有重要意义。

　　和哈尔滨是汽车产业的老生产基地不一样，建立汽车产业对于大庆来说是一个从无到有的过程。在引进沃尔沃之前，大庆的汽车产业是一片空白，缺乏资金、技术和人才。2009 年，吉利集团收购了世界著名的豪华汽车品牌沃尔沃，并在全国寻找落地的城市和投资合作伙伴。大庆市政府经过多轮的论证和磋商，最终决定投入 30 亿元来引进沃尔沃汽车生产线。目前大庆沃尔沃主要生产 S60 和 S90 两大系列产品，自 2014 年投产以来，累计生产整车 16 万辆，实现产值 360 亿元，其中出口 4.7 万辆，出口金额达 100 多亿元，累计实现全口径税收 51 亿元。除了引进沃尔沃汽车外，大庆市政府还着力打造汽车产业体系，构建了汽车产业的全产业链体系。经过多年的发展，大庆现有整车及零部件制造企业 9 家，其中乘用车企业 1 家、专用车企业 4 家、一级零部件企业 4 家，形成了年产乘用车 15 万辆、专用车 2000 辆的生产能力，同时通过专业园区的建设，集聚了一批物流和工业服务企业，汽车产业企业总数达 130 多家，涵盖汽车整车及配套零部件制造、汽车销售和售后市场服务等汽车产业链的各个环节①。

（二）零部件配套基础较好

　　黑龙江省汽车配套企业发展起步较早，巅峰时期仅为哈飞汽车配套的企业就超过了百家，虽然受前期黑龙江汽车产业发展速度大幅下降的影响，汽车配套企业的数量、规模均有所下滑，但部分零部件配套企业仍然奋力开发市场，保持着一定的生命力。

　　在汽车发动机变速器方面，黑龙江省拥有哈尔滨东安汽车动力股份有限公司（东安动力）、哈尔滨东安汽车发动机制造有限公司（东安汽发）两家国内外知名的汽车发动机及变速器生产企业。六挡自动变速器的市场基本被德国和日本的外资企业长期占据，国产自主品牌很少。东安汽发综合投入近 18 亿元，攻克了自动变速器的核心技术，在原有四挡自动变速器的基础上，成功研制了六挡自动变速器，填补了国内六挡自动变速器的空白，许多技术指标达到了国际领先水平。目前，其八挡自动变速器也已经研制成功。东安动力首批符合国六 B 排放标准认证的 DAM15K 系列发动机已配发长安星卡、长安神骐、福田时代等车型，抢占了市场先机。2021 年，东安动力销售整机 67.14 万台，同比增长 21%。其

---

　　①　葛兴婵．大庆市汽车产业发展战略研究［D］．大庆：东北石油大学硕士学位论文，2014.

中发动机 61.65 万台，市场占有率为 3.23%，独立汽油发动机占比为 44.88%，市场占有率在国内独立汽油发动机企业、新能源汽车增程动力领域、商用车汽油机市场和自主 AT 变速器出口市场均排名第一①。

大庆沃尔沃乘用车和长安福特哈尔滨生产基地两个重点项目的投产，提供了大量零配件的配套需求，为黑龙江吸引集聚了黑龙江天有为电子有限责任公司、哈尔滨艾瑞排放控制技术股份有限公司、大庆安道拓汽车部件系统有限公司等一批汽车零部件供应商。大庆的汽车产业原来是一片"荒地"，大庆沃尔沃的建设经历了从无到有的过程。为了保障沃尔沃整车的生产，大庆配套建设了高端装备制造园、汽车零部件产业园等一批工业园区，吸引了安翔汽车零部件有限公司、延锋彼欧汽车外饰系统有限公司和延峰安道拓座椅有限公司等一级零部件配套企业的入驻，还集聚了安吉物流、福伊特、华轮威尔森等汽车物流和工业服务企业，有效降低了沃尔沃汽车的生产成本，同时带动了整个产业链的发展。大庆全市现有材料、电子电器、机械加工、成套设备等规模以上装备制造企业 150 余家，可为汽车产业提供配套支持。

此外，牡丹江富通汽车空调有限公司生产的汽车空调，成为一汽、东风、上汽、吉利、福特等 20 多个车企的空调供应商，并出口日本、韩国、北美、东欧和中东等国家和地区。

（三）新能源汽车产业顺利起步

近年来，黑龙江省新能源汽车产业得到了快速发展，新能源汽车配套企业数量、产品数量和产能也在快速发展。

一是产业政策促进了新能源汽车产业的发展。2012 年国务院发布《节能与新能源汽车产业发展规划（2012—2020 年）》以来，我国坚持纯电驱动战略，新能源汽车产业发展取得了巨大成就，成为世界汽车产业发展转型的重要力量之一。黑龙江省作为老工业基地，也出台了一系列节能与新能源汽车扶持政策与措施，包括《黑龙江省人民政府关于推动新能源汽车产业创新发展的意见》《关于加快电动汽车充电基础设施建设的意见》《黑龙江省电动汽车充电基础设施建设运营管理暂行办法》《关于促进哈尔滨市新能源汽车推广应用和产业发展的若干

---

① 东安动力 2021 年净利润增长 105%　新品开发新市场开拓能力提升，https://www.163.com/dy/article/H2 G63GHD0552C2FY.html。

政策规定》《哈尔滨市新能源汽车推广应用和产业发展支持政策实施方案》，这些政策通过对购买者提供购买补贴，以及对生产销售企业提供奖励和费用补助的方式来推广新能源汽车的应用，推动新能源汽车产业发展。

二是新能源汽车产业发展势头良好。在整车企业方面，黑龙江省有哈尔滨通联客车有限公司、黑龙江龙华汽车有限公司、哈尔滨龙江客车制造有限公司3户新能源汽车生产企业，设计产能可达年产1.8万辆新能源汽车。黑龙江龙华新能源汽车产业园总投资约15亿元人民币，总占地面积66.8万平方米，是黑龙江省最大规模的新能源汽车产业园。哈尔滨龙江客车通过了新能源客车生产资质审查，获取了首个纯电动客车车型公告、推荐目录、免征目录，拥有了大量的意向订单。此外，大庆沃尔沃汽车制造有限公司S90系列混合动力乘用车发展态势良好，2018年6月获得国家工信部新能源汽车整车生产企业公告，在产的新能源车型为S90L、S90、S60系列，公告产能为年产1.5万辆，2019年企业共销售新能源汽车3445台。长安福特哈尔滨基地、大庆沃尔沃公司都在加快推进新能源汽车项目进程。

三是新能源汽车配套企业快速发展。以哈尔滨光宇集团和中科众瑞（哈尔滨）清洁能源股份有限公司为核心的新能源汽车电池产业规模不断壮大，光宇集团新能源汽车电池扩能项目、万鑫石墨谷石墨烯导电浆料扩能项目等都在有序推进。哈尔滨光宇电源股份有限公司已具备年产5.5亿Ah锂电池的能力，已成为北汽新能源、广汽乘用车等企业的配套商，具有沈阳、呼和浩特等低温地区的使用经验。中科众瑞（哈尔滨）清洁能源股份有限公司与中国科学院在哈尔滨共同成立的股份制公司，专业生产镍氢合金高储能宽温区的新能源动力电池，适用于高寒或高温地区。

（四）具有特色的汽车寒区试验基地

凭借独特的地理位置、良好的自然资源、优质的营商环境和完善的城市功能，经过多年的悉心培育，黑龙江省黑河市于2018年被中国汽车工业协会授予中国首个"汽车寒区试验基地"称号，已成为全国寒区汽车试验首选地。

黑河寒地试车起步比较早。早在1989年一汽集团率先在黑河开启了寒区汽车测试；2006年黑河市成立嫩江红河谷汽车测试中心有限公司，是第一家对外开放式寒区汽车试验场；2010年黑河市引进了瑞典SIS公司，它是世界知名汽车低温试验公司；2019年国家机动车产品质量监督检验中心（上海）寒区专属试验基地在黑河落户。经过 30 多年的努力，黑河市已建有 8 家寒区试验企业、16处试验基地、24 家专属试验场。每年试车季，试车企业都要雇佣近千名当地汽车驾驶员做测试服务，并雇用大量周边农民进行场地维护。试车季一般从当年11 月开始至次年 3 月结束，时间长达 5 个月。试车人员的衣食住行和后勤保障，每年给黑河带来各类直接消费至少数亿元，同时也吸引了大量的客户来到黑河，大大带动了黑河市域服务业的发展。

经过多年发展，黑河寒区试车试验种类和试验范围不断扩大，试验单位、试验车辆、试验人员逐年增加。在试验范围方面，从最开始的卡车逐步发展到之后的乘用车，试验的种类从整车试验逐步覆盖了汽车整车、摩托车、零部件、轮胎、油品、轮胎粘结剂等，国内知名研究机构如清华大学等也纷纷入驻黑河。在试车企业方面，24 家车企在黑河建立了自己的专属试验基地。2018~2019 年黑河有试车企业 146 家、试车车辆 3733 台，包括雪铁龙、沃尔沃、奔驰、大众、奥迪、通用、现代等国际著名品牌，零部件、轮胎等测试范围呈国际化，测试人员超过万人，占寒区试车车数和人数的 85% 左右，形成了试车产业聚集区，在业内有较高的知名度[①]。此外，黑河市政府正在开展低温碰撞实验室、低温环境仓等特色测试环境，以及 5G 智能网联试验场和独立试车小区等综合测试的汽车小镇建设。为了引领寒区试车技术发展方向，抢占新能源汽车寒区试验领先地位，目前黑河正加快推进寒区汽车试验基地建设，全力打造寒区汽车试验国际化平台。

二、黑龙江省汽车产业存在的问题

虽然黑龙江省汽车产业呈现向好的发展态势，但与外省相比，还存在诸多问题，主要包括以下几个方面：

（一）产业规模较小

制约黑龙江省汽车产业发展的一个重要因素是乘用车整车产量偏低。产业规

---

① 黑河市持续发力做大做强寒区试车产业，https：//m.gmw.cn/baijia/2020-12/05/1301905556.html。

· 102 ·

模是产业综合能力的一种体现，产业能否形成规模经济，对产业内企业的成本至关重要，同时也决定了产业的带动能力。经过几十年的发展，黑龙江省汽车产业历经"十一五"时期哈飞汽车整车产量超 28 万辆的"波峰期"，"十二五"时期哈飞汽车停产重组的"波谷期"，以及"十三五"时期大庆沃尔沃汽车制造有限公司和长安福特哈尔滨分公司投产的"爬坡期"三个发展阶段。目前，与外省相比，黑龙江省汽车整车生产企业产量较少。国家统计局的数据显示，如表 5-1 所示，黑龙江省 2016 年汽车产量为 7.58 万辆、2017 年汽车产量为 12.21 万辆、2018 年汽车产量为 16.29 万辆、2019 年汽车产量为 18.89 万辆、2020 年汽车产量为 7.17 万辆，虽然每年均在增长（2020 年除外），然而从全国排名来看一直处于二十多位。排在其后的基本都是没有汽车生产能力的省份。

表 5-1　2016~2020 年全国 29 个省份汽车产量数据　　　单位：万辆

序号	地区	2020 年	2019 年	2018 年	2017 年	2016 年
1	广东省	313.29	311.97	321.58	318.21	280.06
2	吉林省	265.64	289.12	276.85	276.88	253.99
3	上海市	264.68	274.9	297.76	291.32	260.77
4	湖北省	209.34	223.96	241.87	266.61	243.46
5	广西壮族自治区	174.49	183.03	215.05	245.18	245.3
6	北京市	166.01	164.02	165.26	197.04	237.95
7	重庆市	158	137.46	172.64	251.59	266.34
8	安徽省	116.07	77.62	82.43	115.83	139.12
9	山东省	115.82	77.7	87.94	91.56	86.89
10	河北省	97.53	105.08	121.06	100.86	128.64
11	天津市	94.57	104.15	86.26	83.33	52.91
12	浙江省	90.43	99.19	119.22	74	58.06
13	江苏省	75.21	83.82	121.89	119.85	138.63
14	辽宁省	74.82	79.16	94.87	94.82	107.88
15	四川省	71.34	64.23	74.71	83.24	53.03
16	陕西省	62.83	54.7	62.13	61.63	42.04
17	河南省	54.54	61.86	58.91	46.51	58.47
18	江西省	45.2	53.56	54.98	56.55	53.58
19	湖南省	39.13	57.91	52.9	51.86	47.74

序号	地区	2020 年	2019 年	2018 年	2017 年	2016 年
20	福建省	18.04	16.16	23.95	27.9	21.79
21	贵州省	7.52	5.69	0.45	0.27	1.64
22	黑龙江省	7.17	18.89	16.29	12.21	7.58
23	山西省	4.89	6.58	10.77	9.34	0.66
24	内蒙古自治区	2.9	2.9	0.54	3.06	2.14
25	云南省	2	11.37	15.88	14.29	13.31
26	新疆维吾尔自治区	0.87	2.53	2.48	2.05	2.06
27	海南省	0.13	0.04	2.11	3.96	6.72
28	甘肃省	0.04	0.07	1.12	1.86	1.15
29	宁夏回族自治区	0.01			0	

注：不含青海省、西藏自治区、香港特别行政区、澳门特别行政区、台湾省数据。

资料来源：国家统计局。

我国汽车行业的快速发展态势使汽车产业项目成为各地竞相追逐的重点。很多地方政府将汽车产业作为经济增长新的突破口，不惜一切代价争取汽车和新能源汽车项目，特别是合资企业的整车项目。目前，除吉林长春、长三角、珠三角、京津、武汉、重庆等传统汽车产业重要基地外，沈阳、大连、成都、长沙、西安、保定、郑州等地也相继成长为重要的汽车产业集群，在这些产业集群之外的区域争取优秀汽车项目的难度明显增加。

（二）整车企业自主性不足

整车企业对汽车生产链起到带动作用，在汽车产业链中处于核心位置。哈飞汽车原本是黑龙江自有的整车生产品牌。哈飞汽车纳入长安汽车体系后，发展规划主导权旁落，导致哈尔滨整车制造业错过了国内自主品牌乘用车快速发展和新能源乘用车爆发式增长的良好机遇。整车企业主导权的旁落还导致本地零部件配套体系丧失了发展带动力量，甚至趋于解体。

此外，大庆沃尔沃汽车制造有限公司作为黑龙江最大的整车生产企业，主要生产高端豪华汽车，对汽车零部件的要求比较高。然而，本地零部件企业生产规模偏小，产品技术含量偏低，核心技术和关键技术指标不高，难以进入沃尔沃生产体系。

总体而言，黑龙江由于缺少具有自主研发能力的整车生产企业和品牌，对零部件生产等配套产业的带动作用有限。

（三）技术创新水平亟待提高

技术创新依赖人才，而黑龙江省近年来人才流失现象严重。第七次全国人口普查统计数据显示，2010~2020 年，黑龙江省人口总数减少超 646 万，其中 20~49 岁的劳动力核心人群占了近八成。在技术人才方面，2015~2017 年，省属国有企事业单位专业技术人才流出 2611 人，其中高级职称人员占 65.5%，高层次人才流失占比较大；技能型人才流出 6.75 万人。2017 年大专以上毕业生留省就业率仅为 67.1%。近五年来，黑龙江省具有高级职称的人才流入与流出的比例达到了 1∶4.6。2007 年至今，黑龙江省会哈尔滨有超过 1/4 的企业人员短缺①。

黑龙江省现有汽车企业多为制造基地，本地技术创新不足。大庆沃尔沃是黑龙江省规模最大的汽车企业，但是其主要是生产制造基地，沃尔沃的研发基地主要在上海，并不在黑龙江。哈尔滨市汽车产业发展长期依赖于哈飞汽车的带动作用，忽视了市场的多元化发展，在哈飞汽车被长安福特并购后即陷入被动，汽车产业发展受到严重制约，其技术研发也基本停止。黑龙江高校和科研院所较多，但是由于缺少本地汽车企业需求的支撑，黑龙江高校参与本地企业技术创新也较少。例如，哈尔滨工业大学与中国第一汽车集团公司联合成立汽车工程学院，但是办学地却在山东威海。哈尔滨工业大学汽车电子工程中心主要通过和一汽大众、一汽技术中心等企业合作，形成从电动汽车整车控制、电池管理、电子制动到全液晶仪表的完善的电动汽车技术产业链，具备快速、高效的汽车电控产品开发能力，能够满足不同主机厂和车型的开发需求，建立了完善的电动汽车技术应用体系，支撑不同车型电动汽车电控系统的自主开发。

（四）新能源汽车产业链薄弱

首先，黑龙江省的新能源汽车技术尚处于起步阶段，全省规模以上汽车生产企业产值和营收规模较小，目前新能源汽车基地只有齐齐哈尔的新能源汽车产业园，主要生产新能源光电混合动力公交车，与吉林市、北京、上海等城市的新能源汽车产业规模差距较大。

---

① 黑龙江人口外流有多严重?，https：//m. thepaper. cn/baijiahao_16426308。

其次，黑龙江省的新能源汽车产业链不完整。由于黑龙江省的整车生产企业自主性不足，整车对配套零部件生产的带动作用有限，黑龙江省新能源汽车的技术生态规模还较小，在动力电池、驱动电机、电控系统、氢燃料电池等关键核心环节尚未形成布局，产业链条建设不完整。

最后，黑龙江省新能源汽车产业的发展特色尚未形成。黑龙江省位于我国最北方，具有我国寒区汽车试验基地，同时黑龙江省是石墨大省，晶质石墨矿石储量居全国之首。目前，黑龙江省在开展极寒环境整车低能耗自保温技术研究，推动石墨烯导电剂在高能量密度动力锂电池中的应用研究，但尚未形成特色的应用。

三、汽车产业发展趋势与黑龙江省发展机遇

（一）智能制造促进汽车制造业转型升级

近年来，在工业 4.0 的时代背景下，智能制造成为汽车行业关注的热点。智能制造是以新一代信息通信技术为基础，与大数据、人工智能、5G、自动化等先进制造技术深度融合之后，具有自我感知、自我学习、自我决策、自我执行、自我适应等智慧功能的新型生产方式。简而言之，智能制造是通过机器代替人工进行生产制造，并进一步代替人工进行决策，工人越来越少，取而代之的是一只只效率和精准度更高的智能化机械手。汽车行业不仅是劳动密集型产业，也是技术密集型产业，在生产制造过程中，对准确性和质量的要求都很高。随着消费升级，消费者对汽车的需求呈现高质量、个性化和多样化的特点。为了更好地满足消费者的需求，以及大批量生产的质量和成本要求，汽车企业越来越重视智能制造在汽车生产中的作用，希望通过智能制造促进汽车行业的发展。

汽车行业从制造迈向"智造"给黑龙江的汽车行业发展带来了新的技术机遇。与国内主要的汽车生产地区相比，黑龙江省更加缺乏专业人才，相反其工业基础比较好，尤其是重工业。智能制造通过机器代替人工，让黑龙江省可以发挥其优势，避免其劣势。另外，国家对振兴东北老工业基地一直非常重视。2016年，国家印发了《中共中央　国务院关于全面振兴东北地区等老工业基地的若干

意见》，明确了新时期推动东北振兴的新目标、新要求、新任务、新举措；2021年，国务院批复了《东北全面振兴"十四五"实施方案》，指出在新的发展阶段构建新的发展格局，以推动高质量发展为主题，深化供给侧结构性改革，以改革创新为根本动力，统筹发展，破解体制机制障碍，推动产业结构优化，走一条高质量发展的新道路，从而实现东北全面振兴。这些政策文件，充分体现了国家对东北振兴的高度重视，彰显了东北振兴在全国经济社会发展全局中的重要地位。

黑龙江应抓住国家振兴东北的政策机遇，以及汽车制造智能化发展的技术和市场发展机遇，给予相应的政策支持和保障，快速推进汽车行业的智能化制造转型，尤其是争取龙头的企业的生产制造转型，而不只是承载其他区域转型过程中转移过来的传统生产方式。

（二）新能源汽车成为汽车产业突破方向

随着经济的发展，全球能源、环境问题日益凸显，雾霾天气、水污染、能源危机等环境问题日趋严峻，发展新能源汽车逐渐成为世界主要汽车生产国家提高汽车产业可持续竞争力的战略发展方向。对我国而言，发展新能源汽车是我国从汽车大国迈向汽车强国的必由之路，是应对气候变化、推动绿色发展的战略举措。国务院办公厅先后发布了《节能与新能源汽车产业发展规划（2012—2020年）》和《新能源汽车产业发展规划（2021—2035年）》，提出我国新能源汽车核心技术达到国际先进水平，质量品牌具备较强国际竞争力，纯电动汽车成为新销售车辆的主流，公共领域用车全面电动化等发展愿景。另外，国家也对新能源汽车出台了一系列扶持政策，包括《关于免征新能源汽车车辆购置税的公告》《关于2016-2020年新能源汽车推广应用财政支持政策的通知》等，通过中央财政对购买新能源汽车给予补助，对新能源汽车健康发展、保护环境、节约能源、实现可持续发展起到了重要作用。

在政府坚定、持续的政策支持下，随着供应产品、配套设施的日益完善，我国新能源汽车市场呈现快速增长趋势。2014年，我国新能源汽车整车年销售量为74763辆，为该年美国新能源汽车整车年销售量的62.99%。2015年，我国新能源汽车整车年销售量增长至331092辆（见图5-3），年增速达到了342.86%，为美国同年新能源汽车整车年销售量的287.25%，我国成为全球第一大新能源汽车销售国。2015年以来我国新能源汽车的产销量、保有量连续五年居世界首位。

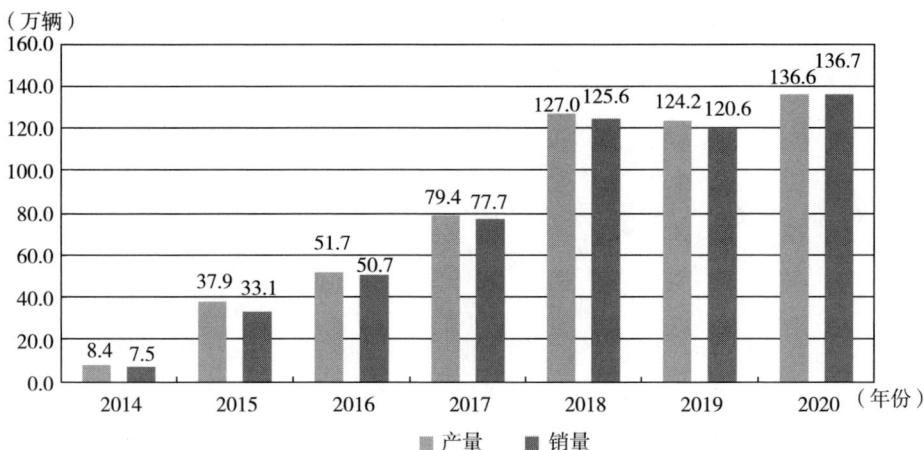

图 5-3 我国汽车新能源汽车产量和销量

资料来源：根据历年《中国汽车工业年鉴》、历年《中国汽车市场年鉴》整理。

经过多年持续努力，我国新能源汽车产业技术水平显著提升、产业体系日趋完善、企业竞争力大幅增强，产业进入叠加交汇、融合发展新阶段。按照《新能源汽车产业发展规划（2021—2035 年）》，随着我国汽车行业"新四化"趋势进一步加强，新能源汽车有望在 2025 年实现销量占比 20%的目标，到 2035 年，使我国新能源汽车核心技术达到国际领先水平，质量品牌具备较强国际竞争力，我国进入世界汽车强国行列。

目前，虽然我国新能源汽车发展迅速，但相比整个汽车市场，仍然处于起步阶段，还有很大的发展空间。黑龙江省新能源汽车产业已经开始起步，具备了一定的发展基础，同时出台了一系列支持政策，但是缺少龙头企业。整车的龙头企业对汽车产业链的带动作用明显，黑龙江省应吸取之前哈飞汽车发展的经验教训，要在引进外部知名品牌的同时，发展自主品牌，建立完整的新能源汽车产业链。从技术角度而言，新能源汽车的电池在低温状态下能耗转换效率低，技术仍有待进一步突破，黑龙江省具有天然的电池低温试验场，其黑河试验基地是我国首个汽车寒区试验基地，已成为全国寒区汽车试验首选地。黑龙江省应发挥地理位置优势，建立电池研发基地，同时吸引国内新能源汽车生产企业在黑龙江设置研发和试验基地，攻克电池技术。另外，国产新能源汽车很少打开国外市场，欧洲国家对能源问题非常关注，新能源汽车也是欧洲国家发展的重要战略，黑龙江省凭借其地域优势可以成为一个良好的新能源汽车市场试验场。目前，黑龙江省的新能源汽车销售情况并不理想，应积极通过相关政策引导新能源汽车市场的发展，从而为国内新能源汽车生产企业打开欧洲市场提供良好的基础。

（三）汽车市场存量化催生汽车后市场

得益于过去20年的经济高速发展和人口红利，我国汽车销量增势强劲，汽车保有量稳步增加。2020年我国汽车保有量达2.81亿辆，较2019年增加了0.21亿辆，同比增长8.1%。我国汽车保有量中50%以上为4~10年的汽车，35%以上为1~3年的汽车，15%为10年以上汽车；4~10年为汽车后市场业务最大的来源。新车产销量的稳定和庞大的汽车保有量，以及汽车平均年龄的增加，将给我国汽车后市场的产品和服务带来万亿元市场的机会，2020年中国汽车后市场行业规模达14665.3亿元，较2019年增加了1333.2亿元，同比增长10.0%，未来将继续保持增长。根据"汽车白皮书"估计，中国汽车保有量有望在2025年超过美国，成为全球保有量最大的市场。统计数据显示，全国民用汽车保有量在2010~2020年一直保持增长的状态，但增速呈下降趋势（见图5-4），这也意味着我国汽车保有量从增量转向存量，汽车行业对后市场的需求逐渐增大，给汽车后市场带来了很大的机会。

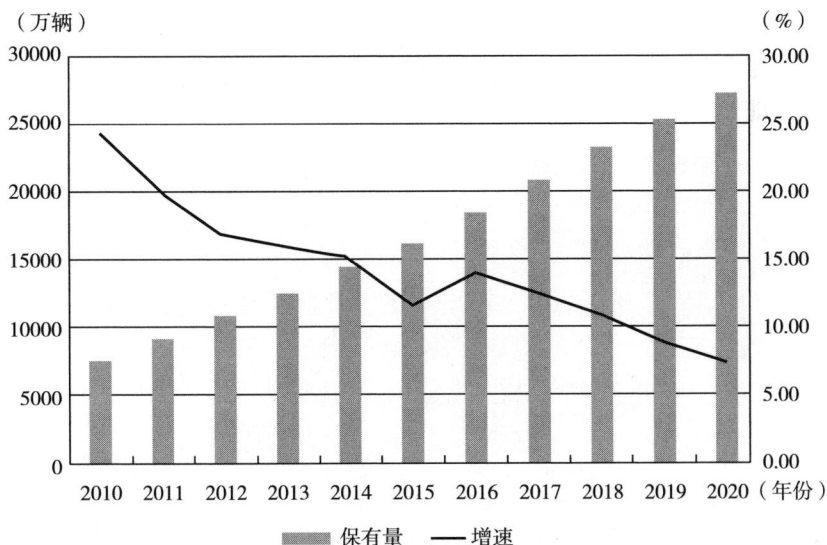

图5-4　我国民用汽车拥有量

资料来源：国家统计局。

汽车后市场是汽车产业链的重要组成部分，可以创造丰厚的利润，通常认为汽车后市场是指汽车销售后为车主提供的各种服务构成的市场，包括汽车销售领域的汽车租赁、金融服务、保险、装潢；日常运行中传统发动机汽车的油品、燃料供应；电动汽车的充电、电池更换，汽车的维护、维修与保养、汽车检测、汽车认证；汽车改装、美容、车友俱乐部、汽车导航、停车场服务、事故救援系统、交通信息服务、二手车；汽车驾驶员培训、整车与零部件物流等。作为整车下游产业的汽车后市场，其发展会随着整车市场的变化而变化。

相关资料表明，购买汽车后产生的各项费用大约是汽车购置费的 2 倍多。其中，中低级轿车全寿命使用费用中燃油费占 32.80%，保养费占 8.80%，维修费占 11.43%，保险费占 9.63%，配件占 6.72%（见图 5-5）。中大型汽车车主在汽车使用费用方面的支出是微型轿车的 1 倍以上，其中，燃油费占 44.45%，保险费占 13.62%，保养费占 10.72%，维修费占 13.82%，配件占 7.35%（见图 5-6）。

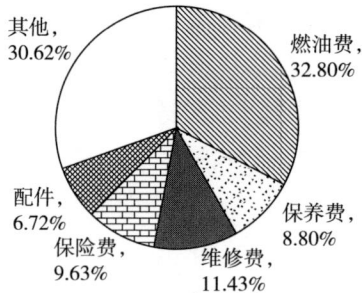

图 5-5　中低级轿车全寿命内各项支出占车总支出的比例

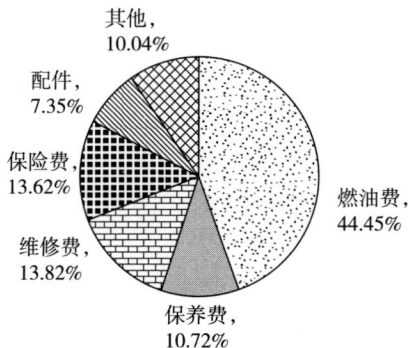

图 5-6　中大型轿车全寿命内各项支出占车总支出的比例

当前黑龙江省的汽车后市场正处于发展的初级阶段，虽然规模大，但市场竞争力弱。例如，大庆汽车后市场共有服务门店 2600 多家，年营业额超过 500 万元的店面不足 5%，集中在汽车 4S 店、汽修、汽配、汽车美容精品店等。绝大多数汽配修门店属于规模小、营业额小的夫妻店或街边店，而且这些店散乱分布在大庆东西两个主城区、三个主要聚集区，以及居民楼的临街商铺，是典型的分布散、管理乱的小作坊。整体呈现规模小、分布散、管理乱的特点，上升空间很大。

黑龙江省汽车后市场发展还存在汽车销售体系尚不完善、缺少成本优势、服务水平和服务理念不高等问题。汽车后市场是汽车产业链中的高附加值产业，大力发展汽车后市场有望成为黑龙江省重要的经济增长极之一，对促进黑龙江省经济水平的提高具有重要的意义。

（四）消费需求升级拉动汽车产业升级

随着国民经济总量的持续增长以及全面建成小康社会的落实，居民收入持续增加将会推动消费结构升级，在此过程中，汽车消费的带动作用依然存在，家庭以便捷出行、自驾旅游为目的的购车，都会带动汽车行业的发展。

一是汽车车型呈现多样化、定制化趋势。一方面，随着人们消费水平的不断提高，标准和统一的产品和服务越来越不能满足消费者的消费需求，人们对产品的需求越来越多样化。体现在汽车行业上，就是人们对汽车的需求越来越多样化，包括外形、尺寸、颜色、品牌和服务等。另一方面，"90 后"慢慢成为汽车消费的新势力。他们更加追求个性，对汽车的选择也更加多样化。多样化的需求给一些汽车行业的后来者提供了更多的机会，一些新的品牌通过提供标新立异的汽车产品进入了市场。黑龙江省的汽车行业有比较好的基础，然而市场方向比较弱，多样化的需求意味着有很多小众的市场留给了一些小的汽车生产企业，为黑龙江省的汽车生产企业提供了机会。黑龙江省的汽车企业应选择小的细分市场，以消费者为中心，深入挖掘目标消费者的需求，为其提供个性化的产品，进一步地，可以借鉴小米的发展思路，让消费者参与到产品创新的过程中，从而建立自己的消费群体。

二是智能网联逐渐成为汽车的必备功能。随着人工智能技术的发展，新一轮科技革命正在加速变革各个行业。近年来，自动驾驶已成为汽车行业炙手可热的技术。世界各国均在加快布局自动驾驶行业，通过国家的战略支持，积极抢占自动驾驶技术高地，推动自动驾驶技术的应用落地。从企业角度来看，无论是传统汽车厂商，还是新晋汽车品牌，甚至互联网厂商都投入大量资源进行技术布局。中国市场对汽车电动化、共享化以及自动化接受程度更高，产业投入大，预计2030年自动驾驶汽车出行里程将占整体出行里程的40%以上。智能化可以使汽车共享更易实现，大幅提升乘用车利用率，实现更多、更有效使用场景。目前在ADAS的基础上，L2~L3级别的自动驾驶已经逐渐成为新车型的标配，产生了大量新增需求；L4~L5级别的完全自动驾驶也在逐步成熟中，一旦商业化将会对未来产生极大影响。相比其他省份，黑龙江在自动驾驶方面的基础条件非常薄弱，由于整车企业技术研发缺乏自主性，加之高等院校和科研院所的科研实力不足，黑龙江省在自动驾驶技术投入方面很难找到合适的方向。然而，黑龙江省拥有黑河汽车试验基地，目前黑河试验基地以寒地测试为主，黑龙江省可以借助该基地，增加自动驾驶试验的场地和基础设施，提供完整的测试。

四、黑龙江省汽车产业发展的重点领域

（一）壮大龙头整车企业，提升规模化生产水平

首先，乘用车是黑龙江省汽车产业发展的龙头和核心，也是黑龙江汽车产业功能体系的重要依托。加快大庆沃尔沃S60和S90系列车型增产上量、高端SUV车型项目建设和新能源车型建设投产，推动大庆沃尔沃尽快实现年产15万辆的目标；支持大庆沃尔沃适时完成扩能备案，从年产15万辆扩能到20万辆；支持长安福特哈尔滨分公司引进高端MPV、SUV、皮卡、豪华品牌和新能源汽车落户黑龙江，实现产量突破20万辆。

其次，依托现有3家客车生产企业，加强技术改造，不断完善工艺路线，面向城际客运、城市公交等领域，重点发展动力强劲、续航里程长、乘坐安全舒适、车辆可靠性高的新能源客车。支持企业开发省内市场。

再次，依托省内货车生产企业，加快制定发展战略，力争在2021年启动生产，形成3~5万辆的年销售规模。重点发展轻型货车、城市物流运输车、新能源货车、专用车底盘等，开展其他车型的研发。

最后，依托省内专用车生产企业，重点发展压力容器罐式运输车、冷链物流

运输车、粮食运输车、秸秆收集打捆运输车等。鼓励哈尔滨、大庆、绥化等地建设专用车产业集群。引进细分链条龙头企业，提高全产业链的核心竞争力。

（二）培育"专精特新"配套企业，打造"2+X"产业集群

对于黑龙江零配件产业而言，应围绕大庆沃尔沃与长安福特两家整车企业重点发展零部件等配套企业，支持和培育零部件领域中小民营企业自主开发能力建设，培育汽车"专精特新"配套企业，形成整车与动力、电气设备等零部件企业为一体的产业集聚，打造"2+X"产业集群。充分发挥沃尔沃、长安福特等整车企业的龙头带动作用，深化实施"以龙头引企业、以原料招企业、以要素聚企业"，积极引进和扶持汽车配套企业，围绕乘用车和特种车，构建研发设计、整车制造、零部件配套、销售及服务于一体的汽车产业全链条发展格局。加快建设沃尔沃生产平台改造升级、长安福特汽车有限公司哈尔滨乘用车生产基地、东安中高端发动机（变速器）基地、天有为电子汽车仪表智能显示终端等项目。

（三）深度融入国家"一带一路"建设，开拓国际市场

汽车行业属于高准入门槛、高技术壁垒和高资金壁垒的行业。目前我国汽车行业生产厂家较多，产品同质化比较严重，市场集中度较高，现有竞争者之间的市场竞争比较激烈。2020年，汽车行业销量前三的厂家，上汽、一汽和东风，占据了超过50%的市场。黑龙江省汽车想在国内市场上占据一席之地比较困难。

我国正在大力推进"一带一路"建设。黑龙江省是东北亚的腹地，有2900多千米边境线、15个边境口岸。近年来，黑龙江省发挥地缘优势，主动对接国家"一带一路"倡议，参与"中蒙俄经济走廊"建设，实现了"边陲变中心、末梢变前沿"的华丽转身，在基础设施互联互通、经贸合作、人文交流等方面取得了重大进展。沿着"一带一路"，大庆沃尔沃通过"中欧班列"出口至80多个国家，向世界展示出了"大庆制造"的实力和品质。黑龙江省应融入国家"一带一路"建设，打开汽车国际销售市场，进一步打造汽车跨境产业链和集聚地，为打造具有自主知识产权的汽车产品提供机会。

（四）加快新能源汽车技术研发与应用，推动汽车产业智能化升级

"十四五"时期，汽车产业的目标主要为发展新能源和智能汽车产业，并结合新一代信息技术、集成电路等高技术行业发展车联网技术。黑龙江省作为老工

业基地，新能源汽车发展比较晚，落后于华东、华中和西南等地区。黑龙江省应该发挥老工业基地的优势，利用燃油动力汽车的技术，以及相对完善的配套产业，建立新能源汽车的研发中心。

一是支持和培育中小民营企业新能源汽车重要发展部件的自主开发能力。黑龙江的整车生产企业只有两个，长安福特哈尔滨生产基地和沃尔沃大庆生产基地。这两个企业的自主权都比较小。因此，应该发挥配套生产企业的自主发展优势，围绕新能源整车所需的零部件生产，形成新能源汽车所需的动力电池、整机和电控等整体发展的"蚂蚁兵团"，实现与整车制造企业的同步开发，提高生产效率和产品质量，形成新能源汽车配套零部件生产的竞争力。

二是支持高校和科研院所科技成果产业化。鼓励哈尔滨理工大学与东安动力合作，研发生产新能源汽车增程器。推进哈尔滨工业大学电动汽车电机产品、电池系统热管理、退役电池梯次利用等技术成果省内应用，支持齐齐哈尔市与哈尔滨工业大学合作建设无线充电试验示范公交线路。

三是发展新能源汽车轻量化制造技术。推动黑龙江省科学院自动化研究所中英联合实验室加快铝合金轻量化制造技术研发应用，加强与东北轻合金有限责任公司、一重集团合作发展新能源汽车轻量化生产设备和关键部件制造，打造新能源汽车轻量化制造产业链。

四是依托哈尔滨市寒地新能源汽车产业技术联合体和中国寒地新能源车辆研发制造检测应用基地，开展高寒地区新能源汽车的适应性研发和运营，加快推进新能源汽车研制和推广应用。逐步拓展新能源汽车在公务用车、公交客车、环卫、执法、物流、邮政、旅游等领域的推广应用。

（五）积极响应市场需求，推进汽车后市场建设

我国汽车销量增速放缓，汽车增量市场的时代即将终结。在存量市场时代，我国汽车的平均车龄逐渐提高，汽车维修保养市场具有巨大潜力，汽车后市场将会迎来快速发展。

黑龙江省的汽车后市场产业还处于发展的初期阶段，与上海、浙江、广东等省份相比还存在很大差距。可以从以下几个方面推进汽车后市场建设：一是通过发展电子商务建成集众多服务项目于一体的汽车后市场综合服务体系，使各个部门能协调顺利地开展工作，形成统一的支付结算系统、物流配送系统、客户关系管理系统，加强对计算机和网络技术的应用。例如，依托沃尔沃日益增长的物流

需要，利用汽车零部件产业园等优良资产，支持长久物流、安吉物流等汽车物流企业开展整车、零部件进出口及国内发运、零部件堆场、循环包装等业务，带动整个物流产业发展。二是加快哈尔滨、大庆等城市开展汽车小镇建设，引进更多汽车品牌折扣店、二手车连锁交易企业、维修快保连锁企业等新兴业态，打造集汽车销售、汽车服务、汽车商贸、汽车旅游为一体的汽车后市场服务基地，为客户提供更加便捷的服务。在"双碳"目标背景下，积极鼓励汽车绿色拆解、汽车零部件回收利用、再制造等行业发展，不断拓展汽车后市场发展领域。三是政府和企业共同建设汽车后市场服务体系，政府可以通过出台汽车行业相关政策引导汽车后市场建设，如通过相应的汽车消费政策促进汽车产业内的竞争，在汽车后市场服务设施建设、用地等方面提供相应的政策性优惠。

五、推动黑龙江省汽车产业发展的政策建议

（一）建立协调组织和机制

首先，应借鉴国内汽车产业城市的做法，在省市政府中建立一个专门的汽车产业链部门，直接对接汽车产业链各企业成员，成为政府与汽车企业之间传递信息的平台。这个部门负责汽车产业重大招商引资活动，协助促进汽车产业投资项目的落地，协调政府部门解决企业发展过程中遇到的突出问题；协调处理和沟通汽车产业上、中、下游企业之间的需求和信息传递，促进汽车产业链整体的良性循环发展；与汽车产业链中的相关企业直接沟通联系，负责研究制定汽车产业的发展规划和具体支持政策，并收集汽车产业链中的企业对政策的反馈和诉求，优化相应的产业支持政策；为汽车企业提供及时快速的服务，做好安全生产工作，明确行业安全生产责任制度。

其次，应建立汽车产业的协调处理机制。按照"省统筹、市落实"原则，明确职责分工，协调帮助企业解决发展过程中的突出问题。协调省直有关单位和市（地）统筹推进巩固提升、扶持壮大、项目投资、招商联强、兼并重组、总部经济等专项重点任务。市（地）政府作为汽车产业推进责任主体，按照规划的总体目标要求，制订工作计划，协同推进本地区产业发展。

最后，应建立重点企业联系制度。由政府主要领导牵头，紧密跟踪现有长安福特和吉利沃尔沃企业总部发展战略，争取更多整车及零部件新项目、新平台、新车型向黑龙江倾斜；加强与国内排名前十的汽车生产企业联系与合作，以吉利集团、中国长安集团、一汽集团等集团企业为重点，组织相关部门定期拜访企业总部；协调解决配套企业的发展事宜，完善服务直通机制，对亏损、转型、重组等方面出现困难和问题的配套企业，做好协调、服务和保障工作。

（二）出台支持政策

一是利用好国家支持政策。认真研究国家出台的相关行业政策，指导企业了解掌握国家行业发展方向，帮助企业积极争取各类政策支持。梳理完善和积极推动国家及黑龙江省各类有关企业扶持政策落地，引导企业用好用足政策。针对成长性好、带动作用突出的骨干龙头企业，研究形成专项政策。重点实施国家普惠性减税与结构性减税、降低社保费等减税降费政策，切实减轻企业负担。通过贴息、奖补、投资补助、股权投资等多种方式引导企业转型升级。切实做好政策宣传解读和兑现工作，让政策真正惠及企业。

二是制定黑龙江省的汽车产业发展规划。黑龙江省应明确切合实际的汽车发展目标、具体任务和路径，以企业、项目、园区等为支撑，将汽车产业培育落靠。这主要包括以下几方面：系统梳理汽车产业的产业链条，在产业发展规划中通过产业链图谱明确重点企业、重点产品、关键技术和创新资源的区域布局，引导产业链上下游密切关联，促进区域产业协调有序发展；支持乘用车企业加快项目建设，加大开发、引进力度，丰富产品品系，放大产量规模，支持 3 家客车企业开发省内外市场，不断放大生产规模；以汽车行业龙头企业为平台，借助行业进入整合期的有利时机，积极向上海、广东、重庆等汽车产业集聚的大省（市）推介，引入更多汽车配套企业；协助省内汽车配套企业加强与整车企业合作，支持省内重点零部件生产企业提高核心供给能力，形成要素集聚、规模集中、配套齐全的产业协作体系。

三是通过法律法规规范市场。通过弥补相关法律法规的不足之处，将相关法律法规落到实处，加大执法力度、规范市场行为，有效保护市场机制的正常运行，提高各个企业之间竞争的公平性。政府通过出台相关政策，引导汽车企业的发展方向，能够更好地促进汽车产业产品结构的调整，使汽车产业的布局更加合理、产业资源得到优化配置、资源利用效率大大提高，进而促进汽车产业转型升级。此外，相关政策的出台还能够使产业的经济信息、技术信息、人才信息、资源信息更加透明化，从而有效阻止不正当竞争行为的出现，降低企业因掌握信息不全面带来的市场风险，提高企业的竞争力。

（三）加强资金支持力度

首先，积极争取国家相关政策和资金支持，帮助企业申请国家各类项目资金支持。自"八五"计划以来，中国汽车产业政策一直处于产业支柱型的国家战略层面，国家汽车产业支持类政策比较多。在市场层面，通过补贴、专项资金、税收减免等方式鼓励居民的汽车消费。在生产层面，国家对新能源汽车的生产提供资金补贴，鼓励汽车企业对新能源汽车和智能汽车等战略性新兴产业的研发以及汽车产业链上的补足、增强等行为。2019 年，财政部、工业和信息化部、科技部和发展改革委联合发布了《关于进一步完善新能源汽车推广应用财政补贴政策的通知》，并连续几年进行补贴，2021 年补贴金额高达 375 亿元。政府应成为国家职能部门和汽车企业之间的桥梁，将国家政策传递到相关企业，并协助和引导国家各类项目资金支持。

其次，充分发挥财政资金的导向作用，集中有限的财政资金，优先支持重要汽车整车及零部件生产企业，带动汽车产业的发展。比如设立汽车企业技术创新和产业升级专项资金，通过建立汽车企业资金补贴制度、科技进步奖励制度，对具有一定规模的汽车企业进行扶持，同时对中小企业进行孵化支持。从全省产业园区新增地方政府债券额度中安排一定债券支持汽车产业园区培育提升计划的产业园区基础设施建设，提升产业园区承载能力，促进产业项目落地。此外，积极扩充资金来源，依托产业投资集团，增加对汽车产业发展基金的资金支持，提高资金的使用效率，加速产业规模化发展。

最后，鼓励和支持各类投融资公司积极面向汽车产业园区提供投融资服务，鼓励汽车产业园区设立产业园区投融资平台、产业投资基金和创业投资基金。支持汽车产业园区综合运用股权、债权、产业投资基金和资产证券化等新型融资工具拓宽资金来源渠道。优先推荐汽车产业园区的企业到境内外证券市场上市融资。

（四）完善汽车人才培养机制

全面推进"头雁"行动方案，结合各类高水平创新平台研究方向和汽车企业发展需求，培养、稳定、集聚一批高层次创新人才及团队，形成梯次人才队伍，建立人才库。

一方面，积极引进高级人才。采用灵活的人才政策，通过各种形式，协助汽车生产企业从国内同行中引进具有丰富工作经验的高级人才，对企业创新发展急需且满足相关政策标准的企业人员和高技能人才，通过各项引才激励政策给予奖金奖励，创造安心、安身、安业的人才环境。

另一方面，加强培养本地人才。除了高级人才队伍，各级人才队伍的建立还需依靠本地培养。应充分挖掘现有职业教育的潜力，由政府引导和组织，推动中专、大专等职业培养教育机构扩大职业技术教育规模，增设汽车产业相关专业，开设相关课程，为汽车企业提供充足的初级人才队伍。同时，推动汽车制造企业和职业技术院校合作，通过"订单式培养"等模式，解决汽车制造企业的用人问题以及职业院校的学生就业问题，通过"2+1"教学模式，培养汽车人才的实际动手能力，把培养出来的人才留在汽车产业，通过"再教育"等模式，为汽车企业人才提供职业培训，提高汽车企业人才素质，解决职业发展问题，建立人才梯队。

第六章　黑龙江省旅游产业发展研究

　　旅游产业发展不仅是提振经济、促进就业的有效手段，更是满足人民美好生活需求的重要产业。位于我国最北端的黑龙江省，作为中国现代冰雪产业的发源地，在冰雪运动和冰雪旅游产业等方面取得了令人瞩目的成就。"十四五"时期乃至更长一段时间内，黑龙江省着力将旅游产业作为重要的经济增长点，牢牢把握习近平总书记视察黑龙江省的重要讲话、重要指示批示精神和"绿水青山就是金山银山，冰天雪地也是金山银山"的理念，将黑龙江省积蓄的旅游潜能持续释放。

　　习近平总书记从地域和地缘优势出发，为黑龙江省提出了"五大游"的旅游产业战略发展方向，即"冰雪游""森林游""边境游""湿地游"和"避暑游"，点明了叫响"北国好风光，尽在黑龙江"旅游品牌核心思路，为旅游强省提档升级规划了路径。为全面实现旅游强省的发展目标，充分贯彻全域旅游的发展理念，本章从自然资源、文化资源、产业规模、旅游市场、旅游要素、重点项目、智慧旅游、服务功能和治理水平九个方面系统评估了黑龙江省产业发展现状，认为黑龙江省旅游产业在全面向好发展的基础上，仍然存在旅游产品开发滞后、市场结构有待优化、投资环境仍需改善、体制机制不够顺畅、服务水平仍需提高五个核心问题。为全面落实习近平总书记重要讲话、重要指示批示精神，全方位重塑黑龙江旅游发展新优势，本章研判了旅游产业发展趋势与黑龙江发展机遇，即中国冰雪旅游、国际生态旅游、全球康养产业、后疫情时代自驾游和市场遗产旅游将为黑龙江旅游产业提供全新发展机遇，进一步提出了黑龙江未来旅游产业发展的三大重点领域、四大政策建议。黑龙江省旅游产业发展重点领域包括：推动四季旅游市场升级，打造黑龙江全季节旅游产品谱系；强调主客共享开放思维，构建黑龙江移动旅游目的地体系；借助遗产活化创新思路，重塑黑龙江文化旅游发展新内涵。推动黑龙江旅游产业发展四大政策建议包括：一是构建"北国好风光"IP 营销矩阵，助力全域品牌形象打造；二是创新大数据媒体营销平台建设，打造跨领域网红旅游产品；三是推动跨区域创新旅游联盟合作，共同举办新型会展与赛事；四是落实国家"一带一路"倡议，加快全省基础设施建设服务。总之，全方位塑造黑龙江省旅游产业的发展新优势，需要狠抓产品创新、把握时代机遇，用好旅游产业高质量发展的政策工具抓手，才能持续释放黑龙江省旅游产业积蓄的能量与潜能。

一、黑龙江省旅游产业发展现状

（一）自然资源独特多样

黑龙江省地域辽阔，四季分明，自然生态资源多样，野生动物、山货菌类、野菜野果、药材植物种类繁多，拥有华夏东极和神州北极两个极点。黑龙江省拥有大冰雪、大森林、大草原、大湿地、大湖泊、大界江等良好的生态资源，作为中国最北的省份，以极寒气候、冰雪人文主题、冰雪自然环境为代表的顶级冰雪旅游资源独具魅力；黑龙江省是中国北方森林覆盖率最高的省份（全省森林覆盖率达 43.6%，其中包括 63 处国家级森林公园、33 处省级森林公园），拥有全国最大的连片林区（大兴安岭、小兴安岭）；全省草原面积 207 万公顷，草原综合植被盖度达到 75% 以上，是全国拥有大草原的 10 个省份之一；拥有全国最大的湿地群，天然湿地面积达 556 万公顷，占全国湿地总面积的 1/8，位居全国第四，以七星河湿地、珍宝岛湿地、扎龙湿地、松花江湿地、三江湿地等为代表，共有 9 个世界重要湿地、23 个国家级湿地自然保护区、61 个国家级湿地公园、5 个省级湿地公园，以及世界唯一的丹顶鹤冰雪栖息地——扎龙湿地，湿地具有面积大、类型多、资源独特、生态区位重要等诸多特点；拥有种类众多的生物资源和各种类型保护地资源，各类保护地划定情况如下：1 处国家公园，49 处国家级自然保护区、76 处省级自然保护区，4 处国家级风景名胜区、34 处省级风景名胜区，2 处世界地质公园、9 处国家级地质公园、21 处省级地质公园、63 个国家级湿地公园、14 个省级湿地公园、70 个国家森林公园、42 个省级森林公园；以黑龙江、乌苏里江、松花江三大水系和兴凯湖、镜泊湖、莲花湖、五大连池四大湖泊为代表的河流、湖泊旅游资源丰富；黑龙江省是世界著名的三大黑土带之一和中国粮食产量第一大省，以三江平原为代表的绿色农业旅游资源特色突出；黑龙江省以界江、百年口岸为代表的边境旅游资源优势明显，水陆边界长约 3045 千米，其中界江 2300 千米，有 25 个开放口岸，绥芬河市、黑河市、东宁县、抚远市的边境出入境游客量排在前四位，是中国最重要的对俄边境旅游区和"一带一路"倡议东部陆海丝绸之路的重要节点。

（二）文化资源积淀深厚

黑龙江流域古代文明深邃久远，具有深厚的历史文化积淀，形成了独具特色的"鲜卑文化""渤海文化""金源文化"和"满族文化"，是中华文明重要的发源地之一。考古发现，早在十七万年前就有人类在此居住，境内发现五常学田村、塔河十八站、饶河小南山等多处旧石器遗址和新开流、昂昂溪、莺歌岭等大量新石器以及青铜、铁器时代遗址，体现了中国北方进入金属时代社会的演变轨迹；黑龙江流域也是中华民族的摇篮之一，民族历史文化主要由鲜卑文化与肃慎文化两大脉络支系构成，创造了灿烂的民族文化史；历史古迹更为丰厚，境内现存有较大影响力的古城遗址近百座（如汉魏时期的凤林古城遗址、唐代渤海国上京龙泉府遗址、辽金时期的五国城遗址、金代故都上京会宁府遗址等），这些历史遗存清晰地展现了龙江大地丰厚的文化底蕴和龙江儿女自强不息、励精图治的伟大历史画卷。黑龙江省是一个多民族、散杂居的边疆省份，全省共有 53 个少数民族，世居少数民族至今有满族、朝鲜族、蒙古族、回族、达斡尔族、锡伯族、赫哲族、鄂伦春族、鄂温克族、柯尔克孜族和俄罗斯族 11 个，其中锡伯族、赫哲族、鄂伦春族、鄂温克族和柯尔克孜族"五小"民族人口不足万人；黑龙江省建有 1 个少数民族自治县（杜尔伯特蒙古族自治县），1 个民族区（齐齐哈尔市梅里斯达斡尔族区），69 个民族乡镇，少数民族聚居村 680 个。众多少数民族孕育了诸多的民俗风情，形成了口传心授、传统表演、民俗节庆、手工艺术、民间传说等多种形式的文化资源。其中赫哲族的渔猎文化、鄂伦春族与鄂温克族的狩猎文化、达斡尔族的曲棍球文化及其他民族的节庆文化等特色鲜明，构成了黑龙江省民族民俗文化旅游的核心魅力。黑龙江省少数民族文化也是全省两项世界非物质文化遗产、34 项国家级非物质文化遗产、286 项省级非物质文化遗产的重要组成部分。在近现代文化资源方面，勇敢坚韧、百折不挠的闯关东文化，精忠报国、抵御外敌的红色文化，开拓进取、无私奉献的北大荒文化和铁人精神文明资源，不仅能让游客感受到厚重的人文历史熏陶，也为黑龙江省旅游发展提供了强有力的文化支撑。

（三）产业规模波动上升

近年来，黑龙江省充分挖掘特色资源，加快推动文化与旅游的融合，文化旅游产业发展呈现出融合进程加快、融合领域拓宽、融合深度加强的良好势头，在新冠肺炎疫情发生前，旅游产业已经具备一定规模。2019 年，黑龙江省全省共接待国内外旅游者 2.1 亿人次，比上年增长 19.0%；实现旅游业总收入 2683.8 亿元，增长 19.6%。其中，接待国内旅游人数 21554.5 万人次，增长 19.1%，实现国内旅游收入 2640.2 亿元，增长 19.6%；接待国际旅游人数 110.7 万人次，增长 1.4%。2020 年，受新冠肺炎疫情的影响，全省旅游业受到冲击，特别是跨省来黑龙江省旅游的人数减少。全省共接待游客 1.4 亿人次，同比下降 34.1%。全省实现旅游收入 1644.4 亿元，同比下降 38.6%。2020～2021 年，黑龙江省先后制定完成《黑龙江省全域旅游发展总体规划（2020—2030 年）》《黑龙江省冰雪旅游产业发展规划（2020—2030 年）》《黑龙江省旅游景区质量提升三年行动计划（2021—2023）》《黑龙江省旅游景区行业自律指南》，出台了《黑龙江省促进旅游业发展条例》《黑龙江省文化旅游产业招商引资若干扶持政策措施》，正式成立了黑龙江省旅游景区协会，印发实施了《黑龙江省"十四五"文化和旅游发展规划》，从政策层面为产业发展提供强有力支撑，助力产业高质量发展。2021 年，黑龙江省全年共接待游客 1.63 亿人次，实现旅游收入 1345.09 亿元，分别恢复至 2019 年的 75.25%、50.22%。

（四）旅游市场以省内为主

从地域空间上看，2020～2021 年，黑龙江省旅游客源市场呈现出以省内游客为主的显著特点。2020 年黑龙江省接待省内游客 1.2 亿人次，占比为 87.6%；接待省外游客 0.18 亿人次，占比为 12.4%。2021 年接待省内游客 1.4 亿人次，占比为 85.3%；接待省外游客 0.2 亿人次，占比为 14.7%。北上广地区游客关注度较高，省内热门客源城市第一名为哈尔滨市，其他热门客源省份主要为北京市、上海市、辽宁省等省外客源地，游客占比近 20%。从人群构成上看，性别占比中男性游客数量较高，占比达 59.42%；年龄占比中，"80 后""90 后""00

后"游客总计近 80%，"00 后"占比达到 15%。从游客预订渠道上看，68.44%的游客使用 APP 进行订单预订，4.69% 的游客使用小程序进行订单预订，18.05% 的游客使用其他渠道进行订单预订。从游客停留时间来看，近 80% 的游客会在黑龙江省逗留 1~2 天，周末短途游趋势更加明显。从各市旅游人次占比情况来看，哈尔滨市旅游人次占比最大。

（五）旅游要素日益完善

截至 2021 年，全省共有国家全域旅游示范区四家，分别为大兴安岭地区漠河市、黑河市五大连池市、鸡西市虎林市和伊春市嘉荫县；有 A 级旅游景区 402 家，其中 5A 级旅游景区 6 家，4A 级旅游景区 106 家，2021 年新评定 4A 级旅游景区 3 家，新评定 3A 级旅游景区 22 家；有旅游度假区 10 家；有 S 级旅游滑雪场 27 家，其中 5S 级 4 家、4S 级 4 家；有星级酒店 189 家，其中三星级以上酒店 155 家、五星级 6 家、四星级 39 家；有旅行社 841 家，其中国内社 609 家、边境社 125 家，出境社（不带边境）43 家，出境社（带边境）55 家，全国百强社 4 家，导游 22964 人，出境领队 1584 人。旅游产业核心从业人员 35 万人，旅游产业从业人员 230 多万人。

（六）重点项目快速推进

全省加大投资力度，助推文旅产业做大做强。通过扶持重点项目，发挥牵动引领作用。建立黑龙江文化金融服务中心，成立北方文化产权交易中心。截至 2018 年底，黑龙江省文化产业发展专项资金共投入 4.04 亿元，以贴息、补贴、奖励等多种方式，累计扶持 477 个项目，带动社会资本约 300 亿元。2019 年，黑龙江省策划梳理了 30 个全国优选文化和旅游投融资项目、六个"一带一路"文化产业和旅游产业国际合作重点项目、两个区域特色产业公共服务扶持项目、125 个文化和旅游招商项目，组织各类演出、展览 50000 多场次。哈尔滨冰雪大世界等五大核心冰雪"老字号"景区提档升级，融创文旅城、波塞冬海底世界、哈尔滨大剧院等"新字号"景区陆续面市，旅游项目建设稳步推进。全省亿元以上旅游产业项目 76 个，总投资 1254 亿元，完成投资 87 亿元。2020 年黑龙江省推出文旅重点招商项目 61 个，总投资 442.4 亿元，全省开复工文旅产业重点项目 97 个，完成投资 236 亿元，21 个项目建成投用。2021 年全省实施文化和旅游产业重点项目 100 个，总投资 1796.25 亿元，完成投资 141.28 亿元，绥阳黑木耳特色小镇项目、绥芬河红花岭东北抗联主题小镇等 34 个项目建成运营。各地市持续壮大旅游产业，重点项目快速推进。2021 年，哈尔滨市开展省外招商活动 30 余次，签约项目 25 个，推进重点文旅项目 40 个，牡丹江市通过承办黑龙江省旅游发展大会投资 31.7 亿元，带动配套项目 219 个、总投资 348 亿元，签约项目 71 个、签约投资额达 548.2 亿元。

（七）智慧旅游加快发展

黑龙江省已完成"一个中心"——全省智慧旅游大数据中心、"三个平台"——市场监管平台、公共服务平台、产业运营平台（趣龙江）的建设，完成了"十五个子系统"的功能建设。96 家 4A 级以上景区视频监控数据接入全省智慧旅游平台、31 家接入闸机客流数据。2021 年黑龙江智慧旅游平台"趣龙江"景区分时预约系统入驻 A 级景区 366 家，包括 6 家 5A 级景区、97 家 4A 级景区、188 家 3A 级景区、66 家 2A 级景区、9 家 A 级景区，总预约服务 297.7 万人次。此外，黑河市智慧旅游服务平台成为黑龙江唯一入选 2021 年"智慧旅游典型案例"项目。黑龙江省文化和旅游厅、黑龙江日报报业集团联合建设的全新融媒体平台——龙头新闻"龙江文旅"频道正式上线，顺应传统媒体与新兴媒体融合趋势，促进实名分时预约型主流媒体的加速生成。黑龙江省文化和旅游厅官方微博"直播龙江-黑龙江省文化和旅游厅解锁'冰雪营销'"项目荣获第 5 届 AI 国际旅游奖品牌营销优秀奖。"直播龙江"项目已成为省文旅厅官方微博常态化栏目，官方微博粉丝已达 205 万人次，官方微信粉丝已达 43 万人次。

（八）服务功能明显提升

黑龙江省加快推进旅游基础设施和公共配套设施建设，旅游综合服务功能明显提升。2021 年，全省主要运输方式共完成客运量 15184.1 万人次，增长 8.9%。其中，铁路 4867.3 万人次，增长 6.0%；公路 8477.0 万人次，增长 11.4%；水运 135.4 万人次，增长 37.2%；民航 1704.4 万人次，增长 3.6%。全省共完成旅客周转量 508.0 亿人千米，增长 5.8%。其中，铁路 133.5 亿人千米，增长 8.3%；公路 56.6 亿人千米，增长 4.5%；水运 1414.4 万人千米，增长 19.8%；民航 317.7 亿人千米，增长 4.9%。年末公路线路里程 16.8 万千米，其中高速公路 4520 千米。全省旅游景区、旅游公路沿线、重点自驾游沿线、城市旅游综合区、旅游餐馆、旅游娱乐场所内厕所基本达到 A 级标准；4A 级以上旅游景区、旅游度假区、全域旅游示范区内 60% 以上的旅游厕所达到 3A 级标准。在网络通信方面，黑龙江省 2021 年邮电业务总量 379.1 亿元，其中电信业务总量 245.7 亿元。移动电话用户 3759.5 万户，其中 4G 网络移动电话用户 2615.8 万户，占比为 69.5%，平均每百户年末拥有移动电话 118 部。固定互联网宽带接入用户 1013.5 万户，增长 14.4%；移动互联网用户 3093.9 万户，增长 3.8%。互联网的飞速发展使黑龙江省旅游产业可以借助多种新兴媒介快速传播，全方位、多角度挖掘黑龙江省文化旅游丰富内涵。

（九）治理能力有所提升

黑龙江省全面贯彻党中央扫黑除恶专项斗争精神，各景区旅游委及管理局联合扫黑办、公安局、物价局、市场监督管理局等多部门联合开展定期检查、交叉执法、不定期巡查等旅游行业扫黑除恶专项斗争及市场秩序整治行动，既开展常规巡查，又对重点领域、重点行业开展暗访和随机抽查，严厉打击"不合理低价游"以及"黑车、黑社、黑导"等行业乱象，从重惩处旅游商品以次充好、产品三无、假冒伪劣、强买强卖、欺客宰客、欺行霸市、价格虚高、质价不符等，开展旅游市场安全大排查、大体检等活动，强化旅游景点安全消防管理，稳步推进"厕所革命"。除官方行动以外，各景区还号召游客全员参与，开展"影子监管"，在景区每个店铺门前张贴服务监督二维码，游客扫码即可进入评价系统，游客可自主查看店铺营业执照，并对店铺进行评价、投诉，工作人员会第一时间处理。除此之外，黑龙江省全面推行旅游诚信基金，实现旅游投诉先行赔付，确保游客维权简明快捷，不断优化的旅游治安法制环境，有力地提升了游客游玩体验，吸引了越来越多的游客来到黑龙江省广大地区观光游玩。

二、黑龙江省旅游产业存在的问题

（一）旅游产品开发滞后

黑龙江省依托大冰雪、大森林、大湿地、大界江、大湖泊等优质旅游资源，打造了特色鲜明的冰雪游、生态游、康养游、湿地游、边境游等多元化旅游产品，全省旅游产品供给不断丰富。然而，随着人们生活水平的不断提高，人们对高品质旅游消费需求不断增强，在文旅融合的新时代，黑龙江省旅游产品仍存在开发滞后的情况，表现为文旅融合中文化内涵不深，融合度不高，质效有待提高。现有产品中，观光产品较多，度假休闲产品较少；一般性产品多，中高端产品少；单一产品多，复合体验的产品少；自然生态性的产品多，文化内涵深厚的产品少。绝大部分景区还停留在门票经济上，产业链条和价值链条较短。科技运用不足，文创项目较少，仍然停留在依靠资本和劳动等传统要素的投入上，科技、数据、人才、制度创新等新要素投入不足。

（二）市场结构有待优化

黑龙江省旅游市场结构仍有待优化，主要表现如下：一是客源市场开拓不充分。黑龙江省地处我国最东北部，北邻俄罗斯，西接内蒙古，南通吉林，东达朝鲜，毗邻日本海，位于东北亚区域腹地中心位置，与多国接壤，是亚洲与太平洋地区通往俄罗斯和欧洲大陆的重要陆路通道。全省拥有 25 个国家级口岸、35 个对俄开放市（县），是我国对北开放的窗口。但是当前国际旅游市场开发不足，边境旅游占文旅经济的份额较小，尚未能发挥出国际区位优势。对国内游客而言，黑龙江省是边境省份，距离国内发达省份重要客源地路途较远，增加了其旅游成本。二是区域发展不平衡。省内经济相对发达地区的开发水平、接待能力以及经济效益明显好于经济不发达地区。有些市县坐拥边疆文化、民族文化、自然资源等，但仅有少量的关注度。三是旅游收入存在失衡。从旅游六要素分析，食、住、行占整体文旅消费的比重较大且相对稳定；游玩、购物与娱乐对文化旅游经济的拉动较小，游客人均逗留天数短、人均消费金额低。主要原因是参与性的文化活动较少、夜间消费的选择较少，旅游收入的构成存在失衡现象。四是消费者细分不足。从游客年龄分布可以发现，黑龙江省旅游市场的人群开拓并不全面，缺乏对儿童、老年市场的开发，缺乏有规划、有针对性的市场营销。

（三）投资环境仍需改善

近年来，黑龙江省不断优化营商环境，大力推进项目建设，加强招商引资，但整体投资环境仍需完善提升。资金投入方面，黑龙江省设立了旅游专项资金支持旅游产业发展。但由于财政收入有限，在资金投入方面心有余而力不足。总体来看，黑龙江省旅游产业市场化程度不高，投资主体仍以政府为主。与发达地区相比，目前全省旅游投资项目仍存在数量少、规模小，重大项目少、投资额度小的"两少两小"的问题，特别是民营企业进入旅游业的投资数额通常不大，通常情况下投资单个独立景点的较多，鲜少进行旅游区的成片开发项目。而且，除了黑龙江省旅游投资集团有限公司外，全省旅游业缺乏龙头企业，大多是小型企业，没有形成强有力的龙头企业队伍。

（四）体制机制不够顺畅

黑龙江省现有 A 级景区中国企占比超过 70%，5A 级景区全部为国有，条块分割，管办不分，专业化、市场化、规模化程度较低，多重管理现象依然存在。现有旅游景区中，无论是国有企业还是民营企业，涉及森林、湿地、自然保护区等国有资产，仍然存在产权不健全、体制不清晰的发展难题，进而导致经营困惑、融资困难、活力不足。全域范围内存在同类资源或相近项目各自开发、同质竞争的现象，行政区划与管理体制制约了核心景区和龙头项目的打造和营销整合，项目间未形成发展合力，集聚效应差。政策扶持机制、产业发展机制、融资机制的不健全是制约黑龙江省旅游产业发展的主要问题。

（五）服务水平仍需提高

黑龙江省市县两级还有 70 个文化馆和 15 个图书馆没有达到国家标准，有68%的行政村文化设备缺失或需要更新，有 60%的行政村没有综合性的文化设施，有 60%的乡镇综合文化站文化设备缺失或需要更新。旅游交通还不完善，黑龙江地处边疆地区，距离多数发达南方省份路途遥远。机场容量存在严重瓶颈，旅游旺季尤其是冰雪节期间一票难求，建三江机场等航班班次过少，给旅游发展带来不便。而且旅游发展起步较晚，黑龙江省境内旅游交通网络不够发达。铁路还未形成"全省一张网，融入全国网"，全省还有部分 4A 级以上景区没有汽车客运专线。公路仍存在通往景区的个别道路路况差、维护不到位的情况。车站、停车场、旅游交通标识等公路配套设施仍需完善。交通拥堵、结构落后、空间网络不健全等问题仍然存在。网络没有实现全贯通和全覆盖，一定数量的文化场馆和旅游景区不能网上预订、没有二维码导览等功能。餐饮、休闲、购物场所档次较低，高档酒店、休闲度假区少，缺乏旅游集散中心、旅客服务中心、散客接待中心以及上规模购物中心、娱乐中心（城）。从季节分析，夏季和冬季仍然是黑龙江省旅游消费旺季，旅游旺季和重要节假日更出现一票难求、一房难求的现象，接待能力、承载能力有限，在一定程度上对旅游业的健康发展产生了负面影响。当前旅游产业核心从业人员 35 万人。在旅游专业人才培养方面，黑龙江省省内设立旅游管理专业的专科院校有 23 所，设立旅游管理专业的本科院校有 8 所，这些高等院校为省内培养输送了大量旅游专业人才，并且 2019 年黑龙江省共有 6529 人报名参加导游资格考试，创历史之最。但同时也要注意到，近年来黑龙江省乡村劳动力减少加之全省处于人才净流出的状态，旅游产业的人才储备略显不足，现有人员旅游专业知识和技能存在不足，缺乏系统的旅游培训机制和机构，国际标准服务技能薄弱，缺乏高精尖人才。此外，伴随黑龙江省文艺院团转企改制的推进，改制后人员流失现象也成为制约旅游产业发展的因素。整体配套服务水平不高的现实问题也制约着旅游产业的发展速度。

三、旅游产业发展趋势与黑龙江省发展机遇

（一）中国冰雪旅游成为产业热点领域

2022 年北京冬奥会的成功举办点燃了旅游消费者对冰雪旅游的热情，冰雪旅游与户外运动受到越来越多的关注。未来十年，将是冰雪旅游产业快速发展的重要战略机遇期，从国家发展全局和中长期城市发展战略出发，在冰雪旅游发展的新形势下，促进"冰雪旅游+工业、体育、互联网"以及冰雪旅游和其他产业的有机融合，将为旅游经济发展提供全新内生动力，带动提升旅游经济的整体实力，提升旅游发展的影响力，最终将旅游产业打造成为重要的支柱产业和人民群众满意的现代服务业。

为夯实巩固黑龙江省冰雪旅游发展的比较优势，地方政府应更加重视合理高效开发与利用丰富的冰雪旅游文化资源，使基础设施的发展更好地匹配越来越多旅游者的实际需求。黑龙江省应借助北京冬奥会成功举办的全民运动热潮，逐步提高冰雪场地设施的有效供给，夯实自身的国内冰雪旅游"领头羊"地位，全面形成布局合理、类型多样、基本满足需求的冰雪场地设施网络。进一步将该网络打造为黑龙江省冰雪户外旅游配套服务体系，通过吸引住宿、餐饮、户外冰雪

公司入驻从而形成规模效应，实现提振旅游经济的目标。

（二）国际生态旅游引领产业可持续发展

当前，游客需求出现层次化、深度化和丰富化趋势，而生态湿地作为复杂的生态群落，因区域内部地理位置、气候变化不同，呈梯度变化的特点，使水生、湿生、旱生多种类型动植物均衡生长。近年来，中国的生态保护与恢复事业取得了举世瞩目的成绩，向国际市场开放湿地旅游产品、展现中国生态湿地旅游的样板，做到市场需求和湿地特色相融合。

黑龙江省拥有丰富的湿地生态景观资源，湿地面积占全国湿地总面积的1/8，相当于1.5个海南岛；拥有9个国际重要湿地，数量居全国首位；湿地类型自然保护区113处，湿地公园78处，形成了全国最大的省级湿地保护管理体系。黑龙江省的三江平原、松嫩平原都是沼泽的集中分布区，"似陆非陆、似岛非岛、似湖非湖、似河非河"，是人们对沼泽景观的形象比喻，沼泽景观的生态旅游资源，不仅迎合了游客休闲娱乐、科学考察的功能需求，更能充分满足人们亲近自然、返璞归真的情感需求，引领旅游产业的可持续发展。

（三）全球康养产业扩张激活银发市场

全球人口老龄化趋势明显，伴随养老产业的急速扩张，银发旅游族成为康养旅游和养老旅游的主力军。银发旅游族在旅游动机上与其他游客有所不同，老年人越来越关注自己的身体健康状况，通过旅游的方式来锻炼身体；偏好自然风光，追求健康疗养。在开发银发旅游产品时，需要充分考虑该群体的特殊性，量身定制适合他们的旅游产品，在这一过程中，需要充分体现人文关怀，如在饮食、作息、行程安排方面，应符合老年人身体需求并配备专业知识丰富、了解老年人心理及保健常识的优秀旅游人员。

黑龙江省位于欧亚大陆东部的高纬度地区，属于温带大陆性季风气候，夏季平均气温在20℃~25℃，拥有优越的避暑气候条件，同时拥有温泉、湿地、森林、草原等基础性避暑旅游资源，具有悠久的避暑旅游历史。候鸟旅居养老人群在黑龙江避暑游客中的比重持续上升，2021年夏季候鸟养老人群最高峰超200万人次。要打造世界级康养旅游度假特色产业群，构建全国夏季避暑养生目的地，黑龙江候鸟式旅居养老产业亟须"强筋壮骨"。黑龙江省可参照全球行业最高的管理和服务标准，提高银发旅游、医疗旅游、健康养生（森林、温泉、冷泉等）

旅游项目水平，升级服务配套设施，吸引市场化投资主体，引入多样化的体验产品，进而增强黑龙江康养旅游的吸引力和竞争力。

（四）后疫情时代自驾游将成为市场主流

新冠肺炎疫情改变了游客的传统旅游消费习惯，致使旅游消费行为与偏好发生了极大的变化。从旅游产品的选择来看，生态旅游类、自然观光类、休闲度假类等更受游客青睐；从旅游出行方式来看，自驾游、房车游、租车游越来越成为更多人旅行出游的选择，选择长途跟团游的游客会逐渐减少。

截至 2022 年 3 月底，全国机动车保有量达 4.02 亿辆，其中汽车 3.07 亿辆。黑龙江省统计局数据显示，2021 年末全省民用汽车保有量为 592.7 万辆，比上年增长 6.6%，其中私人汽车保有量为 537.5 万辆，增长 7.0%。私人汽车中私人轿车为 314.7 万辆，增长 7.0%。庞大的汽车保有量为后疫情时代自驾游市场爆发提供了坚实的基础，尤其是黑龙江省与国家高速公路共同构建了"两环、八射、六横、六纵"的高速公路网，由哈尔滨向外规划八条放射线，构建快速出省通道，与对俄口岸相连。在境内山峰、江河湖泊等自然风光优渥的基础上，逐渐形成了滑雪、滑冰、露营、狗拉爬犁、远足、抽冰尜、骑行、登山、探险等冰雪户外旅游项目。黑龙江省应抓住疫情后消费者对于提高身体素质的需求，由实物型消费转变成健康型消费和参与型消费。因此，在此基础上，要切实加强黑龙江省户外自驾游旅游资源的开发，实现经济由高速发展向高质量发展的转变。

（五）世界遗产旅游凸显地域文化特色吸引力

文化遗产除了具有珍贵的历史价值、科研价值、审美价值、文化价值外，通过与旅游业、服务业相结合还可以释放巨大的经济价值。近年来，抖音、淘宝、腾讯、快手等互联网平台相继举办"文化云游"直播活动，社会反响热烈，单日观看量超过千万，数字文旅成为了文化产业的新风口。相比传统文旅产生的"高冷"，数字文旅产业节省了时间和经济成本，打破了时间和地域的限制，使文化、历史更加贴近人们的生活，使传统文化、非遗文化、民俗文化愈加立体鲜活，能够满足人们多层次、多样化的精神文化需求。

黑龙江省拥有数量丰富的物质文化遗产和非物质文化遗产，在加强文物保护和非遗传承的同时，着力探索文化遗产与旅游产业融合途径，推动中华优秀传统文化创造性转化和创新性发展是传承和弘扬本省地域文化、增强文化自信、建设文化强省的重要前提。对内可以丰富广大人民日益丰富的精神文化需求，在一定程度上应对当前社会主要矛盾的新变化；对外可以塑造更加鲜明、生动的龙江形象，提升龙江文化的国际影响力与竞争力。

四、黑龙江省旅游产业发展的重点领域

（一）四季旅游，打造黑龙江全季节旅游产品谱系

1. 借力全球畅享冰雪之乡美誉，打造冰雪休闲国际旅游目的地

第一，完善冰雪体育基础设施，提高冰雪体育产业竞争力。黑龙江省应以规划引领和项目带动为先导，借助国家政策的发展红利，充分发挥固有的冰雪自然资源禀赋优势，以增强黑龙江冰雪旅游整体竞争力、品牌影响力为目标，打造中国首个全谱系冰雪旅游目的地，建设冰雪休闲国际旅游目的地强省。重点培育和发展冰雪休闲体验文化型与服务型目的地品牌，使游客在享受旅游乐趣的同时，可以充分感受冰雪艺术的价值以及历史文化与民族文化等，通过提升游客体验感、浸入感来提高旅游经济效益水平。由于黑龙江所处纬度较高，其冬季寒冷漫长，户外旅游活动的开展受到一定限制，因此，应加强配套的室内建筑以防范自然风险，保障游客愉悦的出游体验。再者，为保证雪场的有序经营，政府应在规划建设中高度重视人造器械的安全问题，加强市场操作的规范性，采取措施整治市场乱象，做好冰雪场地及冰雪器械的维护与管理工作，完善相关法律法规，使冰雪旅游文化在开发过程中能够有法可依，全面规范冰雪体育产业的市场秩序，从根本上提高产业竞争力。

第二，多方资源联动，培育冰雪文化新经济增长点。为了创新冰雪产业，应将黑龙江冰雪旅游纳入文化发展视野，制定正确的发展方向与途径，以产业融合为突破口，结合本地特点，建设独一无二的黑龙江冰雪文化品牌。地方政府也应发挥自身作用，建立旅游与文化产业相融合的协调机制，整合文化旅游资源与经营模式，一是创建冰雪文化博物馆。将哈尔滨冰雪文化申请为非物质文化遗产，力争把哈尔滨打造为冰雪文化教育培训基地。必要时，还应利用网络与数字产业

多渠道营销，策划哈尔滨冰雪文艺作品，扩大冰雪旅游客源。二是积极促进北极村旅游转型。突出极地体验，促进北极村、圣诞村和其他要素的创新统筹整合，开发独特的极地冰雪旅游产品（如冰旅馆、冰城堡、雪雕等休闲娱乐设施）。三是打造冰雪主题旅游集群。多方联动，充分利用冰雪优势，将镜泊湖发展成黑龙江第一大冰湖旅游区。

第三，建立完善的冰雪旅游产业链条，带动相关配套产业快速提升。黑龙江省冰雪旅游产业缺乏龙头企业，产业集中度低，呈现出规模不经济的状态，这在一定程度上导致了旅游产品的重复开发且缺乏特色。尤其是近几年吉林长春、河北张家口和辽宁沈阳等城市的冰雪旅游发展势头正强劲，这在一定程度上动摇了黑龙江冰雪旅游的龙头地位。在后疫情时代，由于人们的健康安全意识增强，人们更加信任有品牌、有保障的大企业，因此，在黑龙江省内通过横向兼并形成冰雪旅游产业的集群，同时延伸产业链条，是提高黑龙江省冰雪旅游经济效益的必经之路。保证冰雪旅游产品及配套上下游产品、相关服务等产业链条的规范性与结合度，全方位提升黑龙江省冰雪旅游经济效益。黑龙江省的冰雪经济应实现集团化发展，打造集观赏性、游乐性以及运动性于一体的冰雪乐园，扩大冰雪旅游产业的知名度与影响力，以吸引更多游客。

2. 国际生态引流畅游湿地，打造动植物生态旅游全品类

第一，明确市场定位，突出黑龙江省各湿地的地方特色。黑龙江省文化和旅游厅曾以"你的北方　清凉龙江"为主题，设计推出全新黑龙江夏季五大主题产品，为后续湿地资源的开发工作奠定了良好的基础。其中，黑龙江湿地资源以芦苇沼泽生境为主且广泛分布，观赏性较强，经济价值明显。景区应充分开发特色产品，展示景区形象，并利用各种传媒手段，实时追踪分析产品生命周期，迅速更新推广，紧抓旅游热点。在基础设施方面，可建设瞭望塔、观景亭、长廊等一系列休闲设施，供市民、游客走进原始湿地的绿水芦苇腹地，在城市之中有缘观赏到丹顶鹤、白鹤、大天鹅等珍稀鸟类。在服务设施方面，可开发一系列可看可玩的景点：湿地宣教展馆、码头游船、文博馆、野战营、采摘园、百鸟园、拓展训练营、北大荒民俗风情园、海盗船娱乐城等，寓游于景。

第二，完善湿地服务功能，坚持保护与开发同步。湿地景观相较于其他自然景观更加脆弱，一旦人类行为干扰强度较大，很可能造成不可逆的损失，破坏生物多样性，甚至导致湿地群落稳定性和生态系统服务能力严重下降。因此，湿地旅游必须以保护湿地生态环境为基础，在开发过程中要严格遵循保护性开发原

则。黑龙江湿地公园适宜引入的交通设施包括电瓶车、游船、索道和缆车等，它们可以为湿地公园持续提供低成本的收益；在保证安全的情况下，也可以采用"狗拉雪橇"等具有北方特色的交通形式。这些新型交通工具使用清洁能源，不仅能为游客带来全方位的视觉感官体验，还不会造成湿地环境污染。与此同时，设计科学合理、讲求美观的索道和缆车，也是景区独具特色的交通方式，采用网红设施宣传的方式，有助于黑龙江特色文化的宣传和推广。游客乘坐交通工具的起落点和售票点自然也成为景区文化宣传和旅游纪念商业活动的重要节点。

第三，打造人文生态旅游，提炼湿地文化精神。在发展湿地旅游过程中，人文生态保护旅游可以让游客有更加丰富的精神体验。黑龙江省位于我国最北端，具有漫长的边境线；特殊的历史进程和地理位置使黑龙江荟萃了北方少数民族的历史文化，鄂伦春族、赫哲族等世居少数民族文化特色明显。因而在开发湿地旅游时，黑龙江要坚持对湿地区域内历史遗迹进行保护，使湿地资源与历史文明有机结合，焕发出新的光彩。例如，在松花江、嫩江、牡丹江、黑龙江等湿地周边的肃慎文化、挹娄文化、勿吉文化、靺鞨文化、女真文化、满清文化等，以及新开流、阎家岗、昂昂溪等远古文化遗址，均需要深度挖掘，延续传统文脉，发挥其辐射带动作用。在湿地文明的基础上，建设特征感鲜明、归属感强烈和认同感极高的湿地旅游空间，做到自然景观与历史人文景观和谐共生，湿地文脉才能够健康持续发展。挖掘名胜古迹，拓展以湿地旅游为主的集观光、休闲、度假及文化旅游为一体的特色旅游带圈。

3. 世界定位候鸟式避暑胜地，构建菜单式生态康养新内容

第一，丰富充实康养旅游产品，系统实施康养旅游品牌经营战略。重点打造大庆—齐齐哈尔集群、伊春集群、五大连池地质生态康养集群等大型康养旅游产业经济带，树立健康养生旅游标杆；使游客能够更健康、更积极、更多参与性地体验康养旅游，将黑龙江打造成为中国北方中医药养生、矿泉疗养、森林康养旅游目的地。具体来说，黑龙江应立足于本省资源禀赋，以产品创新构建具有地方特色的康养旅游产品体系，构建"1+X"产品组合策略。"1"是重点选用最具黑龙江地域特色的五大连池世界三大冷矿泉疗养地，以塑造标志性的康养旅游市场形象。"X"是选用类型多样、门类齐全的康养旅游系列产品，如火山地质、生态旅游、康养度假等，具体有镜泊湖生态文化旅游集群、渤海国考古研学旅游、火山地质研学旅游、冰上运动（镜泊湖冰上国际马拉松）等。在此基础上，可以利用五大连池等依托温泉的旅游目的地，努力推动候鸟型游客落地为全季游

客，打造四季康养产品。

第二，把握细分市场，针对银发游客创新旅游项目。针对银发游客的康养需求，黑龙江省需依托本省特色森林、湿地等资源和避暑市场基础，进一步优化康养产业发展布局，对接区域优质医疗、养老资源，在区域内打造一批健康养老产业聚集区，建设一批绿色生态健康养老服务基地，特别是要鼓励社会力量投资兴办集医疗康复、养生保健、休闲旅游为一体的康养旅游项目，打造"医养"特色旅游品牌，发展国际、国内医疗健康旅游服务。

第三，依托候鸟式康养需求，建构新型生活方式。黑龙江省应依托传统古朴的自然资源，建构宜居的生活理念，发展"慢生活"旅游新体验。将"生态休闲"的概念融入当地居民生活方式建构，提高全省重点湿地旅游区的旅游舒适度，强化湿地旅游区的科普解说、智慧解说等旅游服务功能，关注所有人的优质体验。坚持宜居宜游的理念，持续改善乡村人居环境；完善包括旅游厕所在内的旅游公共服务体系；制定和实施优质的旅游指南和标准；强化旅游解说系统和旅游信息系统建设。强化当地社区参与，提高社区对生态旅游机会的认识，支持自然保护地周边中小微企业发展以提高保护区社区的商业机会，在生态旅游目的地社区推广投资商的成功经验。

4. 创新旅游+农业黑土地模式，建设一流农业公园新产品

第一，依托旅游城镇化动力，建设现代化一流的农业公园体系。着力推进将农业生产场所、农产品消费场所和休闲旅游场所融为一体，依托当地种植业、畜牧业、林业、渔业等农业产业，通过生态化开发、规模化经营、高效化生产、主题化博览、特色化休闲，融生产性、生活性和生态性于一体，具备产业化发展、全民性参与、公园式环境的特点，形成集特色农业种植、生态加工产业、主题农业休闲等功能于一体的农业产业发展模式，主要包括特色农业博览型发展模式和生态产业集约型发展模式。以黑龙江红兴隆为农业公园示范点，践行"现代农业先行区、宜居城镇示范区、红色文化展示区、生态环境保护区"，开通红兴隆现代农业之旅、宜居城镇观光之旅、北大荒红色文化之旅、北大荒湿地体验之旅等精品旅游线路，建设现代化大农业景区。将黑龙江省的农业文化巧妙地融入田园综合体的建设中，是广泛传播黑龙江省黑土文化的有力抓手，也是让田园综合体能够真正留得住乡音乡愁的途径。在田园综合体的开发建设中，政府要有意识地引导企业加入文化教育的元素，从黑龙江省农业文化着手规划建设，将乡村的历史、北大荒的开发建设故事、抗联的故事等文化内容巧妙地融入田园综合体的开

发建设中，让田园综合体真正成为乡愁的归宿地。

第二，以乡村原真性为卖点，保证产品的创意和特色。黑龙江省要着力发掘地域产业特色，以生态、绿色为主题，在建设点线片相连、田园山水交融型垦区新城镇群的基础上，按照统一生产、生活、生态，融合第一、第二、第三产业的要求，充分发挥大农业、大林果等资源优势，以旅强农、以农促旅，并将景区建设融入城镇一体化发展之中。加强旅游产品深度开发，通过实施旅游业与多产业互动发展，促进黑龙江省农村经济发展方式的转变。围绕特色农业产业，全面规划小镇交通、餐饮、购物、娱乐等旅游功能布局，将农业公园建设成为全面开放的现代化旅游特色景区。让旅游者能够在安静、祥和的生产生活体验中，近距离感受现代农业生产生活的乐趣，真正实现旅游的无界限。

第三，创新政企合作模式，全力推进智慧休闲农业旅游。黑龙江省应以优质技术为依托，实现农业生产的智慧化以及旅游运营的智慧化，以技术助推旅游发展。在农业生产的智慧化方面，要充分利用 5G、大数据、模拟仿真等现代信息技术手段，全面推进智慧农业发展，发展智慧温室，建设智慧农业监测系统，实现实时控温、控湿，实时掌握土地各种有机质及微量元素含量；建立实时监控系统，游客及经营者可以通过网络实现对农产品生产全过程的实时监控，增强消费互信，提高生态农产品销售收益。在旅游运营的智慧化方面，要全面开展游客旅游信息检索、下单、支付、退订以及游览导航、电子导游、消费评价等涉及游客旅游全过程的智慧化建设。

（二）主客共享，构建黑龙江省移动旅游目的地体系

1. 激活城乡户外沉默空间，建设多元户外自驾与移动目的地体系

第一，立足自然资源，培育户外运动品牌。围绕"北国好风光，尽在黑龙江"总体品牌形象使自驾游成为黑龙江省旅游产品的核心构成之一。依托黑龙江省自然生态资源优势，以中国户外运动旅游目的地为目标，重点发展国际水平的陆地、水域和空中三大空间、四大类型、60 个子类的全谱系户外运动体验旅游产品。充分挖掘黑龙江省旅游资源特点，充分考虑地理、气候和环境因素，提升全省旅游目的地的可达性；完善自驾旅游配套基础设施和服务设施体系建设，以市场为导向，创新自驾车全域旅游线路产品，提升全域自驾旅游服务水平，打造中国最佳全域自驾旅游目的地。

第二，培育核心竞争力，持续优化旅游产品结构。黑龙江省应利用地形优势，

开发等级难度不同、垂直差异明显的户外自然滑雪场地，借助便捷的省内主要交通枢纽和优美的自然环境，持续丰富生活方式型旅游产品。结合户外运动，在景色优美、交通便利、地形地貌合理的地方打造设施完备的新冰雪运动旅游目的地，借助该旅游目的地拉动自驾旅游。同时在自驾沿线提档升级冰雪大世界、雪博会、冰灯博览会等传统冰雪旅游项目，融合现代高科技，增加观赏性与参与度。

第三，加强汽车营地建设和特色功能区部署。根据《黑龙江省全域旅游发展总体规划（2020—2030 年）》中所规划的 5 个综合旅游集群、8 个主题旅游集群（见表 6-1）、7 条主题旅游廊道、13 条重点旅游交通链接和 25 个重要旅游节点，政府和旅游企业在进行自驾游精品线路设计时应紧紧依靠该旅游资源条件，创建带动区域经济社会发展的旅游线路，培养和鼓励相关人才发挥专业优势，结合旅游资源打造主题鲜明、特色突出、四季可游、长短互补、搭配合理的精品旅游线路。围绕冰雪主题，可将哈尔滨和牡丹江的冰雪资源作为一个集群，打造冰雪旅游聚集区，为冬季自驾游增加新乐趣；同时可以将古驿站沿线的旅游资源进行整合，打造以古驿站为主的黄金旅游线路；在边境旅游方面，推进 G331 中国两极穿越自驾旅游发展以及黑河、黑瞎子岛、绥芬河—东宁国际自驾游的发展建设。自驾游精品线路设计必须在提升数量的同时把握质量，在保证生态环境不被破坏的前提下，创建资源利用最大化、游客满意程度最大化、经济社会收益最大化的精品自驾游线路。

表 6-1　黑龙江省旅游集群式发展布局

	黑河跨境贸易旅游集群
	五大连池地质生态康养集群
	漠河极地生态旅游集群
	抚远东极文化旅游集群
8 个主题文化旅游集群	镜泊湖生态文化旅游集群
	兴凯湖琥珀度假集群
	虎林—饶河界江民宿文化旅游集群
	绥芬河—东宁边境商贸文化旅游集群

第四，增设多品类自驾游活动，增强移动目的地吸引力。推出以"中国两极穿越""百年中东铁路""探寻古驿路"为主题的自驾游线路，打造黑龙江的自

驾游品牌特色；例如，推出"千车万人驾游龙江"等大型自驾游系列活动，其间政府协同旅游企业举办活动，推出自驾游精品线路，打造中国自驾和户外运动旅游目的地的形象；同时依托黑龙江地处中俄边界的有利地势，推动中俄"梦之旅"贝加尔湖自驾拉力赛暨国际文旅合作项目战略合作活动进一步发展，使中国公民能够自驾从黑河市向北穿越西伯利亚，到达符拉迪沃斯托克、贝加尔湖、伊尔库茨克等地，体验中俄跨越的自驾之旅。

2. 加大旅游新基建投资力度，构建主题廊道与极地边境游新景象

第一，借助交通新基建布局与延伸，建设旅游廊道空间体系。旅游廊道是在黑龙江整体布局中体现为风景优美且特点突出、呈线性分布的旅游景点和设施。全省应依托"一城四县"旅游线路综合布局，建设主题廊道。以"醉美331边防路"旅游风景道为核心，重点发展自驾车旅游、户外运动、界江观光等。按照黑龙江全域旅游规划指示要求，着力打造黑龙江冰雪景观廊道、乌苏里江慢游观光廊道、五大连池—伊春山地探险旅游廊道、北大荒农业文化遗产旅游廊道、中东铁路文化遗产旅游廊道及黄金古驿路廊道等特色廊道。

第二，利用中俄跨境旅游整体廊道，开发极地边境旅游模式。目前，黑龙江经国务院批准开展边境旅游异地办理业务的地区有13个，为中俄双边旅游廊道合作奠定了坚实基础，可探索以珲春—哈桑罗先、黑河—布拉戈维申斯克、绥芬河—波格拉尼奇内三个区域为轴点的旅游竞合模式。政府应协调开通"双边自驾游"，促进通关便利化；旺季时简化通关手续，加快客流速度；落实项目建设、产品打造、联合促销、便捷通关等旅游合作具体事宜；在宣传展览、旅游投资、旅游保险、旅游教育等方面加强系列交流与合作。

第三，加强省际协同联动，培育文化廊道新增长点。在当前国际国内背景下，黑龙江省应充分利用东三省抗日红色遗产进行旅游吸引物布局，激活本地民族记忆，培育红色旅游吸引力。东三省地市级以上抗日遗址文物保护单位达319处，其中国家级单位达51处，以东三省抗联遗址为依托，与当地自然、人文景观相融合，是进行廊道开发的有利条件。东北抗日文化遗产廊道开发建设，应坚持"顶层设计、统筹规划、协同发展"的战略思想，将东北抗日廊道建成品牌化、有竞争力的代表性工程，打造"贯通南北、纵向跨省"的区域性抗日文化遗产廊道。黑龙江应着力建造以哈尔滨为核心的抗日文化旅游廊道，打造以松花江、鸭绿江和长白山为重点的"东北红色旅游区"，其中应包含哈尔滨东北烈士纪念馆、东北抗联纪念馆、哈尔滨烈士陵园、侵华日军第七三一部队罪证陈列馆

等 26 处红色旅游资源。

3. 打造特色民宿产业集群，提升区域民宿+美食独特吸引力

第一，挖掘民族村历史文化资源，打造特色民宿产业集群。黑龙江省西部少数民族村屯主要分布于齐齐哈尔市、大庆市及大兴安岭地区，历史上蒙古族、达斡尔族、鄂温克族、鄂伦春族等少数民族世代居于此，各少数民族依据所处地域资源特点形成了渔猎、农耕、旅游等各具特色的乡村经济。黑龙江省相关部门应以少数民族聚集地的现有宅基地为主，打造餐饮、娱乐、民宿、马术俱乐部等相结合的风情街，利用传统村落改造资金全面打造升级特色民宿房屋，采取集中整合、房屋置换、自愿有偿退出等方式整合区域，利用自用住宅空闲房间、闲置住宅、闲置房源，结合当地人文、自然景观，生态、环境资源及农林渔牧生产活动，以自营、出租、入股、合作等方式经营，面向即将退休且有乡土情结的消费人群，打造旅客乡野生活居住环境和修身养性的康养处所。

第二，加强本地特色小吃传承及相关旅游产品的开发力度。中国饮食以食疗、饮食养生、本味主张、孔孟食道等为理论基础，讲求饮食顺应时节、节制、中庸适度。黑龙江饮食非遗的保护传承适合走养生的道路。烹调上进一步寻求营养与健康，在不改变核心文化符号要素的基础上，进一步满足食客对饮食健康的需求。黑龙江省的饮食文化起源于满族饮食文化，省内众多非遗项目，如满族盘酱制作技艺、满族八大碗、满族年猪菜和满汉全席北派菜等，深刻受到满族文化的影响。地方应着力提高其品牌知名度，彰显其应有的文化价值。黑龙江省的饮食中已有多个项目形成了自己的品牌效应，并且在全国范围内具有一定的知名度，如哈尔滨秋林大面包、哈尔滨秋林里道斯、大众肉联红肠、老鼎丰中式糕点、老厨家中式餐饮、马迭尔餐饮等。优质的内容是品牌对外输出的前提，非遗的认定能够突出文化的特性及精髓，吸引更多潜在群体的关注。黑龙江省应着力打造特色餐饮文化品牌，以"精""洋""细""养"为理念，强调"老中有新，新中有根"。类似地，还有黏豆包、八大碗、白肉血肠等特色美食的挖掘和发扬。全省应着力创建"黑龙江优质食品、饮料和手工艺"旅游商品品牌认证，推广品牌认证的系列旅游商品；实施黑龙江最佳早餐比赛。同时，还应着力提高对美食传承的重视程度，定位高端市场，改善小吃周围环境，杜绝食品安全问题。

第三，挖掘独有的文化区位优势，推进民族特色小镇建设。黑龙江省历史文化悠久，是唐渤海国上京龙泉府和金上京会宁府所在地，鄂伦春族、赫哲族等世居少数民族文化特色明显，发源于黑龙江省的抗联文化、北大荒文化具有重要的

文化影响力和知名度。要充分利用少数民族聚集地的资源禀赋，将原住民的自然生活与旅游民宿有机结合，充分保证原生态的文化旅游体验。例如，修复满族传统建筑、雕塑、寺庙等，利用特色民族元素，实现黑龙江民宿的集群式发展。通过与民族文化融合，提升游客的旅游体验，使游客在游玩之际，既能享受满族传统美食、欣赏满族特色活动，又可以感受满族文化在历史发展中的传承，满足游客在精神、观念、思想、情感等方面的追求。黑龙江省应把握特色旅游产业，将少数民族文化、风情、民俗、节庆、娱乐等与旅游产业的集群式发展充分融合，建设"食住行游购娱"六位一体的特色小镇项目。

4. 盘活公共文化基础资源，培育主题化旅游泊客经济增长点

第一，接轨国际主流消费文化，创新旅游产品发展模式。一方面，黑龙江省应挖掘中华传统文化中的元素，原创具有自主知识产权和中国特色的主题和文化，将我国传统民俗、历史事件和人物、神话传说、童话故事等作为自主创新的题材，尤其是最具代表性的中华传统文化人物和事件，打造有影响力的自主知识产权和品牌，基于品牌带动和资本输出进行商业扩张，使"北国风光"主题公园向规模化、大型化、集团化方向发展。另一方面，可以考虑引进和改造西方主题和文化。例如，引进迪士尼等国外品牌版权进行中国化改造，打造冰雪"迪士尼"；在体现多元化、兼容性的原则下开展东西方文化融合创新。黑龙江省可以将国外的异域文化、器物、童话故事等方面的元素纳入主题创新，充分推动东西方文化融合与创新发展，实现"中国化"主题创新。

第二，培育主客共享互动式游憩空间，以标志性公共文化设施串联旅游打卡路线。针对不同的文化旅游资源类型设计开发对策，将原住民的日常生活和文化融入旅游资源开发，在旅游场所打造具有创意性的活动方式。利用文化陈列、文化移植、文化复刻以及高新技术等手段，以虚拟环境塑造和园林环境为载体，同时整个游乐项目必须具有主题情节，来迎合消费者的好奇心。培育堪称城市标志性建筑的公共文化设施，打造"网红"建筑打卡地。借鉴天津市滨海新区图书馆极具视觉冲击力的"书海"设计"C位出道"经验，打造诸如此类单体"网红"建筑，同时，公共文化机构也可产生"群集"效应，即聚集在一起或邻近的多个公共文化设施，也可以因其鲜明的特色和丰富的人文内涵串珠成线，形成"文化路线"或"文化圈"，构建"阅读生活圈""博物馆群落"等旅游地标吸引物，吸引游客了解建筑和路线"背后的故事"。

（三）遗产活化，促进黑龙江文化旅游内涵重塑

1. 扎根本土工业文明沃土，构建工业文化旅游好风光

第一，活化工业文化遗产空间，传承黑龙江省工业文明精神。工业文化是中国特色社会主义文化在工业领域的具体体现，是社会主义先进文化的重要组成部分，是工业旅游发展的灵魂。可观可感的工业建设和其中蕴含的深刻文化内涵是发展工业旅游两个不可或缺的重要方面。在黑龙江省如火如荼的工业建设实践中，大庆油田等特大型工业企业不仅沉积了辉煌的业绩，而且为我们凝结了诸如"大庆精神"和"铁人精神"等宝贵的精神财富，成为中华人民共和国优秀精神谱系的重要组成部分。这些珍贵的工业文化成为黑龙江工业旅游的独特魅力所在。黑龙江作为老牌的工业化省份，应发展以消费为基础的工业遗产旅游经济来取代传统的"门票经济"。工业遗产旅游能够让参观者进一步了解产品生产过程、旅游企业文化等相关因素，并且这种形式的参观游览能够为工业主体带来一定的经济、文化、社会效益。一方面，创建黑龙江石油遗产路线等一系列主题文化旅游线路，感悟老牌工业城市和赛博朋克的魅力。另一方面，技艺类的传统资源适宜发展工业旅游的模式。例如，设计专项饮食类线路让参观者了解工业生产的过程，有利于饮食技艺的传播。借鉴深圳大沙河公园、武汉园博园、哈尔滨"中国亭园"（前身均为垃圾填埋场），北京798艺术区（前身为遗弃工业区），成都"中国农业公园"等项目经验，增强其与餐饮、住宿、停车场、写字楼、研究院、展览馆等消费服务和生产服务配套项目的联合共建。

第二，发展工业文化研学旅游，创新工业科技旅游。黑龙江省是我国"一五"计划重点建设的工业基地，发展到目前为止留下了大量的工业文化遗产。中东铁路、大庆油田、阿城糖厂、老巴夺卷烟厂、一重富拉尔基厂区、龙江森工桦南森林铁路、哈尔滨卷烟厂旧址、东北轻合金加工厂、哈尔滨电机厂、哈尔滨锅炉厂、建龙北满特殊钢有限责任公司等成功入选中国工业遗产保护名录，还有更多的工业遗产正在申请保护之中。这些工业遗产将构成黑龙江发展工业遗址旅游的核心吸引物。黑龙江要充分利用老工业基地的传统优势和工业文化积淀，依托大庆油田、中国一重、哈药、哈电、哈飞、完达山乳业等知名企业开展生产参观、科普教育等旅游活动，感受企业文化与新时代工匠精神。例如，在一重游客可以看到亚洲最大的12500吨水压机的生产作业场面和世界最大的15000吨水压机的现场及重型机器产品的生产过程，可以了解到我国民族工业的发展历程及其

为国民经济发展所提供的先进重大的成套技术装备，同时更能强烈地感受到中国工人阶级的伟大，感受到中国民族工业的自豪和一重人的真诚、豪放和热情。

第三，依托工业基础设施智造产业，打造中国特色的工业主题游乐园。黑龙江省目前拥有油田、露天矿、煤矿山、大型采煤车、蒸汽机车、电力机车、铁轨、废弃的厂房、工人宿舍、沉陷区的建筑等为代表的大批工业遗产与机械化空间。围绕诸多资源，打造工业主题乐园，带动工业休闲娱乐发展，重点发展哈尔滨、大庆、齐齐哈尔等城市，以工业主题乐园引爆工业休闲娱乐，以工业文化创意业态营造休闲氛围。创新工业科技游，提供持续发展驱动力，建立工业创意设计产业园、强化工业创意科技的互动体验、建设工业博物馆。开发高端工业创意旅游商品，做强工业文化旅游消费，建设工业旅游商品设计园，启动高端工业文化旅游商品开发工程，依托各大工业企业开发专利型旅游商品。建设工业创新创客空间，利用废旧厂房及工业设施发展类似于北京"798"艺术区的主题工业遗产文化创意基地。

2. 依托中医药本地优势资源，塑造中医药文化旅游新体验

第一，发挥黑龙江中医药资源优势，加快培育中医医疗旅游产业。黑龙江省药材资源丰富，野生药材品种多，全省中药材种植品种有120余种。至2020年底，全省中药材种植面积达到260万亩、产量52万吨、产值104亿元、效益35亿元，同比分别增长40个百分点以上，均比2018年翻一番，四项指标增幅均列全国第一。其中，主导品种"龙九味"种植面积134.7万亩，占总面积的51.8%，同比增长160%；梅花鹿、马鹿存栏达3.1万头，产值1.25亿元。通过布局六大区域，基本形成了大兴安岭高寒区五味子、黄芪、黄芩、柴胡、赤芍、金莲花，小兴安岭丘陵区刺五加、五味子、平贝、人参、西洋参、水飞蓟、返魂草，西部平原风沙干旱区关防风、柴胡、板蓝根、赤芍、黄芪、苍术，张广才岭、老爷岭、完达山半山区人参、西洋参、刺五加、五味子、平贝、白鲜皮、桔梗等优势特色布局。全省板蓝根、刺五加两个品种的种植面积达到30万亩以上；紫苏、人参、关防风三个品种的种植面积达到20万亩以上；苍术、赤芍、白鲜皮、五味子四个品种的种植面积达到10万亩以上。通过中医药博览会、产销对接会、"龙九味"天猫旗舰店等平台，利用经营流通企业、经纪人等载体，黑龙江省的优质药材在全国市场份额不断提高。目前，刺五加占80%以上，板蓝根占50%以上，关防风占40%以上，平贝占30%以上。

第二，加快中医药产业发展步伐，鼓励社会资本参与示范基地建设，鼓励医

药工业化向医药服务化转型。黑龙江省中医药产业发展速度较快，全省中药生产企业有 140 余家，其中规模以上生产企业 58 家，部分龙头企业已进入全国医药工业百强企业名录。积极发挥全省拥有 998 个中药品种的优势，加强特色中药产品保健化的研发速度、加快医疗旅游服务市场化的速度，不断提升哈尔滨、牡丹江、大庆、鸡西等地中药加工产业服务经济建设的能力，提升产品的品牌营销水平，将医药工业制造能力转化为医疗旅游服务能力。加快以哈尔滨三棵树药材专业市场为主的线下市场营销网络格局的构建，转化中医服务能力，依托省级财政连续两年统筹 10 亿元专项资金，撬动社会资本参与，把 204 个千亩以上中药材示范基地、18 个万亩以上示范区、15 个 5 万亩以上大县、5 个 10 万亩以上大县转化为具有中医医疗旅游服务能力的目的地。通过在国家级产业园，省级产业园、省级现代农业科技园、中药材特色小镇、标准化示范展示园中植入中医医疗服务元素，扩大其旅游服务与销售网络，促进中医药特色小镇的规模化发展，探索具有本土特色的医药服务产业经济模式。

第三，开发中医药旅游体验产品，建设中医药医疗旅游服务综合体。牢固树立"绿水青山就是金山银山，冰天雪地也是金山银山"的理念，黑龙江省依托自身中医药、森林氧吧、温泉冷泉、湿地绿肺、绿色食品、大冰雪等独特自然资源优势，以北药种植基地及大型中药加工企业为补充，实施"中医药+旅游"行动，开辟中医药和民族医药健康旅游路线。包括森林康养、温泉疗养、冰雪特色疗养、专业 SPA、中医药康复理疗、中医药养生保健、中医药文化体验、药膳食疗、健康美食、健身训练、传统文化养生、医疗旅游、康复度假、健康驿站等新型康养旅游产品。完善产业要素及服务业态，促进产业优化升级，加速产业发展。重点研发和推广针对银发旅游市场的战略性旅游产品，专门针对中老年游客需求和兴趣设计创新战略性旅游项目。积极开发建设一批融中药材种植、中医健康服务、中医药文化景观、传统健身运动、药膳食疗于一体的中医药健康旅游基地。推进中医药健康旅游基地和景区、景点建设，打造四个融合中医药康复理疗、中医养生保健、中药材种植、乡村采摘、药膳养生、中医药文化体验、科普宣传为一体的中医药特色小镇。以中国北药智慧产业园、清河中国北药园、伊春桃山玉温泉森林康养基地等项目为带动，建设 3~5 个中医药健康旅游示范区，推动建立中医药养生体验和观赏基地以及省级中医药博物馆和中药资源馆。

3. 实施创新性转化，让黑龙江省文化遗产重获新生

第一，推动文旅体验数字化转型，建设智慧文旅目的地。自 2003 年开始，

全省先后有六批 515 项文化遗产入选省级非物质文化遗产名录，涵盖了民间文学、传统音乐、传统舞蹈、传统戏剧、曲艺、传统体育、传统美术、传统技艺、传统医药以及民俗十个类别。此外还有 57 项入选国家级非物质文化遗产名录，两项入选联合国科教文组织非物质文化遗产名录。近年来，全国各地文博单位都已经开始了数字化探索，故宫博物院、南京博物院、上海博物馆、湖南博物院、苏州博物馆等单位已经走在前列。黑龙江省文博产业数字化转型程度不高，要把握好文博系统产业转型升级的机遇。充分利用数字智能科技为自身赋能，积极推进各大博物馆馆藏数字化、展览数字化、参观数字化，引入大数据、人工智能、AR 技术等数字技术对博物馆、文化馆等公共文化场所的艺术品、文物、非物质文化遗产等文化资源进行数字化转化和开发。整合黑龙江省多元文化遗产和博物馆资源，针对不同游客需求创新文化旅游展示方式，关注儿童和年轻游客的游览体验，加强适合儿童和年轻游客的研学旅游产品开发。

第二，创新旅游文创商品开发，促进传统工艺融入现代日常生活。充分挖掘黑龙江省地域特色明显的北红玛瑙、北沉香、满洲刺绣、赫哲鱼皮制品、伊春木艺、麦秸画、油画、漆画、黑陶、剪纸等传统工艺资源，强化文化遗产和博物馆旅游商品的创新。集合全省传统工艺、人才技术、资源及品牌优势，改变原有分散的家庭作坊式生产经营状况，鼓励社会资本投资，带动和拉长产业链。一方面，提升整体品质。运用新技术、新工艺、新材料、新设备、新创意开发工艺美术产品。坚持继承和创新相结合的原则，在保护多样性和独特性的基础上，丰富传统工艺的题材和产品品种，提升设计与制作水平。促进特色文化元素、传统工艺技艺与创意设计、现代科技、时尚元素相结合，重点推进工艺礼品、旅游纪念品、原创美术作品等产品的生产销售，培育传统工艺知名品牌。另一方面，拓宽营销渠道。搭建互联网营销平台，实现新媒体与电商平台的联合运营。推广消费者参与传统工艺产品设计和体验等新型生产、消费模式，注重开发与民众生活息息相关的工艺美术产品，促进传统工艺融入现代日常生活。

第三，升级传统旅游演艺，开拓新型演艺事业建设新局面。首先，加强对传统演艺的再创新。依托省内赫哲族、鄂伦春族、鄂温克族、满族等少数民族歌舞、器乐等非物质文化遗产资源，加大与创意、设计、科技、时尚的融合，运用声、光、电等现代艺术表现手段增强传统歌、舞、乐表演的呈现力，在继承传统的基础上满足现代观众的审美需求。其次，增加现代演艺的文化内涵。根基在于对所依托文化的深度挖掘，目标指向是讲好龙江故事、传播龙江声音，体现龙江

"四大精神"内核，基本方向是弘扬中华优秀传统文化、革命文化和社会主义先进文化。这些文化既有历史传承和鲜明特色，又有时代需求和市场基础，应当通过高水平的艺术形式和传播方式展现出来。最后，建设"互联网+演艺"平台。加强演艺机构与互联网平台合作，支持演艺机构举办线上活动，促进线上线下融合。扩大冰上杂技等演艺品牌知名度。推动省文艺院团、演出机构、演出经营场所数字化转型。促进龙江剧、戏曲、民乐等传统艺术线上发展，鼓励文艺院团、文艺工作者、省非物质文化遗产传承人利用新媒体平台开展网络展演，更好地传播龙江文化。

五、推动黑龙江省旅游产业发展的政策建议

（一）构建"北国好风光"IP营销矩阵，助力全域品牌形象打造

第一，深化全域旅游品牌形象，建设目的地品牌营销体系。2018年黑龙江省旅游产业发展大会上提出了"北国好风光，尽在黑龙江"旅游品牌。黑龙江省地处中国最北，夏季凉爽怡人、冬季冰爽诱人，是名副其实的"北国"；黑龙江省拥有独具特色的四季风光，资源占据众多中国乃至世界之最，是当仁不让的"尽在"；黑龙江省具有标志性的大森林、大草原、大湿地、大湖泊、大界江、大冰雪，独特的自然风光，一流的生态环境，是当之无愧的"好风光"；悠远深厚的文化底蕴、绚丽多姿的自然风光、热情好客的风土人情，这就是"北国好风光，尽在黑龙江"。北国之春、避暑胜地、五花山色、冰雪之冠这四季品牌，都是对"北国好风光，尽在黑龙江"的完美诠释。遥望中国东北端，黑龙江省四季分明、景色各异。春天的黑龙江冰雪消融、万物复苏，鸟语花香装点着北国之春；夏天的黑龙江林丰草茂、生机盎然，避暑胜地洋溢着畅爽风情；秋天的黑龙江天高云淡、稻浪金黄，五花山色颂扬着丰收喜庆；冬天的黑龙江千里冰封、万里雪飘，银装素裹点亮了冰雪之冠。

第二，强化全域旅游品牌推广，多措并举打造旅游目的地形象。着力将"北国好风光，尽在黑龙江"品牌打造成集旅游、度假、休闲、康养、文化等内容为一体的丰富多彩旅游大餐。在重点媒体上集中投放黑龙江旅游产品，地方媒体开

设旅游频道以及旅游美食、旅游文化等专栏节目和版面，深入包装"北国好风光，尽在黑龙江"整体旅游品牌的视觉呈现，创新性打造旅游品牌 VI 形象，加强品牌形象标识推广，建立一系列视觉传达体系，包括旅游品牌 Logo、完整的 VI 手册、旅游宣传品设计、标识导引系统、系列广告设计、代言人物设计、PC 端和移动端界面 UI 设计、整体的旅游纪念品设计等。将旅游品牌形象进行全域化、全面化推广，使品牌形象深入人心。

（二）创新大数据媒体营销平台建设，打造跨领域网红旅游产品

第一，构建全域旅游大数据中心，建设信息服务平台。相关部门应针对全省旅游经济产业打造公共服务平台，汇集全省的优质旅游资源，设计旅游信息及游客互动模块，使游客可以通过在线提问、咨询等服务，全方位了解旅游攻略及旅游路线。网站页面应以游客服务需求为中心，综合使用中文、英文以及俄文等多种语言，并且还应配套设计细分旅游手机客户端，同步 PC 端发布信息，针对旅游扩展社交功能，增强游客的互动与交流体验。同时，旅游网还应加强与当地旅游局的互联互通，综合旅游管理部门、旅游服务行业以及全省旅游景点的信息，保证各旅游产业资源平台互联互通，以便为游客提供全面精准的旅游服务。为实现精准营销，还应依据大数据技术建设共享产业链的云服务平台，为监管部门、旅游企业以及游客提供更多信息，使其可以随时随地查阅旅游数据，全面提高旅游产业的管理水平。大数据中心可以提供广泛服务，包括云呼叫、在线酒店管理、在线培训、门户网站等，游客及相关企业可以注册账户，在云平台选择相应服务，比如在线支付、查询各类旅游信息等。要加大市场秩序监管力度，监管部门可以在线处理投诉、评价等，并公开信息，保证旅游产业链的全程监管。除此之外，还可以利用 GPS 定位及 LBS 定位技术，建设各类旅游管理体系，进一步规范导游市场与导游服务，完善客流预警系统，缩短旅游客流趋势预测周期，提高覆盖率，保证各类旅游活动的生态性，为游客提供便捷服务。

第二，明确营销核心主题和主体，加大旅游推介力度。建立健全政府部门、企业、媒体、公众共同参与的联动营销机制，促进不同区域形成上下结合、横向联动、多方参与的营销格局。整合过去传统旅游市场宣传营销各自为政、各地为政的零散方式计划和执行的营销工作，结合线上线下营销，对旅游市场产生整体影响。扩大在中央媒体、高收视率的地方卫视以及境外媒体的广告宣传，同时强化省内各类媒体的旅游推介作用，鼓励开设旅游节目和栏目，推介周末短途游。

利用航空、铁路等交通工具进行平面媒体与视频广告营销。建设好黑龙江省各级政府门户网站和旅游网站，扩充宣传内容，加快更新速度。与携程、去哪儿等旅游网站，爱奇艺、优酷等网络视频加强合作进行线上营销。充分利用微博、微信、抖音、小红书等自媒体，通过传播旅游体验感受加强营销宣传，强化与社交媒体影响者的合作。定期在社交媒体平台上选择最活跃的社交媒体影响者，组织这些人来黑龙江进行旅游产品服务体验，打造一批"网红旅游打卡目的地"，全力将黑龙江打造成为影视剧组、综艺团队取景拍摄的热门地区，精心制作以黑龙江地域文化为题材的微电影、微视频，吸引观众到拍摄地旅游，持续宣传黑龙江旅游产品和服务，从而达到黑龙江文化旅游推介的目的。

第三，建立黑龙江目的地分层体系，实施旅游精准营销战略。对于不同的客源地与人群，也要有针对性地进行精准营销推广，不能千篇一律。立足国内大循环，围绕进一步叫响"北国好风光，尽在黑龙江"总体品牌形象，在珠三角、长三角、京津冀等重点客源市场创新利用文艺演出、非遗技艺、旅游商品、龙江美食等系列方式对黑龙江特色文旅资源进行现场推介，推动大型文旅企业在重要客源市场设立黑龙江旅游营销推广中心，实施靶向营销，开拓省外客源市场。确定目标细分市场品牌定位及吸引策略。围绕"北国好风光，尽在黑龙江"的总体品牌形象定位，针对中青年、儿童、老年等不同游客群体，实施精准营销和靶向营销。抓住俄罗斯、日本和韩国、东南亚地区等入境旅游核心市场和潜在市场，紧扣境外游客需求和消费习惯，通过派驻专职推介代表、创建发布黑龙江旅游节庆活动日历、建立多语种旅游网页等方式开展有针对性的营销推介活动。整合宣传资源渠道，加强与国内主流媒体、线上知名营销平台和新媒体社交平台合作，策划热门旅游话题和事件，构建立体营销矩阵。根据不同的旅游细分市场确定不同的旅游市场品牌定位及策略，向目标旅游市场传达更有吸引力的旅游品牌信息。

（三）推动跨区域创新旅游联盟合作，共同举办新型会展与赛事

第一，建立东北三省旅游联盟，全面提升跨区域旅游影响力。黑龙江、吉林、辽宁同属东北地区，三个省份地缘相近、语言相通、民俗相似，旅游资源既有共同之处又不失各自特色。加大东北三省旅游合作开发力度，可以让旅游资源充分互动和互补，避免同质竞争，使优势更优、强点更强，进而走出一条旅游发展的区域化合作新路。要创新合作体制、打破地域行政障碍、统一布局谋划、保

证政策落地、畅通沟通机制，联合打造贯穿三省的"关东风情旅游带""工业遗产旅游带""冰雪娱乐旅游带""现代农业旅游带""红色抗联旅游带"等数条精品旅游线路，共同举办节庆、会展和赛事，统一旅游营销，树立东北三省大旅游的品牌形象，提升整体竞争力，实现旅游产业的共同发展。

第二，跨区域举办会展赛事，推动三省旅游精品化与高质量发展。东北三省共同举办会展赛事，有助于改变东北三省同质竞争、各自为战的现状，对于扩大现有会展和赛事规模、提升会展和赛事的档次起到催化作用。首先，东北地区依托冰雪、江河、森林和山地等自然资源，是开展体育赛事游的理想之地，可以开展滑雪、足球、冰（雪）雕制作、冰泳、登山、户外拓展训练、攀岩、探险、垂钓、森林徒步等比赛项目。特别是东北三省具有得天独厚的冰雪资源，可以联合申办国际国内重要赛事，创办东北三省共同的滑雪、滑冰、冰球、冰壶等赛事品牌，把东北三省打造成为内容多样的体育精品旅游区域。其次，推动三省共同举办具有东北特色的各种节庆会展和文化活动。围绕东北三省具有比较优势的冰雪产品、绿色生态产品、畜牧产品、东北美食、时尚产业等方面，共同举办特色会展，改变以往内容雷同、规模不大的弊端，进行全面提档升级，扩大区域展会的知名度与影响力。

（四）落实国家"一带一路"倡议，加快全省基础服务设施建设

第一，大力拓展跨境旅游合作，释放多边旅游合作发展潜力。以黑龙江自贸区成功获批为契机，释放沿边市县对俄合作潜力及优势，推进对俄沿边文旅走廊建设。实施与日本新潟县旅游交流计划，设立韩国黑龙江文化旅游推广中心。举办与日本北海道、韩国忠清北道等友城结谊的文旅庆祝活动。落实文旅部"部省合作"任务，积极参与"欢乐春节"等品牌活动，加强与海外中国文化中心及使领馆文化处合作，深化与"一带一路"沿线国家的文化和旅游交流。以黑河、同江、东宁、绥芬河和抚远等区域为重点，把沿边城市对俄文化和旅游交流纳入中俄文化大集总体框架，推动沿边城市与俄毗邻州区开展艺术演出、文化遗产保护利用、公共文化服务、边境旅游等领域的全方位合作。扩大活动规模，创新交流形式，丰富合作内容，提升沿边城市对俄文化和旅游交流的层次和水平，不断扩大对俄人文交流、旅游合作及经贸往来成效。构建中国最大和世界第一的北国风光胜地，丰富边境风情、极地体验、界江游轮、节庆会展、商贸购物等旅游活动，与俄罗斯共同培育和打造跨境跨国旅游精品线路和特色旅游品牌。

第二，坚持旅游为民，加快全省基础服务设施建设，全面提升旅游产业普惠度。旅游设施建设是发展壮大黑龙江旅游产业的基础，政府应加大对省内旅游新基建的投资力度，完善以黑龙江省会城市哈尔滨为中心辐射向全省的交通网；运用大数据、云计算、人工智能等新技术，为旅游业基础设施数字化提供重要保障；提供主客共享的游客休憩场所，力争为游客提供更宾至如归的旅游环境，增强黑龙江省在整体旅游市场中的竞争力。旅游资源的开发以及文化氛围的营造离不开当地居民的参与。黑龙江省应采取多种措施鼓励原住民参与到旅游活动中去，将部分城市的公共基础设施，如图书馆、城市街区等居民日常生活空间转变为主客共享的旅游空间。建立和发展冰雪文化公共事业，构建以冰雪旅游文化为主题的公园，将传统冰雪运动融入其中，既可以提高当地居民参与活动的积极性，也可以增强游客的体验感；建立冰雪博物馆，这既是对冰雪文化的传承，也提高了地方居民对冰雪旅游文化的了解，由此来增强地方居民对其文化的认同感和参与积极性。

第三，积极推进旅游便利化，构建海陆空无缝衔接一体化政策，探索国家级旅游示范先行区建设。加强边境旅游异地办证和口岸签证通道建设，为外国人入境旅游、国内旅客出境旅游创造良好的通关便利条件。构建以豪华专列、轮船、大型包机为载体，集"陆路、江海、空中"为一体，对外面向整个东北亚特别是俄罗斯远东与西伯利亚直至欧洲，对内连接国内主要客源省份的跨国大通道，跨境跨江跨海吸引世界客。进一步地，联手打造中国北疆国际旅游岛，增设国家级旅游示范先行区。借鉴港澳地区及海南岛成为世界旅游热点的发展模式，发挥黑瞎子岛原生态湿地、黑瞎子岛回归交接地、乌苏古镇、东方第一哨、原俄罗斯兵营等具有独一性的资源优势，确立服务、景区、产品零距离的新目标，构建符合国际惯例的新体制，增设国家级旅游示范先行区，实施零关税、免签证、放航权等新政策，着力打造开放、绿色、文明、和谐之岛。

第七章　黑龙江省数字经济发展研究

当前，新一轮科技革命和产业变革正在全球范围内深入推进，不断催生新技术、新产品（服务）、新模式、新业态、新产业。其中，以云计算、大数据、移动互联网、物联网、人工智能、区块链等通用目的技术群（General Purpose Technologies，GPTs）推动的数字经济是创新最活跃的领域，其"发展速度之快、辐射范围之广、影响程度之深前所未有，正在成为重组全球要素资源、重塑全球经济结构、改变全球竞争格局的关键力量"①。世界主要国家加强在数字经济领域的科技、产业布局，数字经济领域成为大国角逐竞争的主战场，也是地方政府为培育壮大新动能积极布局的重要领域。

数字经济（Digital Economy）一词最早出现于 1995 年 Don Tapscott 所著的 *The Digital Economy：Promise and Peril in the Age of Networked Intelligence* 一书中，是伴随着互联网经济的兴起而出现的，在那个时代，主要是指互联网经济或信息经济。随着 ICP/IP 协议、万维网（World Wide Web）协议的先后完成，互联网在 20 世纪 90 年代初开启了快速商业化的步伐，早期的数字经济主要是由计算机、通信、固定互联网等技术推动的，其应用主要集中于新闻、搜索、电子邮件、购物、通信、游戏等消费或电子商业领域。2001 年互联网泡沫破灭后，数字经济曾经沉寂了一段时间；2008 年国际金融危机后，在 4G、大数据、云计算、物联网、人工智能等新一代信息技术的推动下，数字经济再度爆发，共享经济、平台经济、零工经济快速兴起，移动社交、网约车、外卖、视频直播、短视频等新模式迅猛成长。近年来，在大数据、云计算、物联网、人工智能等技术成熟并进入商业化应用阶段后，数字技术的赋能力进一步增强，加快

---

① 习近平．不断做强做优做大我国数字经济［J］．求是，2022（2）．

向国民经济各行业渗透融合，推动整个经济向数字化、网络化、智能化方向转型。

对于什么是数字经济，不同的机构和学者有不同的认识。2016 年 G20 杭州峰会发布的《二十国集团数字经济发展与合作倡议》给出了一个较为广泛接受的定义，即数字经济是"以使用数字化的知识和信息作为关键生产要素、以现代信息网络作为重要载体、以信息通信技术的有效使用作为效率提升和经济结构优化的重要推动力的一系列经济活动"。尽管各界对数字经济的内涵仍存在不同认识，但普遍认可数字经济可以划分为狭义与广义两个层面。根据国家统计局发布的《数字经济及其核心产业统计分类（2021）》，狭义的数字经济也被称作"数字产业化"，是为产业数字化发展提供数字技术、产品、服务、基础设施和解决方案，以及完全依赖数字技术、数据要素的各类经济活动，对应着国民经济行业中的计算机通信和其他电子设备制造业、电信广播电视和卫星传输服务、互联网和相关服务、软件和信息技术服务业等行业，大致相当于 ICT 产业的范围；广义的数字经济也被称作"产业数字化"，是指应用数字技术和数据资源为传统产业带来的产出增加和效率提升所涉及的经济活动。随着数字技术的广泛渗透与融合，国民经济各行业都不可避免地带有产业数字化的内容。

数字经济正在成为重组全球要素资源、重塑全球经济结构、改变全球竞争格局的关键力量，既是大国角逐竞争的主战场，也是地方政府积极布局的重要领域。黑龙江省高度重视数字经济发展，新型基础设施建设持续推进，积极推动数字技术的应用和试点示范，加快发展智能制造，数字经济发展初见成效。但是在数字基础设施、数字经济核心产业和数字产业化领域缺少亮点，核心城市数字经济规模偏小，与数字经济发达地区存在较大差距。数字经济能够提供经济增长新动能，发挥赋能作用，提高产业效率和发展质量，增强优势产业竞争力，并在新兴产业领域提供换道超车的机遇，对黑龙江省经济发展具有重要意义。同时，黑龙江省具有发展数据中心产业的气候条件和新能源基础，在数字经济相关的科学、工程技术研究方面具有较强的实力和充裕的人才供给，全国领先的农业和具有优势特色的装备制造业为开展智慧农业、智能制造以及培育发展"智能+"服务企业提供了产业基础。黑龙江省发展数字经济应立足于自然资源、创新、人才和产业优势，一方面在既有数字经济领域实现差异化优势，另一方面争取在细分数字经济领域实现换道超车，具体包括以清洁能源为基础的算力产业、优势产业的数字化转型、"智能+"产业与新兴数字产业。加快黑龙江省数字经济发展，在发挥市场决定性作用的同时，需要发挥有为政府的作用，包括积极争取中央政策支持、加强数字基础设施建设、加大数字科技创新投入、实施"互联网+"与"智能+"、鼓励数字经济创新创业。

一、黑龙江省数字经济发展现状

（一）高度重视，数字经济发展初见成效

（1）新型基础设施建设持续推进。新型基础设施是与新一代信息技术、数字技术密切相关的基础设施，既包括数字技术的基础设施化，也包括传统技术设施的数字化，数字技术的基础设施化是数字经济核心产业的重要组成部分，在连接、数据、决策等方面的能力也使它成为传统基础设施数字化的基础①。因此，无论是加快数字经济核心产业发展，还是推进传统产业数字化转型，都需要积极推进以数字基础设施为核心的新型基础设施建设。自 2018 年中央经济工作会议提出"加强人工智能、工业互联网、物联网等新型基础设施建设"以来，中央多次提出要加强基础设施建设。"十四五"规划提出，"统筹推进传统基础设施和新型基础设施建设""加快建设新型基础设施""围绕强化数字转型、智能升级、融合创新支撑，布局建设信息基础设施、融合基础设施、创新基础设施等新型基础设施"。近年来，各地都在加紧建设包括 5G、大数据中心、超算中心等在内的连接、算力新型基础设施。黑龙江省积极推动 5G 基础设施建设及应用，通过积极争取工信部和三大运营商总部的支持，增加 5G 基站建设的数量，加快 5G 基站的建设和网络覆盖。

（2）积极推动数字技术应用试点示范。数字技术创新速度快，一些新型数字技术、数字基础设施存在技术不够成熟、用户不够了解或应用场景不够清晰等问题，因此通过在市场应用端给予支持，可以加速数字技术的成熟和市场推广、应用。黑龙江省大力支持数字技术的应用，鼓励企业探索新兴应用场景，推动成

---

① 李晓华．面向智慧社会的"新基建"及其政策取向［J］．改革，2020（5）：34-48.

功应用模式的推广。一是积极探索 5G 的商业化应用。推动中国一重、哈电集团、建龙西钢等大型企业在厂区铺设 5G 网络，在研发设计、生产制造、经营管理等环节和机器视觉、车间物联网数据采集、设备监测、远程操控等领域进行探索。2020 年黑龙江全省征集了 21 个 "5G+工业互联网" 项目，加快培育基于 "5G+工业互联网" 的制造业新模式、新业态。二是推动大数据、5G 等项目的试点示范。2021 年组织开展大数据产业发展试点示范项目，遴选出 20 个省级优秀试点示范项目。省工信厅会同省卫健委、哈尔滨新区、北大荒集团等单位开展 "5G+" 试点，在 "5G+智慧医疗" "5G+智慧园区" "5G+智慧农业" 等重点领域挖掘典型成功案例并进行总结、提炼、推广，通过试点示范加快 5G 在重点领域的创新应用。

（3）加快推进智能制造发展。大数据、人工智能、物联网、区块链等新一代数字技术是典型的通用目的技术，能够在广泛的产业领域应用并对其他产业产生深刻的影响。随着新一代数字技术的进一步成熟，数字技术与实体经济深度融合的条件已经成熟，互联网也正在从消费互联网进入产业互联网阶段。在制造业领域，数字技术正在推动制造业从自动化转向智能化阶段。有形的自动化机器或装置主要是替代人的体力，而无形的智能化装备、系统则能够替代人的脑力从而扩展人的智能[①]。《智能制造发展规划（2016—2020 年）》（工信部联规〔2016〕349 号）将智能制造定义为 "基于新一代信息通信技术与先进制造技术深度融合，贯穿于设计、生产、管理、服务等制造活动的各个环节，具有自感知、自学习、自决策、自执行、自适应等功能的新型生产方式"。黑龙江省工信厅在工业互联网、数字化车间、智能制造试点示范等方面做了许多工作。一是建设工业互联网标识解析二级节点。黑龙江省工业互联网标识解析二级节点于 2020 年 10 月 19 日正式上线，相关综合服务平台建设也在有序推进。二是打造数字化示范车间。黑龙江省工信厅于 2017 年出台了《黑龙江省数字化（智能）示范车间认定管理办法（试行）》，截至 2020 年已认定省级数字化（智能）示范车间 128 个。三是开展智能制造试点示范。积极组织省内企业参加工信部智能制造试点示范申报，哈尔滨电机厂发电设备远程运维服务、黑龙江泉林生态农业有限公司秸秆综合利用等项目被评为国家智能制造试点示范项目，黑龙江飞鹤乳业婴幼儿奶粉智能化工厂建设、哈电集团水力发电

---

① 李培根，高亮 . 智能制造概论［M］. 北京：清华大学出版社，2021：4.

设备智能远程运维、黑龙江泉林生态秸秆造纸等项目被评为国家智能制造新模式应用项目。

（二）差距明显，数字经济需要加快发力

依托国内超大规模市场，通过加快基础设施建设、强化科技创新、促进创新创业，我国数字经济保持快速发展势头，在消费互联网领域形成明显优势，成为世界数字经济的主要力量。我国数字基础设施完善，拥有全球规模最大、覆盖最广的 4G 网络；数字经济规模仅次于美国，居全球第二位；形成了一大批具有世界影响力的互联网平台企业，独角兽企业规模和估值均居世界第二位；数字科技进步迅速，5G 专利数量位居世界第一，5G 移动通信技术的商业化、规模化应用处于世界领先行列，人工智能领域论文和专利数量居世界前列。在国家和地方政府的大力推动及企业的努力下，我国许多地方数字经济蓬勃发展，一些后发地区数字经济细分领域实现换道超车，一批数字经济企业高度聚集的城市（城市群）形成。相比之下，黑龙江省无论是在数字基础设施、IT 制造业互联网应用等数字经济核心产业还是在数字产业化领域的发展均缺少亮点，与数字经济发达的地区存在较大差距，甚至有差距不断拉大的风险。

（1）总体水平处于全国靠后位置，但与经济发展水平基本一致。财新智库构建了包括产业指数、溢出指数、基础指数和融合指数的全国数字经济指数。根据财新智库发布的《中国数字经济指数（2020.08）》，2020 年 8 月，全国（不含香港特别行政区、澳门特别行政区、台湾省）数字经济指数为 649，最高的为广东省，达到 1665，黑龙江省为 596，如图 7-1 所示。数字经济产业指数反映互联网产业、大数据产业和人工智能产业的发展，2020 年 8 月全国（不含香港特别行政区、澳门特别行政区、台湾省）产业指数为 312，最高的是广东省（4.48），黑龙江省为 1.17。数字经济溢出指数度量其他产业利用数字经济产品作为中间产品的比例，反映数字经济产业对其他产业的推动作用。2020 年 8 月，全国（不含香港特别行政区、澳门特别行政区、台湾省）数字经济溢出指数为 104，其中最高的是北京市（11.7），黑龙江省为 9.4。数字经济基础指数包括数据获取、传输、存储和使用等方面的基础设施情况，全国基础指数为 110，其中最高的是广东省（1.31），黑龙江省为 0.94%。融合指数反映各行业数字经济与实体经济的融合情况，具体表现在工业互联网、智慧供应链、共享经济和金融科技方面。全国融合指数为 229，其中最高的为辽宁省

（104），黑龙江省为36。前瞻产业研究院发布的《2020年中国数字经济发展报告》显示了类似的结论（见图7-2）：黑龙江省的数字经济发展指数为23.9，数字经济基础指数为25.9，数字经济产业指数为8.1，数字经济融合指数为30.1，均低于全国的平均值，无论是从数字经济总指数还是一级指标来看，黑龙江省的数字经济发展整体处于全国靠后位置。2020年，黑龙江省地区生产总值为13698.5亿元，人均GDP为13698.5元，也处于全国较为靠后位置，这反映出黑龙江的数字经济发展水平虽然相对较低，但与其经济发展水平基本一致。

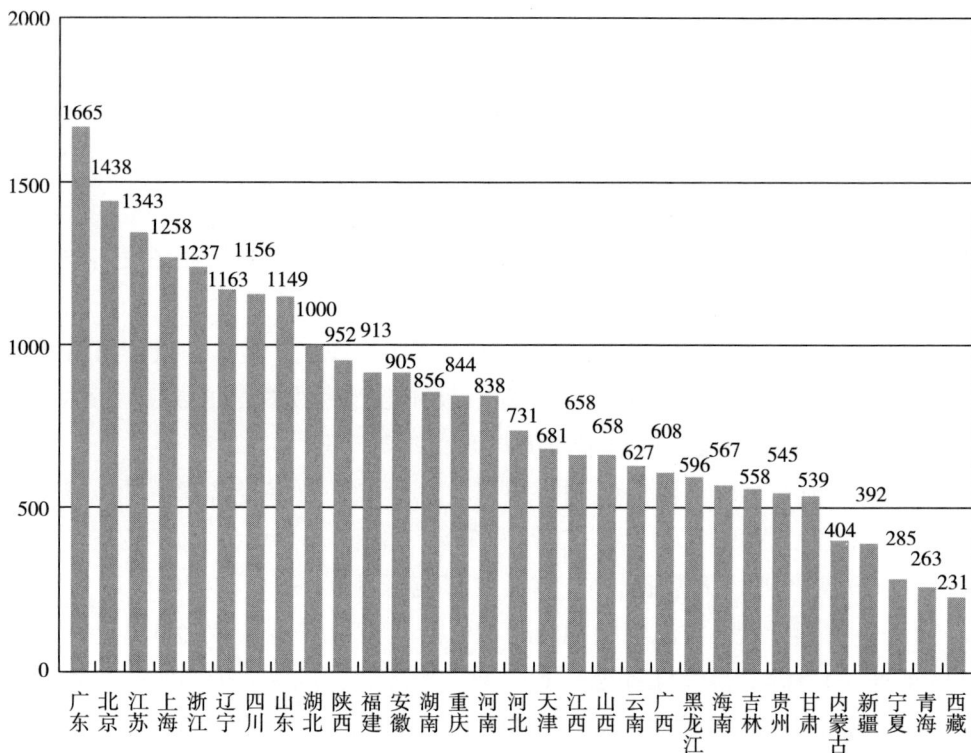

图7-1　2020年8月各省份数字经济指数

注：不含香港特别行政区、澳门特别行政区、台湾省。

资料来源：财新智库发布的《中国数字经济指数（2020.08）》。

全国各省份数字经济发展指数情况

省份	指数	省份	指数	省份	指数
广东	69.3	湖南	31.8	黑龙江	23.9
北京	56.5	辽宁	31.4	吉林	23.3
江苏	56.1	重庆	29.4	云南	22.0
上海	52.7	江西	28.6	内蒙古	19.5
浙江	50.8	河北	27.7	海南	19.5
山东	48.1	贵州	27.4	甘肃	19.2
福建	42.6	广西	27.1	宁夏	18.8
四川	40.6	陕西	26.5	新疆	18.2
河南	35.3	天津	24.9	青海	16.1
湖北	34.8	山西	24.4	西藏	12.7
安徽	33.1				

全国各省份数字经济基础指数情况

广东 59.1、北京 55.1、江苏 47.9、浙江 47.8、山东 45.2、福建 42.0、上海 41.7、河南 40.5、四川 39.0、河北 35.2、辽宁 33.9、湖南 33.7、湖北 32.9、安徽 31.2、江西 30.0、陕西 27.9、山西 27.1、重庆 26.5、天津 26.0、广西 26.0、黑龙江 25.9、云南 24.0、吉林 23.3、贵州 22.8、内蒙古 22.8、甘肃 21.3、海南 21.2、新疆 20.5、宁夏 18.0、青海 17.1、西藏 11.1

全国平均：31.5

全国各省份数字经济产业指数①情况

广东 95.4、北京 77.2、江苏 70.8、上海 63.2、浙江 58.5、山东 40.4、福建 37.5、四川 32.2、湖南 29.3、河南 23.2、湖北 21.7、重庆 21.5、安徽 20.2、辽宁 18.1、陕西 16.3、江西 15.8、天津 13.7、贵州 13.2、河南 12.9、广西 11.6、黑龙江 8.1、云南 8.1、吉林 8.0、山西 6.9、甘肃 4.8、内蒙古 4.7、新疆 4.3、海南 2.7、宁夏 2.2、青海 2.1、西藏 0.3

全国平均：24.0

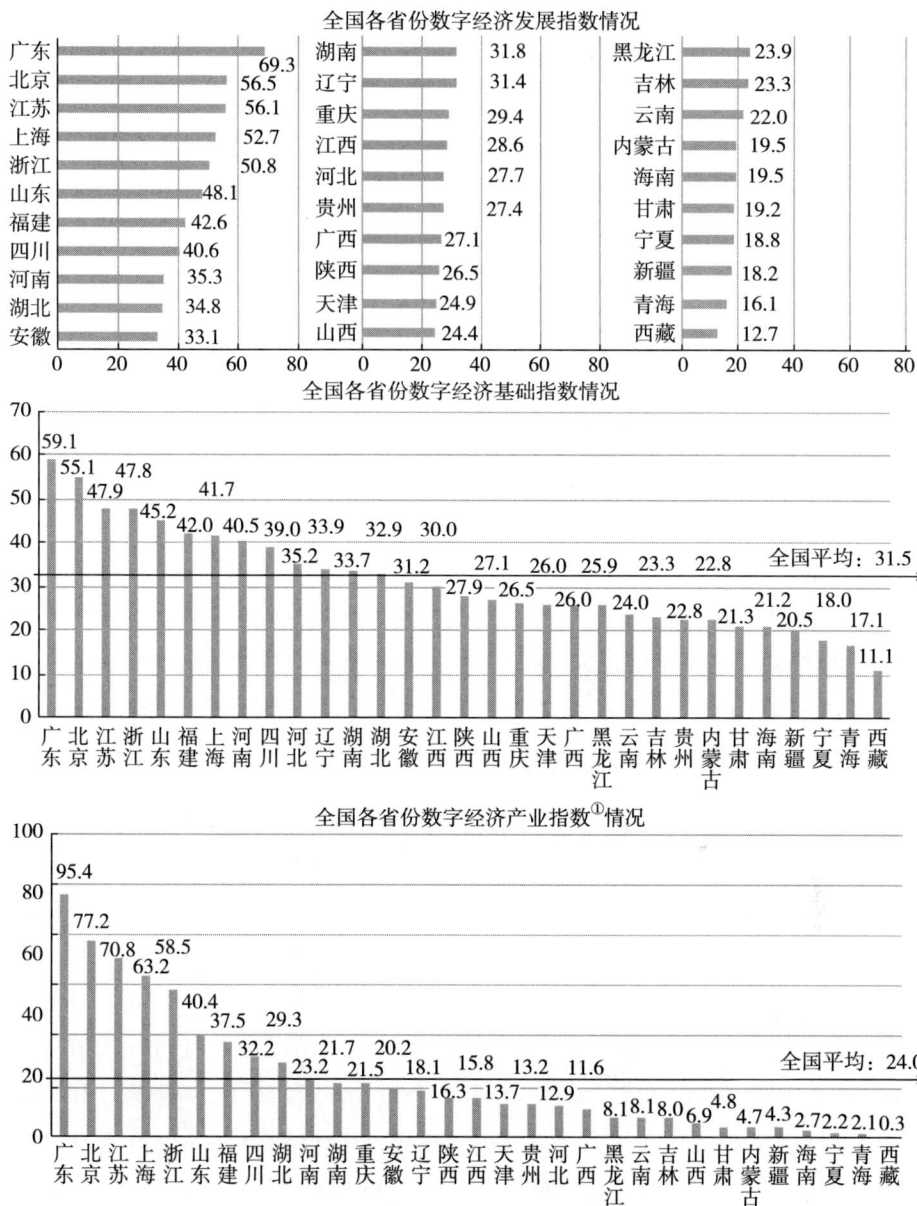

图 7-2　全国各省份数字经济发展情况

① 产业指数主要包括产业规模（电子信息制造业规模、信息传输业规模、软件和信息技术服务业规模）和产业主体（ICT 领域主板上市企业、互联网百强企业、独角兽企业），由中国电子信息产业发展研究所、前瞻产业研究院整理。

全国各省份数字经济融合指数情况

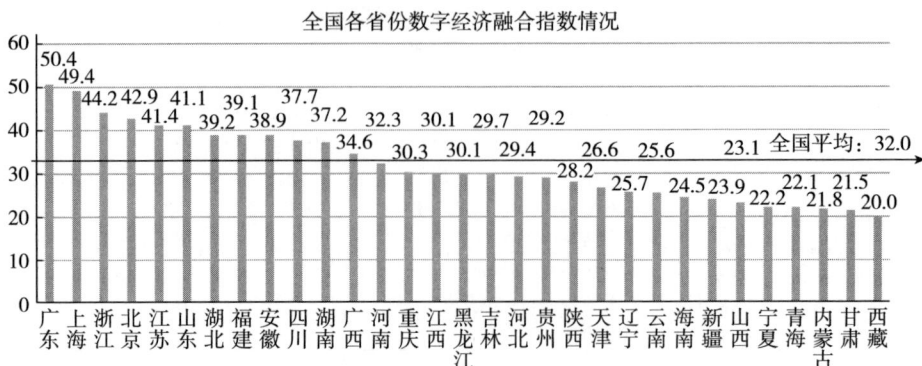

图7-2　全国各省份数字经济发展情况（续）

注：不含香港特别行政区、澳门特别行政区、台湾省。

资料来源：前瞻产业研究院发布的《2020年中国数字经济发展报告》。

（2）核心城市数字经济规模偏小，产业聚集度较低。根据新华三集团数字经济研究院与中国信息通信研究院云计算与大数据研究所共同发布的《中国城市数字经济指数蓝皮书（2021）》，2019年我国数字经济规模达35.8万亿元，占GDP的比重为36.2%，排名前列的上海、北京、深圳、广州等一线城市的数字经济规模超过一万亿元。哈尔滨数字经济规模为2157亿元，在被统计的242个城市总排在第42位；黑龙江省的大庆、齐齐哈尔、牡丹江三市的数字经济规模分别为923亿元、385亿元、231亿元（见表7-1），排在第100位、164位和220位。《中国城市数字经济指数蓝皮书（2021年）》还构建了由数据及信息化基础设施、城市服务、城市治理、产业融合四个一级指标、12个二级指标、46个三级指标构成的数字经济指数，242个城市的数字经济指数平均得分为53.4，最高的上海市为91.6，黑龙江省的哈尔滨、大庆、齐齐哈尔、牡丹江四市得分分别为65.1、56.6、53.6和52.0，居于242个城市的第53位、89位、101位和110位。根据数字经济指数得分，该报告将242个城市划分为6个数字经济一线城市（85分以上），47个数字经济新一线城市（65~85分）、数字经济二线城市（50~65分）、数字经济三线城市（40~50分）、数字经济四线城市（40分以下）。哈尔滨属于数字经济新一线城市，不过是新一线城市的最后一名，大庆、齐齐哈尔、牡丹江都属于数字经济二线城市。我国数字经济已经呈现出产业集聚的特征，其中粤港澳大湾区、京津冀、长三角、成渝城市群处于领先水平，山东半岛城市群、呼包鄂乌城市群、以郑州为核心的中原城市群、以武汉为核心的武汉都市圈、以南宁为核心的北部湾城市群以及东南沿海城市群快速成长，东北特别是黑龙江的数字经济集聚水平较低。2019 年，哈尔滨、大庆、齐齐哈尔、牡丹江四市的地区生产总值分别为 5249 亿元、2568 亿元、1129 亿元、825 亿元，在全国城市排名中分列第 42 位、第 109 位、第 207 位和第 237 位；人均地区生产总值分别为 55175 元、94289 元、22667 元和 32811 元，分别居全国城市的第135 位、第 49 位、第 290 位和第 253 位。黑龙江省主要城市数字经济发展在全国的地位也基本能够反映经济发展在全国所处的水平。

表 7-1　黑龙江省主要城市数字经济规模与全国比较

全国排名	城市	数字经济规模（亿元）	全国排名	城市	数字经济规模（亿元）
1	上海	20590	13	宁波	6043
2	北京	19468	14	青岛	5978
3	深圳	14658	15	郑州	5848
4	广州	13084	16	长沙	5517
5	苏州	9827	17	佛山	5062
6	重庆	9811	18	济南	4904
7	成都	8801	19	合肥	4867
8	杭州	8429	20	福州	4698
9	南京	7337	43	哈尔滨	2157
10	武汉	7109	100	大庆	923
11	天津	6641	164	齐齐哈尔	385
12	无锡	6147	220	牡丹江	231

资料来源：新华三集团数字经济研究院和中国信息通信研究院云计算与大数据研究所共同发布的《中国城市数字经济指数蓝皮书（2021）》。

（3）数字经济增速偏慢，未来增长动力欠缺。数字经济在世界范围呈现高速增长的特征，在大多数国家数字经济增速明显高于国民经济增速。2006～2016年，美国实际 GDP 的平均增速为 1.5%，而数字经济增加值的实际增速达到5.6%，其中，硬件平均增速为 11.8%，电子商务和数字媒体平均增速为 8.6%，电信平均增速为 3.6%。2020 年以来，在新冠肺炎疫情的冲击下，全球经济受到严重影响，但数字经济因其非接触特征适应了疫情下交通运输中断或人员往来不畅、减少接触的需要，成为支撑经济增长的关键性力量，也迎来了自身的新一轮高速增长。根据中国信息通信研究院 2021 年 4 月发布的《中国数字经济发展白皮书》的数据，2020 年我国数字经济增速达到 9.7%，而同期 GDP 增速只有

2.2%。2020 年我国许多地区的数字经济实现了高增长，贵州、重庆、福建的增速超过 15%，湖南、四川、江西、浙江、广西、安徽、河北、山西等省份的增速超过 10%。2020 年 1~12 月，全国"计算机、通信和其他电子设备制造业"增加值累计增长 7.7%，2021 年 1~12 月进一步提高到 15.7%。相比之下，2020 年黑龙江新一代信息技术产业实现营业收入 436.5 亿元，同比下降 1.5%，其中制造业部分营业收入同比下降 6.1%，服务业部分营业收入同比增长 1.3%。

数字经济领域的融资情况和独角兽企业①数量能够反映出一个国家和地区数字经济发展的潜力。根据财新智库发布的《中国数字经济指数（2020.08）》数据，2013 年以来各省数字经济领域的融资数量呈现巨大的差异（见图 7-3），排在前十五名的省份占据了全国所有融资事件的 97%，其中前五个省份北京、广东、上海、浙江和江苏的融资事件数量占据全国的 85%，最多的是北京，高达 7662 件，相比之下黑龙江只有 32 件，排在全国第 24 位，占全国融资事件的比重仅为 0.1%。根据 36 氪研究院发布的《2021 年中国独角兽企业发展研究报告》，

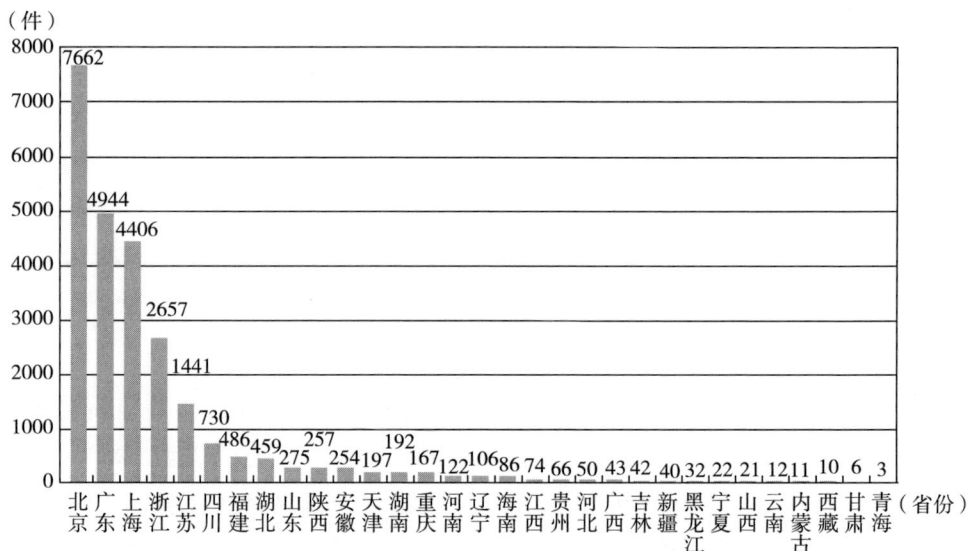

图 7-3　2013 年以来各省份数字经济领域融资数量

注：不含香港特别行政区、澳门特别行政区、台湾省。

资料来源：财新智库发布的《中国数字经济指数（2020.08）》。

① 独角兽指创立不足 10 年、估值高于 10 亿美元的未上市公司，一般在某个细分产业领域处于领先地位。

2021 年我国共有独角兽企业 266 家，其中新晋 111 家。我国独角兽企业无论是从数量还是估值来看，主要集中于以北京、天津为代表的京津冀，以上海、杭州、南京、常州、苏州为代表的长三角，以深圳、广州、珠海、香港为代表的粤港澳大湾区等区域，黑龙江独角兽企业处于空白状态（见图 7-4、图 7-5）。

（十亿美元）

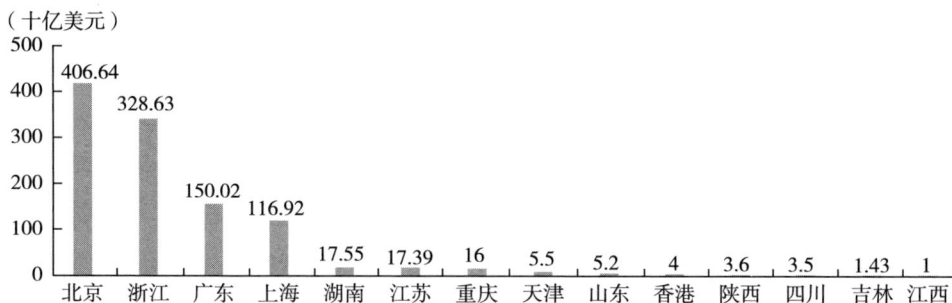

图 7-4 按省份划分中国独角兽估值情况

资料来源：36 氪研究院发布的《2021 年中国独角兽企业发展研究报告》。

（十亿美元）

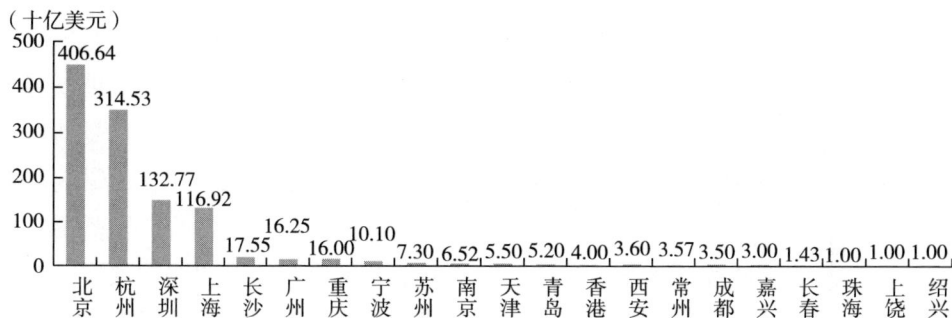

图 7-5 按城市划分中国独角兽估值情况

资料来源：36 氪研究院发布的《2021 年中国独角兽企业发展研究报告》。

二、黑龙江省发展数字经济的重要意义与基础条件

（一）黑龙江省发展数字经济的重要意义

（1）数字产业化是经济增长的新动能。2013 年以来，黑龙江省地区生产总

值增速持续低于全国平均水平，2014年、2016年、2018年、2019年分别低于全国平均水平2个百分点以上，2020年低于全国平均水平1.2个百分点。经济增速趋缓造成黑龙江在全国经济中的占比不断下降。2001年，黑龙江地区生产总值占全国的2.75%，到2020年已经下降到1.35%，下降幅度超过一半。经济增速慢于全国的一个重要原因就是缺少增长新动能。如前文所述，数字经济是国民经济中增长最活跃的产业领域。由于数字经济增长速度快、规模不断扩大，对GDP增长的带动作用非常显著。在一些地区，一个数字经济细分领域可能就创造上百亿元的营收，对带动当地经济发展发挥着非常重要的作用。因此，数字经济被普遍认为是新动能的主要构成部分和新旧动能转换的主要推动力。数字经济增长慢、规模小是造成黑龙江省经济增长动力不足的重要原因。反之，如果数字经济能够加快发展壮大，那么能够对黑龙江省经济发展提供重要的支撑。近年来，贵州省、安徽省的经济增速较快，其省会贵阳、合肥更是经济增速最快的省会城市，其重要的原因就在于抓住了数字经济发展的机遇——贵阳致力于打造大数据之都，合肥的液晶显示、人工智能产业也表现出很好的发展势头。

（2）数字技术赋能传统产业。数字技术不仅自身能够成长为新产业，而且作为典型的通用目的技术，能够为传统产业赋能，促进传统产业的模式创新和效率提升。一方面，数字技术能够催生新模式。这些新模式、新业态往往是新技术与既有产品或服务相结合的产物，但是因解决了用户痛点、迎合了新的需求而获得快速发展。例如，电商降低了实体店铺的成本，极大地扩展了销售范围，使"长尾"产品的价值得以发现；网约车提高了车辆与乘客之间的匹配效率，减少了车辆的空驶率，缩短了乘客等车的时间。另一方面，数字技术可以提升经济绩效。数字经济能够驱动传统产业效率提升、推动产业跨界融合、重构产业组织的竞争模式以及赋能产业升级，通过降本、提效、创新路径实现传统产业业绩提升目标。从用户的角度看，随着新一代信息技术与传统产业的深度融合，产品、服务形态和模式开始发生改变，原有的产品对他们失去吸引力，如果企业不能跟上数字化转型的时代大潮，就会被用户和市场淘汰。以装备制造业为例，在物联网、移动互联网、大数据、人工智能等技术的推动和支撑下，装备呈现网联、智能化的发展趋势，而且基于AIoT网络，越来越多的企业开始向用户提供功能丰富的增值服务。因此，通过数字技术与既有产业的深度融合，可以提高黑龙江的产业效率、发展质量和市场竞争力。

（3）数字经济孕育新技术和新产业。数字经济领域不断有颠覆性创新涌现，这些颠覆性创新具有很高的不确定性。然而，数字经济基于数据发展的特点，又使新技术的技术路线、突破时点难以预测，但常常从原有的数字经济活动中涌现。数字经济领军企业为了更好地发展现有业务或更好地支撑生态企业的发展，具有采用新技术的内在动力，新技术与它们既有的优势相结合还可能产生化学反应，形成具有巨大成长潜力的新产业。云计算、大数据、人工智能、金融科技等数字经济前沿技术与新兴产业的领先公司以原有的互联网企业为主。例如，亚马逊、阿里巴巴将它们冗余的计算、存储能力外销，带动了云计算产业的发展。因此，发展数字经济不仅是当前经济增长的动力和支撑，而且孕育着作为长期增长动力的未来产业。培育壮大数字经济不仅能够让黑龙江缩小当前与全国其他地区的增长差异，而且是防止在将来再次或进一步被拉大差距的着力点。

（二）黑龙江省发展数字经济的基础和条件

（1）优质的自然资源。随着数字经济的发展，对算力、数据的需求不断增加，大数据产业呈现高速增长态势。2020 年我国大数据产业规模超过 1 万亿元，"十三五"产业规模年均复合增长率超过 30%。工业和信息化部发布的《"十四五"大数据产业发展规划》提出，到 2025 年，大数据产业测算规模突破 3 万亿元，年均复合增长率保持在 25%左右。可见，大数据产业仍然具有广阔的发展前景。随着云计算、人工智能产业的发展，对大数据中心有很大需求，同时我国与美国在大数据中心方面有很大差距，2020 年第二季度，美国超大型数据中心数量占全球的 38%，而我国只占 9%。数据中心的能耗包括 IT 设备能耗、制冷系统能耗、供配电系统能耗、照明及其他能耗，电费约占数据中心运营成本的56.7%。总能耗比 IT 设备能耗即为 PUE 值，各地对 PUE 值有一定要求。从成本的角度来看，气温较低的地区用于制冷系统的能耗更低，PUE 值就较低，因而数据中心适合建在电价便宜、气温较低的地区[①]。同时，减少化石能源排放以应对气候变暖已经成为全球共识，我国政府也做出了"二氧化碳排放力争于 2030 年前达到峰值，努力争取 2060 年前实现碳中和"的承诺，实现"双碳"目标成为我国各个产业的重要任务，也是发展的约束条件。数据中心是电力消耗大户，2020 年用电量约占全社会总用电量的 2.7%，而且随着规模扩大占比还将继续提高。黑龙江省具有发展大数据产业特别是数据中心的优质自然条件。一是黑龙江

---

① 艾瑞咨询发布的《中国数据中心行业研究报告（2020 年）》。

省地处我国最北部，是全国气温最低的省份，有利于数据中心减少制冷能耗。二是黑龙江省风力资源丰富，具有发展风电的良好条件，可以抑制数据中心的碳排放增加、促进实现碳中和。根据《2020 年中国风能太阳能资源年景公报》，2020 年各省（区、市）陆地 70m 高度层平均风速在 4.0m/s 至 6.5m/s 之间，有 15 个省（区、市）年平均风速超过 5.0m/s，其中，黑龙江、吉林、内蒙古年平均分数超过 6.0m/s；平均风功率密度在 88.2W/m² 至 287.6W/m² 之间，有 14 个省（区、市）年平均风功率密度超过 150W/m²，其中，辽宁、黑龙江、吉林、内蒙古 4 个省（区、市）年平均风功率密度超过 200W/m²[1]。

（2）雄厚的科教资源。黑龙江拥有较为丰富的高等教育资源，包括哈尔滨工业大学、哈尔滨工程大学、哈尔滨师范大学、哈尔滨理工大学、黑龙江大学、东北林业大学、东北农业大学、哈尔滨商业大学、东北石油大学等数十所高等院校，以及哈尔滨焊接研究所、中船重工 703 所、中电科 49 所等院所。根据全国第三轮、第四轮学科评估结果以及软科公布的《2020 年中国最好学科排名》，哈尔滨工业大学的计算机科学与技术专业列清华大学、北京大学、浙江大学之后，居全国第四位；信息与通信工程专业列北京邮电大学、清华大学、西安电子科技大学、电子科技大学、北京理工大学、上海交通大学、东南大学、国防科技大学之后居全国第九位。根据全国高校人工智能与大数据创新联盟的调研数据，2021 年人工智能专业教育综合实力排名中，哈尔滨工业大学列清华大学、中国科学院大学、浙江大学、西安电子科技大学、南京大学、北京航空航天大学之后，居全国第七位；机器人工程专业教育教学综合实力排名中，哈尔滨工业大学仅次于浙江大学，位列全国第二。在数字经济新兴学科设立方面，哈尔滨工业大学是较早设立数据科学与大数据技术专业、网络空间安全专业、智能感知工程专业、大数据管理与应用专业的高校。黑龙江省在数字经济相关的科学、工程技术研究方面具有较强的实力，每年培养并向社会输送大量的科学技术和经济管理人才[2]。

（3）良好的产业基础。社会生产需要经过生产、分配、流通、消费的循环，商品被市场认可、销售出去从而实现其价值是"惊险的一跃"。只有在市场的支撑下，社会生产循环才能持续，企业才有利润不断改进技术，产业规模才能不断壮大。虽然在全球化时代，产业发展和企业的经营活动可以着眼于全球市场，但

---

① 中国气象局风能太阳能资源中心发布的《2020 年中国风能太阳能资源年景公报》。
② 前瞻研究院发布的《2021 年中国高考热门专业类排名及院校评比》。

是本地市场的重要性仍然不可替代。企业更加熟悉本地市场，与本地商业客户具有更紧密的联系，上下游企业在地理空间上的靠近更容易实现知识的交流和技术创新，而且有一些产业本身就是附着于原有产业之上的（如智能制造）。黑龙江省产业特色鲜明，成为产业数字化转型以及相关技术、设备和服务发展的重要基础。在农业领域，2020 年黑龙江省第一产业增加值为 3438.3 亿元，占全国的4.4%，居全国第 11 位。黑龙江是全国农作物播种面积和粮食作物播种面积最大的省份，2020 年农作物总播种面积和粮食作物播种面积分别达到 14910.1 千公顷和 14438.4 公顷，占全国的 8.9% 和 12.4%；2020 年粮食产量为 7540.8 万吨，占全国的 11.3%，居第一位，其中谷物、稻谷、玉米、大豆产量分别占到全国的10.7%、13.7%、14.0% 和 46.9%。在制造业领域，中华人民共和国成立初期156 项重大工程（实际实施 150 项）有 22 项在黑龙江，其中哈尔滨 10 项、富拉尔基 3 项、鹤岗 4 项、佳木斯 2 项、鸡西 2 项、双鸭山 1 项，黑龙江省迅速建立起现代工业的基础，其中最具有优势的是装备工业，形成了今天的哈尔滨电表仪器厂、哈尔滨汽轮机厂、哈尔滨电机厂、一重集团、哈尔滨轴承、哈尔滨飞机工业集团、哈尔滨东安发动机（集团）等企业，还有中车齐车等装备制造企业。装备制造业是智能化、服务化转型最为突出的行业之一。农业、装备制造业为黑龙江开展智慧农业、智能制造以及培育发展智慧农业服务企业、智能制造和服务型制造解决方案提供企业奠定了产业基础。

三、黑龙江省数字经济的发展方向

传统产业技术创新的突变较少，且技术仍然主要延续原有的路线，造成传统产业具有路径依赖的特征，在位者的领先地位一旦建立就很难撼动，无论是新企业进入还是一个新地区要发展该产业都面临难以跨越的进入壁垒。相反，数字经济的颠覆性创新不断涌现且技术、商业模式的发展方向难以预测，提供相同或相似效用的在位企业在新技术领域并不具备明显优势，甚至由于战略刚性对新的技术变革反应迟钝，因此在数字经济领域，无论对国家、地区还是企业而言都存在大量"换道超车"的机遇，初创企业总会有机会在某些新产品或新模式创新中取得领先地位并发展成为大企业，而后发国家和地区也有机会在新技术、新产品、新模式、新业态所形成的新产业中占有一席之地，甚至取得世界领先地位。黑龙江省发展数字经济应放眼数字经济发展方向，立足自然资源、创新、人才和产业优势发力，一方面在既有数字经济领域实现差异化优势，另一方面争取在细分数字经济领域实现换道超车。具体来说包括以下几个领域：

一是算力产业。充分发挥黑龙江省气温低、风能资源丰富的气候优势，一方面大力发展分离发电并配套调峰传统能源项目，另一方面大力建设数据中心、云计算中心、超算中心，将黑龙江省打造成以清洁能源为基础的算力产业基地，在服务本省及东北地区算力需求的同时，向京津冀、长三角等东部沿海地区提供对时延要求不高的算力，实现清洁算力的"北算南用"。

二是产业数字化。围绕5G、集成电路、新能源汽车、人工智能、工业互联网等"卡脖子"或重点新兴产业领域发力，加快技术突破和产业发展。大力推动传统产业的数字化转型，支持企业采用电子商务、跨境电商、智慧物流等数字经济新模式、新业态。以一重、哈电等装备制造企业为依托，积极推动制造业的智能化，包括生产线、车间、工厂的智能化，供应链的智能化，产品价值链和全生命周期的智能化。推动农林牧渔业基础设施和生产装备智能化改造，鼓励大型农业企业采用人工智能技术优化农业种植过程，减少农药和化肥使（施）用，提高农产品的品质，积极采用二维码、区块链等技术实现农产品全生命周期的可追踪，提升农业生产、加工、销售、物流等各环节的数字化水平。推动数字技术与能源设施的结合，打造智能风场，实现电力的智能调度。

三是"智能+"产业。围绕数据中心发展各种数据增值服务业务，建设智能算力、通用算法和开发平台一体化的新型智能基础设施，不断完善算力产业生态。支持智能制造系统解决方案企业发展，鼓励智能制造发展较好的大企业向行业开放工业互联网平台，为中小企业提供数据、算力、软件、系统解决方案等增值服务，促进为制造企业提供个性化定制、网络化协同、全生命周期管理等服务型制造的专业企业发展。鼓励在农业、能源、旅游等领域提供数字化、智能化转型的专业服务商发展。

四是新兴数字产业。瞄准量子科技、人工智能、新一代移动互联网、区块链、元宇宙等战略性前瞻性领域进行创新，通过市场支持加速技术的成熟和产业转化，鼓励基于前沿数字技术的新产品、新服务、新模式、新业态创新，在消费互联网、产业互联网的新兴赛道上夺取先机。

四、加快黑龙江省数字经济发展的政策建议

黑龙江数字经济产业发展的基础较为薄弱，为加快数字经济发展，在发挥市场决定性作用的同时，需要发挥政府在创新政策、产业政策等方面的积极作用。

一是积极争取中央政策支持。将数字经济发展作为东北振兴的重要组成部分，争取国家数字基础设施和传统基础设施的数字化改造、制造企业数字化改造以及企业"上云用数赋智"、农业基础设施和生产经营的数字化改造等方面的资金支持；在黑龙江布局全国一体化算力网络国家枢纽节点，建设数据中心集群；在黑龙江开展清洁算力示范和交易试点。

二是加强数字基础设施建设。加大数字基础设施投入，建设高速泛在、天地一体、云网融合、智能敏捷、绿色低碳、安全可控的智能化综合性数字信息基础设施，有序推进骨干网扩容，协同推进千兆光纤网络和5G网络基础设施建设，推动5G商用部署和规模应用，通过招商引资加快建设数据中心集群。推动公共设施的数字化，加快智慧医疗、智慧交通、数字政务、智慧城市等发展。

三是加大数字科技创新投入。依托哈工大等著名高校和央企，加大政府对数字技术基础科学与产业共性技术的投入力度，鼓励企业加大投资，加快前沿数字科技的创新步伐，通过前沿数字科技的率先突破抢占数字技术产业化的先机。

四是实施"互联网+"与"智能+"。大力推动新一代信息技术向传统产业领域的扩展、应用与融合。支持传统产业中的企业加强数字化改造，为信息技术赋能奠定基础。加强对各细分行业领域与数字技术融合的产业共性技术研究，打破制约传统产业数字化转型的技术瓶颈。鼓励传统产业进行数字化转型，在农业、制造业、物流产业等领域开展智慧农业、智慧工厂、智慧供应链等试点示范，及时总结经验向全省推广。

五是鼓励数字经济创新创业。推动孵化器、加速器、创业园等"双创"载体建设，不断完善注册、招聘、融资、专利申请、法务等各种配套服务。进一步规范厘清大学、科研院所科研人员和学生科研成果的知识产权归属，支持科研人员以休假和停薪离职、在校学生以休学等方式进行创业。设立省级数字经济产业发展引导基金并鼓励社会资本加强对数字经济领域的投入，为数字经济企业进入多层次资本市场进行融资创造条件。

第八章　黑龙江省绿色环保产业
发展研究

　　绿色环保产业是推进节能减排和实现碳达峰、碳中和目标的重要支撑。由于绿色环保产业具有产业链条长、涉及面广等特点，其发展壮大不仅能够推动产业升级，而且有利于增加更多的就业岗位，促进共同富裕。近年来，黑龙江省积极推动发展绿色环保产业，节能装备规模不断壮大，绿色环保企业不断增多，创新能力持续增强，节能技术水平不断提升，绿色环保服务业加快发展，新能源汽车加快布局。在促进绿色环保产业发展方面的相关举措包括加强环境监管、完善制度体系、完善财政金融政策、构建公共服务平台、推动标准化建设和产品质量认证。然而，一些深层次的问题逐渐显现出来：法律法规、监管体系不完善，相关统计指标体系不完善，问效制度不健全；自主创新能力不强，产学研协同度不足；环保产业规模小、龙头企业少，仍以中小企业为主，整体上节能、环保技术装备相对落后；环保产业链条短，数字化水平不高；环保产业资金投入不足，融资难、融资贵现象仍普遍存在；与新一代信息技术的融合度不足。同时，黑龙江省绿色环保产业也面临难得的发展机遇，在国家大力推动生态文明建设和美丽中国建设的背景下，国家绿色低碳相关政策红利进一步显现，新一轮科技革命与实体经济深度融合带来新的发展机遇。为了进一步推动全省绿色环保产业高质量发展，应完善管理体制，健全地方政策法规体系；加大创新支持力度，重视产学研结合；持续推动环保领域放管服改革；着力优化绿色财政金融体系；加快推动绿色环保产业与新一代信息技术深度融合。

　　进入 21 世纪后，全球环保产业快速发展，对产业经济的支撑作用日益增强。特别是进入新时代新阶段以来，国家对环保问题的重视程度越来越高。从具体内容看，环保产业可分为环保设备和技术以及环保服务，前者包括废水、固废处理设备和循环利用设备，大气污染、噪声控制设备和技术，环境监测仪器设备，环保科技研究和实验室设备，环境事故处理和用于自然保护的设备和技术等；后者包括环境技术研发服务、环境金融服务、环境咨询服务等。环保产业具有产业链长、产业之间关联度大以及就业吸纳能力高等特点。在"双碳"目标引领下，绿色环保产业正在成为新的经济增长点。

一、黑龙江省绿色环保产业发展现状

（一）绿色环保产业发展成效显著

近年来，在国家大力推动生态文明建设和绿色发展的背景下，黑龙江省环保产业较快发展。一是节能装备规模不断提升。2018 年全省规模以上有关工业环保企业主营业务收入为 57.7 亿元，呈现较好的发展势头。二是环保技术装备快速发展。大力推动建设锅炉烟气治理工程技术研究中心，提升节能装备成果的转化效率。例如，龙江环保集团建成了全省最大的污泥处置工程，日处理污泥量可达 1000 万吨。发展脱硫脱硝协同技术，实现二氧化硫以及氮氧化物的近零排放。环保产业加快发展产生了较好的环境治理效果，根据 2020 年发布的生态环境统计年报，重点调查的 1600 家工业企业中，共安装了 962 套废水治理设施，废水日处理能力提升至 592.63 万吨，年投入运行费用超过 20 亿元，工业废水、化学需氧量、氨氮分别减少了 9.2 亿吨、82.11 万吨、4.76 万吨。在用的工业锅炉接近 4000 台，共安装废气治理设施近 5000 套，每小时废气处理能力达 10.8 亿立方米，二氧化硫、氮氧化物、烟尘排放量分别减少了 31.61 万吨、22.89 万吨、0.16 亿吨。三是加快推动资源循环利用装备应用和废物回收及处理。例如，哈电集团与深能环保签订的垃圾焚烧余热锅炉项目进展比较顺利，哈尔滨锅炉厂自行研发了生物质燃煤发电技术。在加快废物回收和处理方面，黑龙江省中再生废旧家电拆解公司对铜、铁、玻璃等资源进行规范处理，实现产值超过 8 亿元。七台河市建立的再生资源产业园回收废旧钢铁超过 40 万吨，废旧资源不断增加，形成了一定的集聚效应。四是集中式污染治理成效显著。根据 2020 年发布的生态环境统计年报，全省调查统计的 161 个污水处理厂全年处理污水 12.1 亿吨，其中，生活污水处理量为 11.6 亿吨，占总量的 95.9%，分别去除化学需氧量、氨氮、总氮 34.81 万吨、3.45 万吨、3.51 万吨。生活垃圾处置场的日焚烧设计处理能力达 2900 吨，全年处理垃圾超过 500 万吨。危险废物设计处理能力达 1354.7 吨/日，全年综合利用危险废物 7.82 万吨。五是绿色环保企业不断增多。从列入统计的各细分领域的环保企业分布看，全国列入统计的 11229 家环保企业多集中在水污染防治、环境监测、固废处置与资源化以及大气污染防治领域，其中，黑龙江省拥有的环保企业也在不断增多，2019 年为 283 家相关企业，占全国的 2.5%，形成了一批具有自主创新能力、自主知识产权和自主品牌的节能环保企业。根据《中国环保产业发展状况报告（2020）》，黑龙江省环保业务营业收入 10 亿元以上的企业有黑龙江国中水务股份有限公司、黑龙江清河泉生物质能源热电有限公司。

环保产业规模增大有效地推动了单位地区生产总值能耗显著下降，2016～2019 年，每年分别下降 4.5%、4.02%、2.76%、2.49%；空气环境质量明显改善，2020 年，全省城市空气优良天数继续提升，累计共 4408 天，占比为 92.9%，其中，细颗粒物、二氧化硫年平均浓度分别为 28 微克/立方米、11 微克/立方米。

（二）创新能力持续增强

近年来，黑龙江省不断增加环保相关投入。根据黑龙江省生态环境厅的数据，2020 年全省生态环境保护领域的资金投入为 544 亿元，较上年增加 125.6 亿元，同比提升三成。从主要用途看，用于打好蓝天保卫战的投入为 111.5 亿元，重点推动散煤污染治理"三重一改"攻坚行动，切实减少季节性、散煤取暖等问题对空气质量造成的负面影响；增加新能源汽车的推广应用力度，加快充电基础设施建设。用于黑土地保护的投入为 155.3 亿元，用于农田建设、节水灌溉以及水土治理等，已有海伦等 10 多个县区展开黑土地保护试点，面积超过 400 万亩。用于打好碧水保卫战的资金为 60.9 亿元，城镇及省级污水处理能力、应急监测能力不断提升，重点流域水资源综合治理力度稳步加大。另外，用于生态保护的资金有 216.4 亿元，有效推动了山水林田湖草生态保护修复工程试点项目建设，区域生态服务功能日益完善，同时，农村生态环境和人居环境质量有所提升。

在环保投入日益提升的带动下，"十三五"时期，黑龙江省在工业节能技术和能效提升方面取得了较大进展。从全省层面看，根据黑龙江省工信部门的数据，这一时期全省发布工业节能技术装备推荐目录 5 批，列入国家推荐的节能技术和节能机电产品分别为 3 项和 28 个，有效支持了 70 多个节能技术改造项目，节能 45.5 万吨标准煤，对 380 多家重点耗能企业实施公益性节能服务，新增国家级绿色工厂数 37 家。从企业层面看，节能技术水平不断提升，例如，哈尔滨锅炉厂自行研制成功 600MW~1000MW 等级超超临界准东煤锅炉，促使燃烧效率提升至 99.5%；自行研制的超超临界二次再热锅炉蒸汽参数在国际上占据领先优势，机组效率超过 48%，比常规超超临界机组煤耗低 20 克标准煤/千瓦时，取得了较好的节能效果。佳木斯电机股份有限公司生产的部分低压高效隔爆电动机和普通电动机效率达到国际低压系列电动机最高能效标准。鸡西德元电器有限公司生产的部分电动机产品应用于云南电机系统节能改造项目，将年均综合节电率提升至 36%，成功入选 2018 年国家节能中心《重点节能技术应用项目案例》。

（三）环保服务业加快发展

环保服务业是环保产业的重要构成部分，是发展现代服务业的核心内容。近年来，针对普遍存在的市场化机制不健全、政府采购环保服务执行力度不足、投入资金利用效率不高等问题，全国开展环保服务业试点工作，重在建立环保效果评价体系和标准、完善政府采购环保服务机制、提升环保资金使用效益以及加大综合环境服务从业企业培育力度等。在这一宏观背景下，黑龙江省积极推动环保产业领域技术监测及认证中心建设，组织开展生态环境监测、温室气体减排监测、应急监测，推动全省生态环境监测网络建设。例如，针对重点污染源 30 万千瓦以上的火电厂的公开监测信息包括执行标准、监测项目、实测浓度、标准限值、超标倍数等，采用合同能源管理模式。推行环境信用评价制度，例如，哈尔滨制定了《哈尔滨市企业环境信用评价办法（试行）》，2020 年参评企业为 166家，被评为环保诚信企业的数量达 159 家，占比为 95.8%；环保良好的企业数量为 7 家。在增强监测网络能力建设方面，省生态环境厅制定了《黑龙江省"十四五"细颗粒物与臭氧协同控制监测网络能力建设方案》，开展非甲烷总烃（NMHC）自动监测、细颗粒物（PM2.5）与挥发性有机物（VOCs）组分协同监测。

（四）新能源汽车加快布局

依托哈飞、大庆沃尔沃、龙华、光宇蓄电池等龙头企业，黑龙江省大力发展新能源汽车，包括高效节能、纯电动以及插电式混合动力乘用车和客车，同时注重加强节能环保技术和工艺创新，特别是解决在严寒条件下动力电池的充放电问题，提升核心零部件的研发和生产能力。目前，黑龙江省重点推进纯电动汽车的研究开发以及产业化，力争将新能源汽车产业作为全省的支柱产业。全省现有一批整车制造及零部件配套企业，产业链较为完整，截至2020年底，全省拥有新能源汽车生产企业4家，累计推广新能源汽车2.23万辆，其中纯电动车型和插电式混合动力车型分别为1.68万辆和0.5万辆；2020年推广应用新能源汽车3569辆。总体来看，作为环保产业的重要组成部分，全省以传统汽车工业为支撑的新能源汽车产业正在进入高速发展阶段。

（五）政策体系日臻完善

黑龙江省正在摒弃过去以牺牲环境为代价的经济发展方式，向高质量发展转变，立足于环境产业和围绕大气污染治理、水污染治理、土壤环境治理、固体废弃物污染等，先后制定了多项地方性政策。2015年，黑龙江省印发了《关于促进节能环保产业发展的意见》，对环保产业技术、环保产品、环保服务均做出了明确指引。为了推动环保产业进一步发展壮大，促进绿色发展，黑龙江省出台了《黑龙江省推进节能环保产业发展行动方案（2017—2020年）》，该方案对全省环保产业的现状进行了高度总结，并提出未来的总体要求、发展重点、保障措施等，明确提出充分发挥市场在节能环保产业资源配置中的决定性作用，以系统节能、水气土环境污染治理等相关突出问题为重点，加强关键节能技术和产品的攻关，重点明确了节能技术装备、环保技术装备、资源循环利用技术装备、节能环保服务业的发展方向。此外，该方案还明确了科技创新、简化节能环保项目审批、发挥绿色金融造血功能、落实节能环保税收和价格及收费政策、优化产业发展环境、创新政府管理机制、促进产业集聚发展、建立健全节能环保产业常态化统计制度、充分发挥教育提升作用、推进节能环保产品和服务"走出去"十个方面的重点任务分工。同时，黑龙江省还致力于推进环保产业领域混合所有制改革。近年来，黑龙江省陆续印发了《关于黑龙江省国有企业发展混合所有制经济的实施意见》等政策文件，鼓励各类资本参与国有企业改革，建立健全混合所有制企业治理机制，建立依法合规的操作规则等，环保产业发展取得了一定成效。2021年，黑龙江省政府通过了《黑龙江省"十四五"生态环境保护规划》，要求加速发展绿色环保战略性新兴产业，推动融合化、集群化、生态化发展。

二、黑龙江省绿色环保产业发展的主要措施

（一）以加强环境监管带动环保产业市场开拓

近年来，黑龙江省通过加强环境保护督查，保护环境权益，倒逼环保产业快速发展。2020 年，省中央环境督查整改组印发《中央环境保护督察"回头看"反馈意见整改情况 2020 年督查工作方案》，对环境问题整改督查和监督对象进行了明确。在整改进展督查上，对长期整改情况进行"回头看"，直至中央环保督察组认定完成，并进一步巩固。在督导工作督查上，积极落实督导制度建设，及时发展问题、解决问题。另外，将哈尔滨、齐齐哈尔、牡丹江、大庆、绥化作为重点督查城市，其余非重点督查城市采用"自查"方式。在疫情防控期间，采取"三合一"工作制，具体分为被督查对象实行"自查"、督察组督查和属地相关部门实地核查，一旦发现重点问题，采取视频连线等方式复核。2020 年底，省生态环境厅出台多个城市的督查反馈意见和整改方案，部署督查整改工作。针对污染源，严格执法检查，依法依规进行处罚。例如，2020 年底，对于哈尔滨 2020 台燃煤炉，省生态环境厅成立了 14 个工作组，对所有燃煤锅炉进行现场检查和集中监测，重点检查污染源自动监控设施运行、污染源排放等指标，一旦发现污染物超标排放，及时要求企业整改到位。2021 年 4 月和 5 月，黑龙江省进一步扩大范围，实现了省级生态环保督察全覆盖。通过开展多次环境督查，黑龙江省的环保产业市场进一步得到了开拓。

（二）以完善制度体系保障环保产业持续发展

黑龙江省的环境治理体系不断完善。2021 年，黑龙江省发布了《关于构建现代环境治理体系的实施意见》（以下简称《意见》）。《意见》提出了 2025 年的环境治理体系发展目标，从政府、企业、公众、监管、市场、信用、政策法规等方面进行了界定，最终服务于生态文明建设和美丽龙江建设。在环境治理领导责任体系方面，要求合理设定环境治理改善模板，并将其与国民经济和社会发展规划等目标紧密结合起来，加强污染防治攻坚战成效考核。在环境治理社会参与

体系方面，重视社会监督的作用，充分发挥反馈、听证、舆论监督等公众参与的作用，发展环保组织，鼓励其通过生态环境公益诉讼参与生态治理。在环境治理企业责任体系建设上，推行排污许可制度，坚决淘汰落后生产技术，支持发展绿色制造。在环境治理监管方面，建立污染事件联防联控机制，构建黑土地保护长效机制，注重实施重污染天气预警和应急响应。在环境治理市场体系方面，强化环保产业制度支撑，引进和培育龙头企业。在环境治理信用体系方面，完善企业信用体系建设，根据评价结果进行分类监管。在环境治理法规政策体系上，加大环境治理的财政资金支持力度，鼓励社会资本参与节能等相关绿色项目，例如，肇东北控环境再生能源公司与肇东市政府签订项目 BOT 特许经营协议，通过生活垃圾焚烧发电，实现了垃圾的"减量化、无害化、资源化"利用。

（三） 以完善财金政策确保环保产业动力支撑

在税收方面，2021 年黑龙江省税务局发布了《绿色低碳相关税收优惠政策指引》，提出了多项具体的税收优惠措施。例如，对于销售自产的新型墙体材料和使用风能生产的产品，实行增值税即征即退50%的优惠政策，对于条件符合的合同能源管理服务，给予免征增值税的优惠政策。对于符合条件的节能服务公司，从第一笔所属纳税年度起，前 3 年免征企业所得税，第 4 ~ 6 年以 25% 的税率对企业所得税减半征收。在车船税方面，对节约能源、购买新能源汽车给予优惠。例如，2021 ~ 2022 年，对于购置的新能源汽车免征车辆购置税。此外，黑龙江省将环境保护支出列入各级财政年度预算，争取国家政策性专项资金支持，注重发挥 PPP 模式的作用，撬动更多社会资金投入环境基础设施建设。

在绿色金融支持上，黑龙江省以绿色发展为方向，加大绿色金融的政策支持力度。一是金融政策支持上，"十三五"时期中国人民银行与黑龙江省财政厅等多个部门联合印发了《关于推进黑龙江省绿色金融发展的实施意见》，推动绿色金融发展不断取得新突破。通过多种信贷政策（如再贴现、再贷款、差额存款准备金等）不断引导金融机构将资金投放至绿色环保产业。截至 2020 年底，黑龙江省金融机构在节能环保产业领域的贷款余额为 85.6 亿元，其中，节能、减排、循环经济项目的贷款余额依次为 30.5 亿元、46.2 亿元、8.9 亿元，为全省环保产业做大做强提供了有力的资金支撑。另外，绿色金融服务的支持力度也在不断加大，生物产业、健康服务业的贷款余额分别为 39.05 亿元、68.54 亿元，较 2019 年增长 28.23%、20.76%。二是拓宽绿色金融融资渠道，保障环保资金投入。创新绿色信贷产品，鼓励银行等金融机构投资环保产业，例如，借助总行在绿色信贷领域的优势，兴业银行哈尔滨分行不断推进绿色金融产品创新，加强客户群建设，强化绿色金融产品品牌建设。推出林权抵押贷款业务，中国农业银行伊春分行创新开展"政府风险补偿基金+贷款对象"模式，截至2017年4月全市各家金融机构已经发放国有林权抵押贷款1110万元。[①] 探索将特许经营权纳入贷款抵押担保范畴，探索发行绿色债券。例如，哈尔滨银行推出发行额不超过50亿元的绿色债券，用于支持符合国家要求的环保项目。三是创新投资回报机制。推动资源组合开发，大力发展资源处理技术，将环境治理与资源开发结合起来，不断拓宽项目收益渠道。

（四）以构建公共服务平台推动环保产业提质增效

第一，注重各类平台建设，一是黑龙江省科技资源共享服务中心（原名黑龙江省科技信息中心）于2009年开通运行。该平台以建立共享机制为核心，开放技术创新、大型仪器、行业监测、创业孵化等，为区域环保产业中的相关企业提供资源共享服务。二是依托黑龙江科技创新创业共享服务平台，实现对外共享大型科研仪器设备接近950台，有助于大幅提升设备利用效率，促进科技资源和相关要素发挥更多作用。该平台累计发布信息5000余条、科技成果信息4500余条、中高级职称人才信息1600余条，加快了高级人才要素流动和共享。三是推动科技成果转化平台建设。省科技厅通过科淘网等平台，增加了线上线下供求两方有效匹配的概率。例如，借助该平台，"寒地新型地暖式节能日光温室的设计与建造技术项目""水处理絮凝剂高效复配/复合关键技术及应用研究项目"等实现了供需匹配。

第二，重视技术研究中心的作用。为了促进全省工程技术研究中心建设发展，黑龙江省建投集团充分整合院士工作站、博士后流动站、国家级寒区城乡建设可持续发展协同创新中心等科研资源，成立了省级供热节能环保工程技术中心，推动清洁供热技术攻关和环保产业投融资平台服务。在市级层面上，哈尔滨市成立了锅炉烟气治理工程技术研发中心和哈尔滨广瀚先进节能动力装备成果转化基地，并与哈工大、锅炉厂、燃气轮机等科研院所和生产单位展开合作。

---

① http：//epaper. hljnews. cn/hljrb/20170425/271138. html.

第三，培育国家绿色数据中心。积极响应工业和信息化部对总结推广国家绿色数据中心试点建设经验的要求，提升节能环保水平。2018 年首批国家绿色数据中心的评选中，黑龙江省有 3 家单位入选，分别是黑龙江省科技数据中心、绿色海量云存储基地、中国联通黑龙江数据中心香江路 IDC 机房。经过几年的试点建设，黑龙江省的试点单位进一步增加。2020 年，国裕绿色海量云存储基地、中国联通哈尔滨云数据中心获评国家绿色数据中心。其中，国裕绿色海量云存储基地借助哈尔滨的气候特点，实现全年至少 8 个月应用自然冷源为数据中心制冷，减少电力消耗 40%。中国联通哈尔滨云数据中心凭借室外自然冷源循环系统双散热系统，实现节能降耗。

（五）以标准化建设和产品质量认证提供助力

近年来，黑龙江省积极推动绿色制造体系示范建设，助力环保产业发展。一是对接工业和信息化部的绿色制造体系，积极申报国家级绿色工厂、绿色产品，推动国家绿色制造体系标准化建设。目前，哈尔滨百威英博等多家企业获得国家级绿色工厂称号，哈尔滨广旺机电设备制造有限公司在绿色关键工艺突破与集成化项目上成功获得工信部的有关资金支持。二是积极推动工业重大节水工艺装备的研发、示范与推广应用。例如，黑龙江建龙钢铁有限公司等 10 多家企业入选工业节水型示范企业。三是开展高耗能行业"领跑者"遴选活动。以行业的节能潜力、能效标准作为评价指标，遴选出一批能效"领跑者"，推动节能和能效提升。

三、黑龙江省绿色环保产业发展存在的主要问题

（一）制度体系不完善

一是法律法规仍不完善。法律法规是保障黑龙江省环保产业市场有效运行的关键。虽然近年来国家和地方层面均出台了一系列政策引导和规范环保产业的发展，但仍缺乏系统性的统一规范。例如，在环保产业的 PPP 模式上，目前仍然缺乏法律层面的统一规范，尽管已经出台推广 PPP 模式的相关文件，但对环保

产业的持续发展而言仍显不足。二是监管体系不完善。仍以环保产业的 PPP 模式为例，对于环保产业 PPP 项目的监管力度还不够，导致信息不对称、市场垄断以及无序竞争等市场失灵风险发生的概率较大。三是相关统计指标体系不完善。虽然黑龙江省参考国家统计局的战略性新兴产业相关统计制度，开展了制度调整、程序开发以及评估等相关统计工作，但节能环保企业仍以中小企业为主，且主要集中在服务领域，当前的统计多以规模以上工业企业为主，无法准确体现全省节能环保产业的实际现状。因此，亟须对接国家生态环境部的环保产业统计体系。四是问效制度不健全。该制度是环保产业软硬件建设的重要环节，有助于确保环保产业顺利落地。当前，在不少地区仍然缺少行之有效的问效制度，存在多个部门管理一个问题或者有些问题没有部门管理的局面。这不仅会带来较大的经济损失，而且会影响市场的秩序和准则。环保产业多数仍在探索阶段，对整改等措施仍然缺乏相关标准，全面、合理、科学的责任问效机制尚未形成。

（二）自主创新能力不强，产学研协同度不足

第一，技术创新能力不高①。从创新投入看，根据国家统计局等部门公布的《2020 年全国科技经费投入统计公报》，黑龙江省全社会研发经费为 173.2 亿元，研发投入强度为 1.26，不仅远低于东部发达地区，且显著低于全国平均水平（2.40），这表明环保产业方面的创新投入显著不足。另外，专利是衡量创新产出和效率的重要指标。从发明专利数量看，2020 年黑龙江省获得发明专利 2650 件，全国排名第 24 位，万人有效发明件数为 2.59 件，居第 22 位（见表 8-1），这表明无论是从创新投入还是创新产出上看，黑龙江省整体上研发创新能力不足。此外，技术市场交易额也是反映创新活动活跃度的重要指标。从时间维度看，尽管"十三五"时期黑龙江省的技术市场交易额不断提升，但与东中部多数省份相比明显落后，且占全国的比重呈下降趋势，这一阶段内由 1.10% 降至 0.94%。

第二，发明专利过度集中，增长后劲不足。目前，黑龙江省的发明专利拥有量过度集中在哈尔滨，占全省专利拥有数的比重超过 80%。从各地市的分布情况看，2020 年哈尔滨、大庆、齐齐哈尔、牡丹江、佳木斯国家发明专利数分别为3750 件、395 件、134 件、101 件、88 件。此外，从增速来看，多数城市的发明

---

① 需要说明的是，由于绿色环保相关的技术创新投入和专利数据无法直接获取，本书采用各地区的研究经费投入和发明专利数据来近似表征。

表8-1 2020年全国各省份研发投入与产出比较

地区	R&D经费（亿元）	R&D经费投入强度（%）	专利申请数（件）	发明专利（件）	有效发明（件）	万人有效发明数（件/万人）	R&D人员排名	R&D经费排名	专利申请数排名	发明专利排名	有效发明排名	万人有效发明数排名
北京	2326.6	6.44	25147	13078	55261	25.24	17	16	13	10	7	3
天津	485.0	3.44	19033	6060	24945	17.98	18	18	16	18	15	5
河北	634.4	1.75	24815	7543	28135	3.77	13	11	14	13	14	18
山西	211.1	1.20	8444	3059	10218	2.93	19	19	20	21	19	20
内蒙古	161.1	0.93	5755	2331	5799	2.41	23	21	25	25	25	23
辽宁	549.0	2.19	17790	6252	28788	6.76	15	15	17	17	13	11
吉林	159.5	1.30	6476	2764	6696	2.78	25	24	23	23	24	21
黑龙江	173.2	1.26	5963	2650	8260	2.59	24	25	24	24	23	22
上海	1615.7	4.17	40630	17544	62147	24.99	12	9	8	7	6	4
江苏	3005.9	2.93	196799	62892	224512	26.49	2	2	2	2	2	2
浙江	1859.9	2.88	138589	35319	93159	14.43	3	3	3	3	3	6
安徽	883.2	2.28	66677	27083	70467	11.55	7	8	5	5	5	7
福建	842.4	1.92	45774	12934	44702	10.76	6	6	6	11	9	8
江西	430.7	1.68	30838	6949	18715	4.14	10	14	12	14	18	17
山东	1681.9	2.30	78928	27413	78926	7.77	4	4	4	4	4	10
河南	901.3	1.64	38206	9899	36500	3.67	5	5	9	12	12	19
湖北	1005.3	2.31	44035	18798	49197	8.52	8	10	7	6	8	9
湖南	898.7	2.15	36209	15169	39805	5.99	9	7	10	8	11	13
广东	3479.9	3.14	305665	127497	435509	34.56	1	1	1	1	1	1

续表

地区	R&D经费（亿元）	R&D经费投入强度（%）	专利申请数（件）	发明专利（件）	有效发明（件）	万人有效发明数（件/万人）	R&D人员排名	R&D经费排名	专利申请数排名	发明专利排名	有效发明排名	万人有效发明数排名
广西	173.2	0.78	7546	2803	8667	1.73	22	22	21	22	21	29
海南	36.6	0.66	926	411	1875	1.86	29	29	30	30	29	26
重庆	526.8	2.11	19736	6300	20650	6.44	14	13	15	16	17	12
四川	1055.3	2.17	34536	13439	42114	5.03	11	12	11	9	10	15
贵州	161.7	0.91	7227	3475	8487	2.20	21	23	22	19	22	24
云南	246.0	1.00	9451	3131	9515	2.02	20	20	19	20	20	25
西藏	4.4	0.23	92	29	185	0.51	31	31	31	31	31	31
陕西	632.3	2.42	15187	6445	21932	5.55	16	17	18	15	16	14
甘肃	109.6	1.22	3829	1229	4017	1.61	26	26	27	28	27	30
青海	21.3	0.71	1423	494	1061	1.79	30	30	29	29	30	27
宁夏	59.6	1.52	3774	1408	3126	4.34	27	27	28	27	28	16
新疆	61.6	0.45	4427	1671	4580	1.77	28	28	26	26	26	28

注：不含香港特别行政区、澳门特别行政区、台湾省。

资料来源：《2020年全国科技经费投入统计公报》《中国统计年鉴》（2021）等。

专利数量增速放缓，哈尔滨专利数量增长 10%，省内不少城市呈现负增长，表明这些城市的技术研发后劲不足，环保专业领域的发明专利也会受到较大影响。从环保产业内部看，在节能技术领域，高效换热设备、锅炉自动调节和智能燃烧控制、电机系统技术装备核心元器件、新型高效电机研发示范、中低品位余热余压资源回收利用技术、烟气多污染物协同处理技术等领域均有较大的提升空间。部分设备材料和相关软件过度依赖国外进口，如用于环境监测的质谱仪等设备，国内尚无替代品。

第三，环保产业领域的产学研用协同度不足。当前，黑龙江省拥有较多的科研院所，并于 2010 年由科研院所和环保企业共同发起成立了黑龙江省环保产业技术创新战略联盟，旨在推动集成和共享技术创新资源，突破环保产业领域中的关键技术瓶颈等。然而，全省的环保产业整体上仍然存在"墙内开花墙外香"的现象，省内科研机构的科技成果多服务省外或者在省外进行转化，在本地的转化率较低。此外，相较于多数省份，黑龙江省的研发人才相对不足。总体上，全省节能环保领域的核心产品创新成果仍然比较少，尤其是涉及大气、水环境等质量提升的基础研究还很缺乏。

（三）环保产业规模小、龙头企业少

从产值看，2018 年全省规模以上有关工业环保企业主营业务收入为 57.7 亿元，规模相对较小。另外，尽管黑龙江省环保产业已拥有多家具有一定规模的企业，但仍以中小企业为主，整体上的节能、环保技术装备相对落后，明显落后于多数东部沿海发达省份，由于缺少大型龙头企业的带动，市场竞争力有限。这一现状与我国环保产业整体类似，根据中国环保协会的调查数据，2019 年调查的全国 11229 家环保产业重点企业中，黑龙江省的大型企业仅有 385 家，占比为 3.4%，中型企业、小型企业、微型企业分别为 2728 家、3957 家、4159 家，大型企业数量明显偏少。2020 年全国工商联环境商会发布的中国环境企业 50 强榜单上没有一家黑龙江省的环保企业，反映了其环保企业在全国的知名度不高。这就导致以中小企业为主的市场结构缺乏自主创新技术，关键核心技术受制于人。此外，黑龙江省环保企业盈利能力相对不强，根据《中国环保产业发展状况报告（2020）》，2019 年其环保企业数量为 283 家，全国排名第 15 位，但企业营业收入排名第 23 位，这表明其企业营业收入与企业数量地位并不匹配，环保企业的盈利能力有待提升。

（四）环保产业链条短，数字化水平不高

环保产业若要成为带动地区经济增长的支柱产业，需要不断延伸自身的产业链，推动自身由节能和污染治理行业向环境产业转变。当前，黑龙江省的环保产业仍然以节能技术设备和环保设备的生产为主，集中在末端治理方面，集研发、设计、工程承包、设备生产制造以及运营服务为一体的大型企业少之又少，环保产业链较短，覆盖的相关产业范围较窄，离成为支柱产业的距离仍然较远。此外，数字化是促进产业链延伸的重要驱动因素，目前黑龙江省环保企业的数字化转型意愿不强。环保企业相关负责人员并未充分认识到数字化对环保产业的作用，原因在于，一方面数字化转型成本较高，另一方面相关人才储备、资金不足，盈利面临不确定性等。

（五）环保产业资金投入不足，仍存在融资难现象

黑龙江省的环保产业资金投入相对不足。以工业污染治理完成投资支出为例，根据《中国统计年鉴》的数据，2020年全省的工业污染治理投资支出为4.08亿元，工业污染治理完成投资占第二产业增加值的比重为0.12%（见表8-2），全国排名分别为第22位和第15位，整体处于中下游位置，表明全省的环保产业资金投入仍有提升空间。

表8-2　各省份工业污染治理完成投资支出情况

地区	工业污染治理完成投资（亿元）				工业污染治理完成投资占第二产业增加值的比重（%）			
	2016年	2017年	2018年	2019年	2016年	2017年	2018年	2019年
北京	9.90	15.67	0.73	0.51	0.20	0.29	0.01	0.01
天津	10.40	7.83	12.59	7.45	0.14	0.10	0.25	0.16
河北	24.80	34.27	37.39	12.93	0.16	0.22	0.28	0.10
山西	30.10	51.52	42.60	28.49	0.60	0.76	0.57	0.37
内蒙古	40.60	42.12	25.44	15.44	0.47	0.66	0.37	0.22
辽宁	19.40	13.05	12.15	9.80	0.23	0.14	0.13	0.10
吉林	9.80	9.07	6.78	0.81	0.14	0.13	0.16	0.02
黑龙江	17.40	9.12	3.19	4.08	0.40	0.22	0.09	0.12

续表

地区	工业污染治理完成投资（亿元）				工业污染治理完成投资占第二产业增加值的比重（%）			
	2016 年	2017 年	2018 年	2019 年	2016 年	2017 年	2018 年	2019 年
上海	51.90	44.82	29.94	9.07	0.62	0.48	0.29	0.09
江苏	74.80	44.80	59.99	53.13	0.22	0.12	0.14	0.12
浙江	60.20	36.90	34.07	50.51	0.28	0.17	0.13	0.19
安徽	41.50	25.90	27.05	24.35	0.35	0.20	0.18	0.16
福建	22.60	14.74	12.76	17.58	0.16	0.10	0.06	0.09
江西	10.40	10.64	20.12	9.30	0.12	0.11	0.18	0.08
山东	126.40	113.10	95.43	51.95	0.40	0.34	0.34	0.18
河南	65.20	50.46	42.48	14.45	0.34	0.24	0.18	0.06
湖北	36.90	17.46	13.39	19.81	0.25	0.11	0.07	0.12
湖南	12.70	8.61	5.48	3.35	0.10	0.06	0.04	0.02
广东	26.50	42.03	31.70	23.55	0.08	0.11	0.07	0.05
广西	13.00	7.58	4.86	3.55	0.16	0.10	0.05	0.04
海南	1.60	3.43	0.63	0.05	0.18	0.34	0.06	0.00
重庆	3.70	6.07	3.75	4.02	0.05	0.07	0.04	0.04
四川	11.60	12.69	12.33	24.44	0.09	0.09	0.07	0.14
贵州	5.70	5.34	8.96	15.49	0.12	0.10	0.15	0.25
云南	12.70	5.96	11.93	14.23	0.22	0.10	0.15	0.17
陕西	19.50	17.23	29.46	19.50	0.21	0.16	0.25	0.17
甘肃	11.00	7.50	4.88	3.38	0.44	0.29	0.17	0.12
青海	9.60	1.53	3.89	0.29	0.77	0.13	0.34	0.03
宁夏	24.20	8.56	6.23	6.05	1.63	0.54	0.39	0.38
新疆	14.60	13.48	14.96	6.47	0.40	0.31	0.31	0.14

注：不含西藏自治区、香港特别行政区、澳门特别行政区、台湾省。

资料来源：历年《中国统计年鉴》。

环保产业中的融资难、融资贵现象依然普遍存在。环保项目具有投资周期长、政策依赖强、收益低等特点，其贷款重要来源是银行机构，尽管黑龙江省已经出台了相关的鼓励性融资措施，但全省的环保产业仍然存在不少问题，如融资结构单一、融资来源匮乏、融资渠道不畅，环保产业融资过度依赖政府，导致融资主体自主性较差，市场化机制在资源配置中的决定性作用尚未发挥。主要原因在于：一是近年来利率市场化和金融去杠杆导致融资成本上升，进一步恶化了环保企业的融资难、融资贵问题，这突出地反映在环保中小企业上，直接导致小、散、弱的产业形态。调研中有些企业反映，环保企业的融资成本甚至超过了其行业平均收益。二是节能环保技术的收益不高，与国内私募股权和风险投资者的风险偏好也存在较大差异，回报机制不健全，经济性不足。三是许多环保设备面临不稳定的风险，缺乏相应的风险管理工具。四是环保技术的标准化和认证存在困难。

（六）与新一代信息技术的融合度不足

以大数据、人工智能为代表的新一代信息技术日新月异，已经成为促进新旧动能转换的重要推力，这也为加快绿色发展和生态文明建设提供了千载难逢的条件和重大机遇。然而，目前黑龙江省的节能环保产业与新一代信息技术尚未实现深度融合，环境数据不互通、信息孤岛是当前全省环保产业管控的一大问题。另外，环境治理的数字化应用还存在很多问题，如环境综合治理技术提升仍有不少障碍、数字化能力较弱等；仍然存在企业为了短期利益不惜违反法律法规的现象，传统的环境治理手段无法杜绝此类事件的发生；区域之间的环保治理问题数据量较大、上下游难以实现有效协同。此外，环保产业基础设施数据没有实现互通的现象仍然存在。

四、绿色环保产业发展趋势与黑龙江省发展机遇

近年来，随着国家大力推动生态文明建设，我国的环保产业不断发展壮大，环保投资稳步提升，环保产业对国民经济的支撑作用越发突出，根据生态环境部和中国环境保护产业协会联合发布的《中国环保产业发展状况报告（2020）》，2019年我国环保产业营业收入为1.78万亿元，预计至2025年超过3万亿元。目前，高质量发展和"双碳"目标已成为我国经济社会发展的重要指引，"十四五"时期是我国深入推进生态文明建设的关键期，环保产业也将加快发展，环保产业朝装备成套化、尖端化、系列化方向发展，发展重点涉及水、大气、固体废弃物等，这给黑龙江省进一步发展带来了机遇。

（一）绿色环保产业发展趋势

1. 污水处理需求大，水环境治理行业集中度将不断提升

随着国家大力推动生态文明建设，各地出台了多项污水处理相关政策，水污染防治、污水处理市场不断规范化发展，我国地表水、重点湖泊水质状况显著改善。受国家政策支撑以及技术创新等因素的影响，我国污水行业将加快发展，预计 2023 年污水处理行业规模将接近 6000 亿元。污水处理行业的发展趋势包括：一是行业集中度进一步提升。在国家政策的引导下，资本雄厚的企业发展优势更加突出，而规模小、技术创新能力弱的中小企业可能面临被优势企业兼并的可能，这将推动水环境治理行业的市场集中度进一步提高。二是城市污水处理趋于饱和，农村污水处理大有可为，企业进一步向乡镇布局。《中国城乡建设统计年鉴》数据显示，2020 年我国城市污水处理率、城市污水处理厂集中处理率分别为 97.53%、95.78%。总体来说，我国城市和县城的污水处理率已经处于较高水平，但当前农村的污水处理设施仍不完善。"十四五"期间，我国加快推进乡村振兴政策，要实现农村环境水平提升，需要大幅新增农村污染处理设施。三是工业园区集中治理趋势凸显。当前，不少省份提出了"退城入园"，推动工业园区企业的污染集中治理，水处理服务向整个园区的系统整治转变。四是技术进步加快。高效、低耗的废水处理技术成为未来的重点方向，特别是高分子材料的发展为生物膜法水处理行业提供了新的机遇。五是智能化趋势明显。人工智能、物联网等技术逐步应用于污水处理行业，通过构建智慧平台，可以实现对污水厂运行状况的实时掌控，提升管理的时效性，保持低能耗运行。

2. 工业废气污染水平仍然较高，脱硫脱硝、VOCs 技术有较大发展空间

近年来，全国空气质量明显提升，主要城市的平均优良天数明显增加，呈现稳中向好的局面。为了进一步加强大气污染治理，"十四五"规划明确指出，要"强化多污染物协同控制和区域协同治理，加强细颗粒物和臭氧协同控制，基本消除重污染天气"。这说明，"十四五"期间我国改善大气环境治理的重点在于 PM2.5 等污染气体的协同控制，减污降碳协同增效。大气污染治理行业的发展趋势包括：一是非电行业烟气治理需求将持续释放，脱硫脱硝技术发展提速。目前，国内废气污染排放主要集中在工业领域，尤其是燃煤发电行业。未来，我国的大气污染治理将逐步由聚焦火电行业转向钢铁、水泥等非电领域，脱硫脱硝技术与装备会获得进一步的发展机遇。在脱硫技术和装备方面，除了高效、节能、运行可靠、成本低廉外，脱硫工艺开发"智慧脱硫"系统应用也是推动技术升级的重要方向。在脱硝技术与装备方面，更加强调智能化、催化剂抗毒性和多污染物协同脱除等方面的性能，还包括研发脱硝工艺和 SCR 催化剂。需要说明的是，多种污染物协同治理成为大气污染治理产业的发展方向，部分地区推广的"烟气岛治理"模式已成为我国脱硫脱硝除尘技术发展的一大特色。二是重点行业 VOCs 污染物治理快速推进，相关技术加快发展。当前，我国工业 VOCs 废气治理率不足 10%，发展空间非常大，VOCs 可能会成为下一个重点治理区域。从源头上看，含溶剂产品的使用可以减少污染物排放量，减少 VOCs 排放。因此，低挥发性有机物涂料、清洗剂等低 VOCs 含量的产品会得到鼓励。从过程控制看，VOCs 的储存、转移、输送等方面的控制力度会加大，采用密闭生产技术会成为未来的方向。在末端治理方面，吸附燃烧、催化燃烧等主流治理技术会进一步被开发利用，针对特定应用场合、节能减排的组合净化工艺会获得发展。三是大气污染环境监测和服务市场逐步被打开。大气污染环境监测是评判环境治理的必要手段。近年来，我国出现了以委托运营为主，BOT/TOT/DBO 等为辅的第三方治理模式，这种治理模式的特色为"以环境咨询服务为基础"和"环境监测+治理服务型"。治理方案的编制需求、检测与数据管理、治理设施运营可能是未来的发展趋势。

3. 固废综合利用市场发展前景好，向资源化、减量化方向转型

固废处理包括生活垃圾处理、农林废弃物处理、餐厨垃圾处理、工业固废处理、污泥处理、危废处理六个细分领域。"十三五"时期，我国固废处理行业发展态势向好，2020 年全国治理固体项目投资额达 17.31 亿元。2020 年修订的《固体废弃物污染环境防治法》明确了固废防治坚持以减量化、资源化和无害化为原则，这进一步促进了固废污染治理的市场需求，行业空间继续扩展。目前，我国固废治理行业面临的发展趋势包括：一是固废综合利用总体发展趋势较好，但行业内同样面临日益激烈的竞争。根据国家统计局的数据，2015~2020 年我国固废综合利用和处理量表现为波动性上升。随着环保要求趋严、社会公众关注加大，固废处理行业的竞争日益激烈。二是城市垃圾处理需求快速增加。当前，我国整体上仍处于工业化和城镇化进程中，"十四五"期间城镇化水平会继续提升，相应地，国内城市垃圾处理需求还会大规模增长。现阶段，城市处理垃圾的方式以填埋为主，但这会导致有害物质释放，产生二次污染，且填埋的消耗量大于产生量，未来城市垃圾的处理必须向"无害化、资源化、减量化、彻底化"

协同转变。三是数字化转型。固废处理相关行业已经积累了大量的环保项目，不少环保企业通过数字化转型提升项目的运行效率，例如，上海环境集团股份有限公司、北控水务集团有限公司等在数字化转型方面积累了一定经验。在龙头企业的带动下，整个行业的数字化转型速度还将加快。

4. 土壤修复发展空间大，修复技术面临迭代升级

土壤修复是环保细分领域的重要一环。"十三五"时期，土壤修复项目和市场规模发展速度明显加快。进入"十四五"时期后，该行业正逐渐成为热点。随着我国对土壤环境监管和治理力度的加大，各省份相继出台了涉及土壤污染防治细则以及资金支持的方案，并提出了相应的发展目标，例如，北京提出 2025 年受污染地块的安全利用率超过 92%。在相关政策和市场频频发力的背景下，未来市场将继续保持快速增长态势。然而，我国的土壤修复产业仍处于起步阶段。未来土壤修复产业的发展趋势包括：一是市场热度增加，同质化竞争明显。土壤修复市场本地化现象呈现突破态势。受国家区域协调发展政策影响，区域化布局成为环境产业发展的典型特征之一，土壤修复产业也呈现相似的发展趋势，相关龙头企业在京津冀、长三角、粤港澳大湾区、川渝等具有较高发展潜力良好发展前景的市场的开拓力度不断加大，表现最为突出的是北京建工环境修复股份有限公司。大型龙头企业仍是土壤修复市场的主体力量，中小企业更多的是提供专业服务，分布在产业上下游，行业竞争趋于激烈。二是土壤修复技术面临迭代。减污降碳已成为未来土壤修复技术的重要竞争点，要真正践行这一行动，意味着土壤修复企业要抓紧部署核心技术，构建全面的技术研发体系。其中，绿色低碳可持续的修复技术以及相关装备的研发和应用将是未来修复技术的发展方向。三是商业模式创新加快。随着绿色发展理念在全国范围内推行，"土壤修复+"等多元化模式开始显现，与流域治理、垃圾填埋等呈现融合发展趋势，有望为土壤修复行业带来新的增长点。部分企业将业务拓展至农田修复、水环境修复、矿山修复等。此外，土壤咨询服务和投融资模式创新也将形成新的盈利模式。四是农村土地修复项目需求提升。在构建新发展格局、全面推进乡村振兴战略的背景下，农村土地修复需求会有所增加，如尾矿库周边土壤和地下水等。

（二）黑龙江省绿色环保产业发展机遇

1. 国家政策红利进一步显现

绿色环保产业是战略性新兴产业之首。近年来，在绿色发展和美丽中国建设

的要求下，我国出台了诸多环保政策，如国家层面推动实施的《中华人民共和国环境保护法》《中华人民共和国土壤污染防治法》《中华人民共和国固体废物污染环境防治法（2020 年修订）》《城镇污水处理提质增效三年行动方案（2019-2021 年）》《关于推进农村生活污水治理的指导意见》等，全面开展大气、水、土壤和固体废物等治理，启动"双碳"目标行动，推动生态修复，加快推动我国形成全方位、多层次的环保体系。国家从政策层面上要求各地区强化政策和标准的驱动作用，借助现有技术成果，推动能源高效和梯级利用，大力发展清洁生产，创新生态产品等，这些都为黑龙江省在新发展阶段进一步缓解其资源环境和经济发展之间的矛盾，促进资源节约型和环境友好型社会建设以及推动高质量发展提供了难得的发展机遇。

2. 新一轮科技革命带来新的发展机遇

当前，以大数据、云计算、人工智能、生物科技等为代表的新一轮科技革命正在蓬勃兴起。在新技术革命浪潮的推动下，传统要素投入、技术等不同要素的流动方式和集聚形态发生了深刻变化，进而推动环保产业发生了深刻变革。新技术革命区别于以往技术革命的主要不同在于它以信息技术为基础，涉及的领域更加广泛，尤其是信息技术、人工智能等技术的突破将对环保产业领域产生深远影响。新技术革命带来的生产方式变革使环保产业的边界更加模糊。在新科技革命的推动下，跨界创新成为各新兴技术领域的常态。环保产业不仅包括生产制造环节，而且向产业链的其他环节如研发、设计以及销售等延伸，环保产业内部制造和服务之间的界限逐渐消失。同时，环保新业态不断出现，如智慧水务、"互联网+回收"等，污水处理行业将逐步过渡到服务运营模式阶段。在新一轮技术革命的推动下，黑龙江省环保产业的发展将会提速，环保技术有望在物理、化学和生物处理等领域全面取得进步，为更好地打赢污染防治攻坚战、加快产业结构转型升级和推动高质量发展提供强大动力支撑。

3. 构建新发展格局利好环保产业

2020 年 5 月 14 日，中央政治局常委会会议提出，构建国内国际双循环相互促进的新发展格局。同年"两会"期间，习近平总书记在看望参加政协会议的经济界委员时强调，要"逐步形成以国内大循环为主体、国内国际双循环相互促进的新发展格局，培育新形势下我国参与国际合作和竞争新优势"。新发展格局是党基于国内发展形势、把握国际发展大势作出的重大判断和重要战略选择。新发展格局下，要素市场化改革会加快，市场交易成本有所降低，区域发展更加协调。同时，我国的对外开放会继续深化，不断拓展国家市场。对于黑龙江而言，环保产业发展所需的各种生产要素的生产率将进一步提升，与其他区域之间的来往更加密切，进而为环保产业注入新的活力，同时还将拓展边境贸易，进一步带动环保产业领域的合作和交流，形成良性循环。

4. 绿色发展理念深入人心

党的二十大报告指出，"广泛形成绿色生产生活方式，碳排放达峰后稳中有降，生态环境根本好转，美丽中国目标基本实现"。这为推动全社会加快形成绿色生产和生活方式提供了方向。社会公众环保意识增强有助于推动环保产业发展，这是由于公众监督对环保政策贯彻和落实起到了重要作用。在此作用下，企业更加注重自身品牌形象、商业信用以及社会责任感的塑造，更加注重社会和公众对自身产品的评价；同时，绿色发展方式倡导提供更多优质生态产品，消费者对绿色产品的需求也会不断增长，进而推动企业增加绿色产品的生产投入和供给。综上所述，随着绿色发展理念成为社会共识以及全链条生态环境管理制度不断完善，公众对绿色产品的需求会不断增加，黑龙江省环保产业发展有望提速。

五、黑龙江省绿色环保产业发展的重点领域

提升环保产业集聚能力，继续在全省具有相对优势的地区优先布局绿色低碳环保产业园，打造生态环境产业园，增强环保产业的综合服务能力，加强政策配套支持。在人才、资金、技术上给予大型环保企业和发展势头较好的环保企业优惠措施。进一步提升绿色环保产业的集聚效应，加强产业辐射带动能力。

在支持环保产业及企业做大做强方面，一是围绕节能、减碳、环保服务业等重点领域，重点在发电、钢铁、粮食加工等方面，提升节能和环保资源利用等技术装备研发和生产水平。提升秸秆综合利用效率，鼓励企业和农户利用秸秆，打造完备的秸秆利用产业链。推动发展种养结合的模式，提升畜禽养殖废弃物使用效率。大力发展污水处理装置和垃圾处理装置产业。

二是培育环保龙头企业和专特精企业。加大对哈尔滨哈锅燃烧环保工程公司、黑龙江鹿山紫顶新能科技有限公司、龙江环保集团股份有限公司等企业的支持力度，主动占领省内及国内市场。通过资源整合、技术协同等措施和手段，鼓

励和支持一批有条件的环保企业向高端发展，在节能技术装备领域，围绕高效锅炉技术装备、电机系统技术装备、能量系统优化技术装备、余能回收利用技术装备、节能与新能源汽车、绿色建材，打造一批优质环保企业；在环保技术装备领域，围绕大气污染防治技术装备、水污染防治技术装备、土壤污染防治技术装备、城镇生活垃圾和危险废物处理、噪声和振动控制技术装备、环境大数据技术装备，培育和发展一批专特精企业；在资源循环利用技术装备领域，围绕尾矿资源化技术装备、工业废渣技术装备、再生资源利用技术装备、再制造技术装备、水资源节约利用技术装备，优先发展一批龙头企业，支持优质环保企业上市。

三是打造一批绿色环保产业集群。以新能源汽车产业为例，重点打造以哈尔滨、大庆、齐齐哈尔、牡丹江等地区为核心的新能源汽车及零部件产业发展基地，建设一批新能源汽车及零部件知名品牌，注重延伸和完善新能源汽车产业链；打造以鹤岗、鸡西、哈尔滨、七台河等城市为核心的动力电池负极材料产业集聚区和测试产业集聚区。依托龙华汽车、通联客车、龙江客车等，加大研发投入，推动技术和产品升级。在具备新能源汽车产业发展优势的产业园区、特色小镇等，进一步培育具有特色的新能源汽车产业基地。

四是大力发展节能环保服务业。支持发展节能咨询、评估、检验、审计等环保服务，鼓励企业上下游资源整合和发展"一站式"服务；加强环境污染第三方治理，以市场化为导向，推动发展环境产业领域 PPP 合作模式，鼓励使用环境绩效合同服务模式引入服务商，支持电力、钢铁等高耗能领域的环境治理业务外包给第三方；重点发展环境监测和咨询，促进环境监测服务主体多元化；发展"互联网+"技术，重点发展可再生资源交易平台、再生资源回收系统，推动尾矿管理与综合利用相衔接。

五是建立节能环保技术研发功能型平台，充分利用哈尔滨工业大学、哈尔滨工程大学等科研院所的技术优势，借鉴智能化等功能型平台建设的成功模式，推进全省绿色低碳领域研发平台建设；打通产业链、创新链，为绿色技术产品研发、生产、推广应用提供综合服务。大力推动环保产业数字化进程，努力突破环保产业与数字化融合发展的瓶颈；加快数字化基础设施建设，进一步推动国家级绿色数据中心的申请，促进环保产业与其他产业间的数据交换与共享，实现以点带线、以线带面的发展格局。

六、推进黑龙江省绿色环保产业高质量发展的政策建议

（一）完善管理体制，健全政策法规体系

进一步理顺管理体制，加强环保产业的宏观管控。推动节能环保产业从单纯依靠政府推动的法律法规手段向行政法规与市场调控两者结合的方向转变。

完善节能环保产业统计体系。依据国家统计局发布的《节能环保清洁产业统计分类（2021）》，由省统计局牵头，以现行统计分类标准为基础，进一步科学界定节能环保产业的统计范围，注重实际可操作性。对照《节能环保清洁产业统计分类（2021）》的国民经济行业名称以及相应的产品和服务、结构和编码，重新对全省节能环保产业的现状以及企业发展状况进行摸底，尽快完成全省环保产业统计工作。

依据《黑龙江省公共机构合同能源管理项目实施细则》等政策文件，进一步推动合同能源管理制度。完善政府和社会资本合作机制，通过政府采购以政府和社会资本合作模式等引入第三方治理，推进生活污染垃圾处理等项目工程建设。完善环保行业信用体系，推动行业实行诚信奖励、失信惩戒以及信用信息公开。

（二）加大创新支持力度，重视产学研结合

第一，加大省级财政科技研发经费支出，建立研发经费稳定增长机制。引领各市级政府的科技经费投入，将环保产业领域的研发经费投入强度和万人有效发明专利数量作为各地推动环保产业发展的重要考核指标。充分发挥政策性资金的撬动作用，利用环保领域的高新技术企业奖励、科技创新基地奖励等措施，推动企业增加环保技术研发投入，进一步落实企业研发经费加计扣除政策，推进环保企业所得税优惠举措。对于发展势头较好的环保企业，给予研发资金补助支持。鼓励环保企业与哈尔滨工业大学等科研院所深度合作，促进企业需求与高校最新研发成果实现有效的供需对接，鼓励环保企业与科研院所共同设立研发基地，对

新设立的以及绩效优秀的环保技术创新中心给予适当奖励。

第二，围绕环保产业链部署创新链，部署省级重大专项项目，重点解决一批环保产业领域中的实际问题，加强原创性基础研究，争取国家在全省建立更多国家级创新中心。大力发展环保技术市场化交易活动，筹备建立国家级技术转移中心，努力缩短与发达地区之间的技术市场化交易差距。加大环保企业培育认定支持力度，确保每年环保领域的高新技术企业数量和产值以一定速率增加。推动重点领域关键技术攻关，组织关键领域"揭榜挂帅"科技项目。围绕节能技术装备领域，加快研发高效清洁燃烧设备，提升锅炉自动调节技术水平；加快电机系统核心元器件的研发、特大功率高压变频等核心技术以及关键材料的应用；支持先进节能技术与传统生产工艺集成化应用；加强发电、供热等余热回收利用技术攻关，不断探索余热利用新方式，推动余热温差发电技术研发；加强节能与新能源汽车领域的节能环保技术和工艺创新设计，推动现有零部件产品轻量化。围绕环保技术装备领域，重点研发脱硫、脱硝、除尘等回收利用技术，探索末端治理和组合治理技术；加大工业废水处理等关键技术研发力度以及高效低耗生活污水处理技术研发力度；提升土壤污染、挥发性有机污染物（VOCs）、重金属等监测技术。围绕资源循环利用技术设备，重点研发膏体尾矿干式堆存等关键技术以及煤矸石资源化利用技术；加快再生资源利用技术研发，重点推动废弃物智能拆解等关键技术，突破自动化激光熔覆成形等关键共性技术。

第三，面向节能环保产业，加大知识产权保护力度。党的二十大报告提出，加强知识产权法治保障，形成支持全面创新的基础制度。这一制度可用于节能环保产业。在商标权上，坚持实施品牌战略，形成黑龙江省自己的名片。加大对节能环保产业的保护力度，不断完善商标的认定规则，促进知识产权的价值作用加快释放。在专利保护上，简化审核程序，一旦认定为节能环保技术，实行优先审核，缩短节能环保技术转化为专利技术的时间。环保产业的技术性、前沿性较强，要加强企业商业秘密保护，推动科技成果省内转化。

第四，加快环保产业创新成果转化。以市场化为导向，持续优化科研院所环保技术成果转化流程，减少成果转化周期。赋予环保技术专家更多技术决策权以及科研经费支配权，可考虑将相关科技成果纳入股权激励范畴，在环保技术成果成功转化后，依据现有文件规定给予相关人员报酬。梳理一批技术成熟、可产业化的环保技术成果，加快科技成果转化效率。

第五，重视环保专业人才的培养和引进。鼓励和支持本地高校根据环保产业需求开设相关环保专业，打造节能环保人才培养基地。推动人才人事建设，贯彻好环保人才发展规划，加强专技人才培养，落实好绩效考核和表彰奖励工作。搭建环保产业人才平台，当前黑龙江省环保产业仍以中小企业为主，要争取建设更多创新创业平台。打造一批众创空间、科技孵化园和创新创业基地，建立符合环保产业特色和实际需求的人才平台集群，为各类创新型人才提供优质服务。强化环保人才工作督查制度，将考核结果作为领导干部选拔任用的重要标准。

（三）持续推动环保领域放管服改革

进一步简化环保项目审批流程。各级环保产业相关主管部门要开展前瞻性指导，实行重大环保项目审批调度，尽快尽早完成环评，缩短报批时间。持续完善审批制度，构建灵活高效的审批流程，取消水土保持等环评审批前置条件。实行分类处理原则，对满足环保要求的项目，压缩环评时限，对涉及生态环保红线的项目，指导项目优化调整。推动实行环评告知承诺审批制改革试点，实行环评审批正面清单落实情况月调度。推动简政放权，转变政府职能。不断修订完善相关法律法规等文件，做到与时俱进。推动环保行政许可标准化，进一步简化审批环节，提升行政审批效率。下放部分污染治理工艺成熟建设项目的审批权限。

持续完善环评管理方式，完善对规划环评的指导和约束机制，全面推进空间环评。加大环评违法惩戒力度，严格依法行政，杜绝"一刀切"。对涉及面广、办件量大且环境影响小的高频事项，可考虑不纳入环评。针对确实是环保领域重大基础设施相关项目的，实行立即受理、受理与审查同步进行。

（四）着力优化绿色财政金融体系

第一，围绕全省绿色环保产业，创新绿色金融政策。完善绿色金融政策框架和激励机制。构建全省多部门协调机制，在国家绿色金融政策框架下加快制定和完善针对环保产业的信贷、产业标准。完善环保产业金融数据平台，建立严格的信息披露制度。加快形成公开完善的第三方评估认证体系，引入区块链与5G技术，促进流程标准化，消除信息不对称问题。强化针对环保产业的金融激励约束机制，积极探索将环保产业的金融监测评价结果作为监管评级、机构准入等方面的重要考评内容，推动将银行保险机构绿色环保产业的金融服务情况与地方财政贴息、补贴、税收优惠等挂钩，通过限制市场准入、融资等手段，提高环境违法违规成本。

第二，实施差异化绿色信贷和保险政策。对国家重点调控的限制类以及有重大环境和社会风险的环保行业，实行有差别、动态的投融资政策。重点支持高耗能行业应用节能高效工艺技术，支持制造企业实施传统能源改造，推动能源消费结构绿色低碳转型，鼓励开发利用可再生能源。支持建设重点用能企业能源管控中心，提升能源管理信息化水平，加快省内绿色数据中心建设，推动更多符合条件的单位申报国家级绿色数据中心。支持焦化、建材、有色金属、化工、印染等重点行业企业实施清洁生产改造，在钢铁等行业实施超低排放改造。加大大宗工业固废综合利用项目政策倾斜，重点推动工业固体废物综合利用。重点支持再制造关键工艺技术装备研发应用与产业化推广。

第三，坚持以市场为导向，推动碳交易市场建设，探索将排污权、碳交易权等纳入抵质押担保范围。创新和推广绿色金融产品，鼓励保险机构探索创新环境污染责任保险、绿色企业安全生产责任保险、绿色企业环保节能设备首台（套）重大技术装备综合保险、碳保险等绿色保险产品和服务。发展绿色信托，将资金导向节能环保产业。支持保险资金以债券投资计划等方式促进环保产业发展壮大。发挥融资担保机构对资质好的环保企业的担保作用。

第四，落实好价格财税政策。加快完善绿色环保产业领域的价格机制，逐步完善污染费、固体废物处理费、电价等相关价格机制，不断推进基于市场化的环境权益定价机制。持续完善地区污染物治理项目及税额标准。

（五）加快推动环保产业与新一代信息技术深度融合

继续在全省范围内推动工业互联网与环保产业的深度融合，注重节能与环保的协同效应，注重节能措施的可行性和可操作性。例如，在 PM2.5 治理方面，加强 PM2.5 云监测力度，借助物联网实现数据采集，对云计算智能数据进行深度学习和分析，增强数据的准确性和科学性；进一步推进热泵技术在环保基础建设中的推广应用，减少固体废弃物控制、水污染监测治理等环保设备的能耗，促进其节能减排综合效应最大化。

充分发挥大数据、云计算、人工智能等新一代信息技术的优势，尤其是在污染防治、执法监管等方面的应用。促进环保产业数字化转型，不断推动全省各区域节能环保产业信息资源数据库建设，促进环保数据互联互通。加快建设环保产业大数据中心等平台、网络化在线自动监控运维平台，对采集的数据进行综合分析，形成整体解决方案。

参考文献

［1］毕忠雪，赵桂燕，姜楠，邢爽，张珊珊．黑龙江省各地市环保投资问题研究［J］．现代商业，2017（9）：183-185.

［2］丛海燕，陈红梅．基于 DEA 模型的区域环保投入相对效率研究——以黑龙江省为例［J］．商业经济，2019（6）：6-7，57.

［3］韩微波．黑龙江省草牧业发展现状与前景展望［J］．中国畜牧业，2016（15）：25-27.

［4］姜国庆，赵国锋．黑龙江省发展绿色经济的实施路径探索［J］．齐齐哈尔大学学报（哲学社会科学版），2017（9）：15-17.

［5］李娜．绿色发展理念引领下的推动黑龙江省生态文明建设［J］．黑河学刊，2016（6）：20-21.

［6］刘小宁．黑龙江经济高质量发展的"短板"与解决思路［J］．黑龙江社会科学，2019（6）：18-21.

［7］马骏，安国俊，刘嘉龙．构建支持绿色技术创新的金融服务体系［J］．金融理论与实践，2020（5）：1-8.

［8］倪艳芳，张宝杰，何笃光．黑龙江省环境保护"十三五"时期面临的形势研究［J］．环境科学与管理，2016，41（3）：25-27.

［9］潘洪志．绿色金融支持黑龙江省经济生态化发展的对策研究［J］．商业经济，2019（2）：18-19.

［10］王大业．黑龙江省环保产业运用 PPP 模式发展路径研究［J］．对外经贸，2018（2）：74-76.

［11］王文玫．黑龙江省低碳经济发展的财税支持政策研究［D］．哈尔滨商业大学，2015.

［12］王晓玲，乔淼．黑龙江省制造业绿色发展存在的问题及对策研究［J］．商业经济，2021（9）：12-13.

［13］夏晓辉，刘海明，张璐．黑龙江省绿色金融发展的现实困境与优化路径［J］．黑龙江金融，2018（10）：21-23.

［14］肖海晶．省级区域战略性新兴产业选择问题研究——以黑龙江省为例［J］．学习与探索，2014（11）：115-117.

［15］谢宝禄．黑龙江省产业结构调整问题研究［D］．中国社会科学院研究生院博士学位论文，2017.

［16］徐素波，王耀东．黑龙江省绿色产业发展评价与路径优化研究［J］．统计与咨询，2019（4）：16-19.

［17］赵艳，李明．基于循环经济的黑龙江省产业结构优化升级对策［J］．赤峰学院学报（自然科学版），2016，32（15）：99-100.

［18］桑蕾，孙铭阳．黑龙江省玉米加工产能和主要产品产量实现倍增　玉米粒儿唱主角越来越金贵［N］．黑龙江日报，2020-12-20.

［19］陈秀萍．2020~2021年黑龙江省农业经济形势分析与预测［A］//吴海宝等．黑龙江省经济发展报告（2021）［M］．北京：社会科学文献出版社，2021.

［20］葛兴婵．大庆市汽车产业发展战略研究［D］．东北石油大学硕士学位论文，2014.

后　记

这本书是中国社会科学院国情调研黑龙江基地的中期成果。为了完成这项调研任务，课题组曾到黑龙江省哈尔滨市、大庆市、齐齐哈尔市、佳木斯等地市深入调研，实地了解黑龙江省与各地市政府对"重塑黑龙江产业发展新优势"的认识以及重点产业园区建设现状、制造业企业运行、重点项目建设等情况。同时，课题组还与黑龙江省政府各部门与各地市政府部门进行深入、坦诚的沟通交流，从中了解了黑龙江省推进新旧动能转换、传统产业升级、新增长点培育、重点项目安排等情况以及相关政策制定，特别是对农产品加工、高端装备、数字经济与未来产业发展方面进行了深入的调研。此外，课题组也认真查阅了黑龙江省与各地市的"十四五"经济社会发展规划纲要以及相关专题规划，以便于确保这项研究能够与有关规划方向相衔接、相配合。

从课题立项到成果形成的过程中，中国社会科学院科研局、黑龙江省工信厅以及各地市政府对课题研究和调研给予了细致安排和大力支持，特别感谢基地联系单位黑龙江社会科学院为课题调研和资料收集提供了诸多的帮助，在书稿付梓之际，经济管理出版社社长杨世伟、总编辑刘勇以及责任编辑等同志为推动本书顺利出版做了大量的工作，在此，我谨代表课题组成员向上述同志一并表示最诚挚的谢意！

本书是课题组历时一年多的研究最终形成的集体性成果。为了高效完成这项任务，课题组成员发挥各自专业特长和研究积累，用较短时间形成了这项具有挑战性和较强决策应用价值的研究成果。在本书写作中，中国社会科学院工业经济研究所所长史丹研究员和黑龙江社会科学院王爱丽副院长共同负责全书研究框架制定和书稿审定，刘佳骏负责书稿整合，各章写作分工如下：第一章执笔人为史丹、刘佳骏、刘京星、叶云岭；第二章执笔人为崔志新；第三章执笔人为陈秀萍；第四章执笔人为孙浩进、朱大鹏、杨佳钰；第五章执笔人为明星；第六章执笔人为周麟、王力力；第七章执笔人为李晓华；第八章执笔人为李鹏。

在研究过程中，课题组使用或参考了政府公布的统计数据、学者发言（观点）或地方政府文件材料，借此对相关机构或个人表示感谢。本书是总结与推动黑龙江产业发展优势重塑相关研究的开拓之作，难免有疏漏，敬请广大读者批评指正。

史　丹

2022 年 12 月 18 日